WATERCOLOR PAINTING FOR URBAN LANDSCAPE

문화가 도시를 살린다

원제무 지음

pnc
publishing and culture
피앤씨미디어

문화가 도시를 살린다

초판인쇄 2014년 2월 20일
초판발행 2014년 2월 28일

지은이 원제무
펴낸이 박노일

총괄기획 김중용
편 집 심성보

펴낸곳 피앤씨미디어
경기도 고양시 일산동구 강송로 153 310-1501
등록 제396-2012-000203호
전 화 070)7550-3758 팩 스 02)718-8554
홈페이지 www.pncmedia.co.kr 이메일 pnc@pncmedia.co.kr
ISBN 978-89-98786-78-6 93300

정 가 15,000원

WATERCOLOR PAINTING FOR URBAN LANDSCAPE

문화가 도시를 살린다

머리말

조금만 눈을 뜨니 넓은 세상이 보였다. 문화적 상상력과 도시문화에 대한 열린 눈과 마음을 얻기 위해 도시답사를 떠났다. 도시마다 제각기 다른 모습을 하고 있고, 도시마다 제 나름대로 문화적 삶의 길이 있었다. "지금은 우리 도시의 모든 사람들이 문화도시를 열망하고 있다"라는 화두를 어깨에 메단 채로 이런 길 저런 길을 걷고 생각하고 느끼는 일만으로도 하루 해가 금방 지나가곤 하였다. 그때마다 방문한 도시마다 도시문화를 씨줄로 하고, 도시재생을 날줄로 삼아 메모하곤 하였다.

최근 도시민들은 지구온난화로 인한 도시열섬현상, 난개발로 인한 도시생태계의 파괴, 문화성의 부재와 정체성의 상실 등 더 이상 감내하기 힘들 정도로 도시문제가 심각해졌다는 사실을 일상에서 서서히 느끼기 시작한다.

우리 도시가 이대로 가다가는 희망이 없다는 사고가 사람들에게 팽배해지고 있다. 우리 도시가 비전의 위기, 문화의 위기라는 어려운 상황에 대한 인식도 모두에게 공유되고 있다.

우리의 도시는 성찰의 공간이 아니라 자본이 상품화시킨 투자와 소비의 장소로 변질되어 왔다. 이러한 상업주의가 팽배한 도시의 범람 속에서 도시문화는 인간 삶의 근원적 바탕에 비롯되는 삶의 양식과 가치에 주목하고 도시문화적 시각을 환기시킨다,

결국 중요한 것은 근본적인 방향 전환이다. 방향을 바꾸기 위해 우리들 모두에게 가장 긴요한 것은 '지금 여기', 즉 우리 각자가 처한 삶터에서 '제대로 된 삶'을 가꾸는 일이다. 내 자신이 위기에 처한 문화와 만날

수 있는 길은 오직 '여기, 도시', 즉 우리 각자가 처한 삶터에서 '문화적 삶'을 가꾸는 일이다.

이제 문화도시에 대한 철학을 세워야 한다. 문화도시가 하나의 대안 패러다임으로 등장할 수 있다. 외국의 문화도시를 보면서 문화도시가 나아가야 할 길, 계획 철학, 설계원리 등의 이슈와 정책과제들을 되뇌면서 도시문화를 바라본다면 한층 아름다운 문화도시를 만들 수 있을 것이다.

우리 도시가 문화도시로 가려면 세계도시들이 경험했던 문화 관련 문제와 이슈, 정책 그리고 해결책을 살펴보면서 지혜를 얻는 일이 필요하다. 따라서 이 책에서는 파리, 뉴욕, 런던, 에딘버러, 더블린, 베를린, 함부르크, 오슬로, 베르겐, 바르샤바, 빈, 프라하, 부다페스트라는 문화도시를 대상으로 느끼고 성찰한 내용을 담아 보았다. 이런 관점에서 「문화가 도시를 살린다」는 우리의 도시문화가 나아가야 할 방향에 대한 통찰력을 줄 수 있을 것이다.

우리 도시는 역사, 전통, 영혼이라는 큰 문화를 가지고 있다. 우리는 다시금 휴머니즘 가치가 복원되는 공간을 만들어야 하고, 생명적 가치가 도시문화의 기준으로 여겨지고 도시, 그리고 글로벌 도시 표준을 스스로 만들어 가는 세계적 문화도시를 창조해 나가야 한다.

이 책의 준비 과정에서 편집과 방향에 도움을 준 조재춘, 박기철 연구원에게 깊은 감사의 뜻을 전한다. 그리고 이 책의 출간을 기꺼이 맡아 주신 피앤씨미디어 박노일 대표님께도 이 자리를 빌어 진심으로 고마움을 전하고 싶다.

차례

1 파리와 뉴욕

2 영국

3 독일

VODKA
GENTLEMEN, THIS IS VODKA.
PLEASE DRINK RESPONSIBLY
WICKED
Thanks to our Sponsor
avanti linens
30813
PALACE
MAXIMUM PERFORMANCE LIVES
GIFTS
GIFT
NYC
POLICE

문 화 가 도 시 를 살 린 다

1

파리와 뉴욕

파리 Paris

뉴욕 New York

1
파리와 뉴욕

예술과 함께하는 디자인 도시

파리 Paris

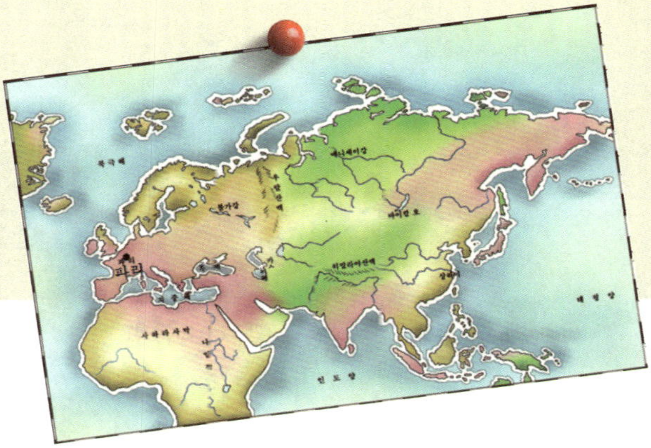

파리를 갈 때마다 떠오르는 단상이 있다. 파리사람들이 자기들의 삶의 터전인 도시를 음악, 미술, 연극, 건축 등으로 아름답게 꾸며놓은 까닭은 바로 틀에 박힌 일상에서 벗어나 도시가 주는 즐거움을 맛보기 위해서라는 것이다. 파리가 방문객들을 매료시키는 무슨 이유가 있을까? 방문객 자신이 살고 있는 도시에 대한 재발견이랄까? 자신들이 딛고 있는 도시를 좀 더 차분히 다시보라고 이 파리는 일깨워주고 있다. 이를테면 파리라는 도시가 가지고 있는 역사, 문화, 예술을 활용하여 마음껏 드러낼 수 있는 역량을 보면서 방문객들은 거창한 건물이나 조악함에 짓눌리지 않은 채 편안한 마음으로 즐겁게 자신이 살고 있는 도시를 돌아보게 된다. 말하자면 큰 건물·대로·새로운 것·아파트만 추구하는 것이 올바른 길이 아니다라는 것을, 또한 전통·복원·비움·자연·생태·재생 속에서도 도시적 삶의 깊은 의미를 만날 수 있다는 것을 파리는 잘 보여주고 있다.

세느강변의 오르세미술관

파리를 걷는다. 좋은 디자인의 공공공간이 옆에 있다고 느낄 때 행복한 동행이 된다. 도시에는 많은 도시민들이 가고 싶어 하고 기대고 싶은 공간이 있어야 한다. 좋은 공공공간과 그곳에 어울리는 좋은 디자인이 있는 곳이 그런 장소일 것이다. 일상의 얽매임과 모든 압박감에서 탈출하고 싶어할 때 이들을 받아주는 공간과 디자인이 파리에는 세느강변과 다리들이 아닐까 싶다.

파리의 공공예술물을 보면 감동을 받는다.

공공디자인은 우리 도시의 일부분이고, 살아감이다. 보는 이의 내면을 울리는 공공디자인은 없을까? 혼탁한 공공디자인 속에서도 공공공간을 사랑하고, 그것을 가꾸며 우리만의 것으로 만드는 태도는 이 시대의 떠들썩하고 복잡한 공공디자인으로 몰아온 시대정신에 대한 정면도전이고 살아있는 정신의 내세움이다.

우리 도시의 건축물들은 '특색이 없다. 비슷비슷하다. 보고 싶은 건축물들이 없다. 아이덴티티가 없다'는 평을 듣는다. 도시설계자나 시정부의 입김이 들어가지 못하는 건물소유주와 사용자의 권한이 존재하기 때문일 것이다. 도시건축은 자본가의 주관이 강하게 작용되기 때문에 도시건축가나 도시설계가의 입장에서 건축물 주변과 도시의 여건을 살펴가면서 창작하는 일에 제약을 받게 된다. 그만큼 공공에 대한 운신의 폭이 좁아질 수밖에 없다. 그래서 시정부의 역할이 중요해질 수밖에 없는 까닭이 여기에 있다.

그런 만큼 대부분의 비캔버스형 미술과 비서구형 미술 문화는 "비주류적인 것"으로 여겨져 왔다. 하지만 21세기에 들어와 더욱 영역을 확장한 포스트모던 미술은 보다 다양한 문맥을 수용하기 시작했다. 최근의 공공미술, 공공디자인에 대한 관심은 이런 포스트모던 미술이라는 커다란 조류와 맞닿아 있다. 기존의 추상적 개념을 도시공간에 시각언어로 접목시켜 새로운 미술로 소개하는 단계에 이르렀다. 이런 공간미술행위를 공공예술이란 차원으로 승화시켜 공공에 적용하고 있는 것이다.

파리를 보면서 이미 세계도시들은 도시경쟁이 치열한 시대에 들어와 있음을 실감한다. 도시경쟁에서 비교우위에 있는 도시들은 보다 많은 방문객과 돈을 도시로 끌어들여 일자리가 늘어나게 되고 투자도시가 되어 살아남을 수 있게 되는 것이다. 그래서 '도시의 미인선발대회'나 '장소전쟁'말이 의미해 주듯이 도시가 생존하기 위해서는 그 도시만의 특유한 장소마케팅 자산이 있어야 함을 일깨워 준다.

인상주의 음악의 대가, 끌로드 드뷔시Claude Debussy. 그가 활동한 무대가 파리였다. 드뷔시의 음악의 혼은 당대의 인상주의 화가였던 세잔, 모네, 르누아르, 고갱으로부터 빌려왔다. 요즘의 융합, 퓨전과 같은 것이다. 그는 인상파 화가들이 대상으로 하는 빛, 구름, 그림자 등 자연의 색깔을 오묘하게 기교적으로 음으로 전환시켰다. 인상주의 음악가로서 그의 브랜드가치를 갑자기 올려준 작품은 '목신의 오후 전주곡'이었다. 건축이론을 음악작곡에 스며들게 하는 탁월한 안목도 지니고 있었던 그는 이등분한 황금분할, 피보나치 수열과 같은 건축의 비례개념을 음악에 접목시킨 것이다.

근대에 들어와 파리가 예술문화 분야에서 앞서간 이유는 무엇일까? 파리에서의 문학, 예술, 그리고 문화가 일상에 녹아있는 것일까? 이는 예술문화가 역사적 행로 속에 깊이 뿌리를 내려 다채로운 예술 탐구의 미로를 파놓았기 때문이다. 먼저 문화의 중앙집권적 지배의 붕괴에서 찾을 수 있다. 거기에다 파리에서는 다른 예술분야들 간 융합이 가장 활발했다는 점이다. 파리예술의 가장 큰 특징은 회화, 건축, 음악, 무용, 문학 등 예술분야 간 구분이 무의미할 정도의 융합이 있다.

19세기 후반 프랑스 인상파 미술의 등장을 작품 내용의 독창성이나 화가의 천재성이 아니라 그 이전 200여 년간 프랑스 예술계를 중앙집권적으로 지배해 온 막강한 왕립 예술원, 즉 아카데미 시스템의 붕괴에서 찾고 있다. 아카데미는 미술 수집가들과 구매자들이 모이던 살롱전의 기획은 물론 전시작 선정까지 독점적으로 결정했다. 따라서 모든 화가들은 아카데미가 선호하던 작품 제작에만 몰두했다.

그러나 19세기 중후반 경 프랑스대혁명에 이은 시민사회의 등장과 급속한 산업화 등으로 아카데미의 지지 기반이던 왕족과 귀족들이 몰락하고 상공인, 즉 부르주아 계급이 새로운 주도 계급으로 등장하면서 파리 미술계는 일대 지각변동을 하게 된다. 일단 중앙집권적으로 화단을 지배하던 아카데미의 영향력이 약화되면서 아카데미가 선호하는 스타일에 연연하지 않고 자신이 원하는 스타일의 작품을 시도하는 화가들이 늘었다.

이때 등장한 것이 바로 아카데미 제도권에서 소외되었던 비제도권 화

루브르뮤지엄과 유리피라미드

가들과 이들의 새로운 구매자인 부르주아 상공인들과 연결시켜 주는 역할을 하는 화상gallery들, 그리고 이들을 위해 작품을 전문적으로 평가해 주는 '전문 비평가'들이었다. 이들이 서로 융합된 구조에서 탄생한 첫 번째 미술사조가 바로 인상파였다. 이들이 그려낸 작품들의 인기는 하늘 높은 줄 모르고 상승하였다. 서로 경쟁하며 끊임없이 새로운 시도들이 쏟아져 나오면서 인상파는 20세기 현대미술로의 징검다리가 되었다. 예술의 중앙집권성이 붕괴되면서 인상파라는 새로운 예술 장르가 탄생되어 파리의 도시문화를 견인한 것이다.

20세기 초 파리의 서로 다른 예술간 융합적 만남을 상징적으로 가장 잘 보여주는 사건이 바로 러시아발레단Ballet Russes의 '봄의 제전Le Sacre du printemps' 초연이다. 불협화음으로 가득 찬 스트라빈스키의 충격적인 음악과 당시로서는 괴상하게 느껴졌던 니진스키의 안무로 봄의 제전을 초

세느강변의 퐁네프다리

연했던 1913년 5월 19일은 음악과 무용, 미술 등에서 모두 현대 예술의 시발점으로 평가된다.

20세기 초 파리는 여러나라의 화가들이 쏟아내는 광기의 도시라고 불러도 과언이 아닐 정도였다. 피카소, 달리, 미로 등은 스페인 출신이었고, 모딜리아니는 이탈리아, 샤갈, 스트라빈스키, 니진스키 등은 러시아 출신이었다. 입체파의 최초 작품으로 흔히 현대 미술의 시작으로 불리는 피카소의 '아비뇽의 여인들'도 이때 탄생되었다. 그 후 불새 등으로 이어진 러시아발레단의 파리 공연 시리즈에는 피카소, 달리, 샤갈 등 현대 미술을 대표하는 화가들도 무대나 의상 디자인 등에 참여해 그야말로 시각예술, 음향예술, 공연예술을 아우르는 다양한 예술 분야 간의 융합을 이루어 파리 도시예술문화에 불을 지피운 것이다.

이처럼 파리는 꿈과 재능을 가진 사람들에게 기회의 도시로 여겨져 왔다. 파리는 20세기에도 역시 예술적인 창조의 메카로 자리매김해 왔다. 유명화가, 건축가, 음악가, 수집가, 경매자 등 다양한 사람들이 모여들면서 도전, 기회의 도시라는 인식이 스며들고, 이런 예술분야를 후원하는 도시적 환경과 분위기가 자연적으로 갖춰지게 되었다. 파리에 굳게 뿌리 내려진 예술적 토양이 파리를 창조도시화 하는 기반이 되었다.

과거 파리의 대표적인 도시 계획 중 오스만의 파리개조 사업은 1853년부터 20세기 초까지 진행된 사업으로 중세 도시 파리와는 전혀 다른 근대화된 파리를 창조했다. 오늘날의 대부분의 파리의 모습은 이때 건설되었다고 해도 과언이 아니다. 혁명군이 비밀스럽게 아지트를 치던 미로같은 골목길들이 이때 자취를 감췄다. 중세 골몰길은 대부븐 이때 사라지고만다.

역사상 위대한 도시디자인이 이루어진 도시의 이면에는 뛰어난 도시 프로듀서가 있었다. 1853-70년에 진행된 파리대개조 계획의 배후에는 제2제정의 최고 권력자인 나폴레옹 3세와 세느지역 지사인 오스만이 버티고 있었다. 귀양지인 런던의 계획성이 강한 도시디자인에 영향을 받은 나폴레옹 3세는 파리에서 정권을 잡은 후 오스만을 도시개조와 디자인의 책임자로 정하고 도시개조를 강하게 몰고 간다. 현재 파리의 60%에 해당되는 도시지역이 불과 17년 만에 개조된 것이다. 오스만은 예술, 디자인, 건축, 도시라는 파리의 시공간에 상상력을 동원하여 파리개조를 성공적으로 단행했다. 현재 파리가 가지고 있는 고유성과 독특성은 실은 파리라는 긴 역사의 축 상에서 다시 태어난 것이라기보다 나폴레옹 3세의 후광을 받은 오스만이라는 프로듀서에 의해 만들어졌다고 보는 것이 타당하다.

오스만식 도시개발과 이에 따른 도시문화형성과정을 보면 도시문화야말로 도시에서 켜켜이 쌓아온 전통, 가치, 물질, 시설, 풍경, 미(美) 속에서 존재하는 버팀목이라고 할 수 있다. 19세기 파리를 비롯한 유럽도시에서는 귀족예술과 대중예술은 서로 분리되어 다른 길을 가고 있었다. 이러한 분리는 도시거버넌스에도 표출되었다. 높은 문화High Culture와 낮은 문화Low Culture로 분리되면서 건물, 죠닝(지역지구제), 방재, 공해 등에 관한 도시계획과 정책도 이 두 계층의 사회집단에 따라 각각 다르게 적용되었다. 오스만의 파리도시개발정책도 이 두 문화계층에 각각 다르게 집행된 사례이다. 도심의 큰 도로boulevards와 1861년의 오페라 하우스 건립은 높은 문화를 보여주기 위한 쇼 케이스였다면, 광로 뒤편에 있는 이면도로는 일반시민들의 일상생활에서 낮은 문화의 장이 되고 있었다.

당시의 이런 오스만적 도시재생은 파리뿐만 아니라 다른 유럽도시들에게까지 파급되어 오스만적 도시개발 패러다임이 자리잡기 시작한 것이다. 오스만식 도시디자인의 영향은 유럽도시에서 나타난다. 유럽의 주요 도시들은 엘리트 문화시설인 뮤지엄Museum Quarters of South Kensington in London, Amsterdam's Museumplein, and Berlin's Museummisel을 설립하는 데 치중한다. 비엔나는 도시성벽을 철거하고 그곳에 문화시설과 공원을 조성하기도 하였다.

파리와 같은 도시의 문화는 융합성과 모호성이 특징이다. 한때 도시엘리트층만이 향유했던 문화는 현대도시에 와서는 다층화와 다양성을 불러 오면서 대중이 변화를 주도하는 주체가 되고 있다. 현대도시에서 문화는 도시의 경제와 산업에 밀접히 연관되어 있다. 이같은 문화경제수준은 일자리창출, 소비, 임금, 승수효과 등과 같은 지표에 의해 성과가 평가되곤 한다.

파리의 상징성 있는 장소들은 장소가 갖는 정체성, 건축, 풍경, 거리 등으로 파리에서 장소문화를 표출하고 있다. 아울러 이런 장소 등은 문화성 발현과정 속에서 영감의 원천을 제공해 주기도 한다. 도시문화 자

파리시내의 중정형 가구(Block)

체는 도시나 장소의 이미지, 의미, 비교우위, 브랜드 등에 기여한다.

세계화는 세계경제를 제조업에서 서비스와 지식산업으로 패러다임을 바꾸어 놓았다. 이는 관광레저, 전문서비스, 판매업 등이 상대적으로 부각하는 기반을 만들어 준 것이다. 이를 두고 Fairstein과 Judd(1999)는 도시가 생산 장소에서 소비 장소로 변환되는 현상으로 정티하고 있다. 이런 변환은 역사적으로 다양성의 경제가 둥지를 튼 도시보다 커다란 산업지역(공장지대 등)들이 펼쳐져 있는 도시에서 발견될 수 있다.

소비기반 경제로 변함에 따라 재생 사업에서도 신주류의 도시주거 전문직 고소득층(여피: yuppies)들이 포스트 모던식의 소비를 주도하게 되었다. 이로써 오랫동안 버려졌던 수변공간과 같은 재생지가 포스트모던 형식의 건물들이 들어오게 되어 판매retail 중심의 복합용도 건물이 들어서게 된다.

세계 도시 속에서 도시 간의 경쟁은 노동비, 원자재(원료)에 대한 질과 접근성 등의 생산요소의 경쟁으로부터 삶의 질, 정주환경, 쾌적성, 문화성, 장소성 등의 소비요소 간의 경쟁으로 급격히 전환되고 있다. 소비요소 간의 경쟁시대로의 돌입은 도시 경쟁력 강화를 위한 투자 유치뿐 아니라 도시 이미지 재구축과 새로운 이미지 메이킹을 적극적으로 유도하고 있다.

그랑파리와 같은 도시재생을 경험한 파리에서는 도시문화가 예술, 커뮤니티, 경제정책의 부산물로서 나타난다. 이에 따라 다양한 문화재생이 도시재생 전략에 접목되어 나타난 것으로 보고 있다. 그리고 문화재생이 기존의 토지이용계획 및 도시개발계획과 강한 연결성을 가지고 태어나고 있다.

미테랑 대통령과 같이 문화에 대한 정치적·재정적 지원은 포스트모던 미학 속의 문화소비자와 수요의 모드를 변화시킨다. 이런 문화의 변천은 고급예술high art과 대중예술의 구분을 파괴시키고, 전통적인(모던적) 예술과 미디어를 거부하면서 다양한 문화를 수용함으로써 나타나게 되었다.

포스트모더니즘은 한편으로는 모더니즘의 유산을 그대로 받아 다양하고 색다른 형태로 발전시킨 사조이다. 포스트모더니즘은 기존의 전통이나 인습에 대한 도전과 단절을 중요한 출발점으로 삼는다. 기존 전통에 대한 계몽적인 회의, 즉 서구 합리주의에 대한 이성적 비판이 그것이다. 이것이 모더니즘에 대한 새로운 심문의 실체이며, 이를 가리켜 '모더니즘의 이단적 명령'이라고 부를 수 있겠다.

포스트모더니즘은 모더니즘으로부터 자양분을 받아 자라왔지만 모더니즘을 다양화, 전통화시켜 그것을 뛰어넘고 있다. 포스트모더니즘이 부각된 것은 모더니즘이 '하버마스'가 제시한 '미완의 근대성'이란 숙제를 안고 있어서 대안적 사조가 시대적으로 요구되었기 때문이란 해석도 가능하다. 한편으로는 대중예술을 위해서는, 즉 인간중심의 예술을 위해서는 모더니즘을 포기해야 한다는 주장도 제기되었다.

포스트모더니즘은 비결정성, 파편화, 비제시성, 아이러니, 잡종화, 카니발화, 행위와 참여, 구성주의, 내재성의 특징을 갖는다.

문화적, 소비패턴은 문화적 자본(경제적 자본 포함)을 소유하고자 하는 사회적 계층의 소비와 밀접한 연관이 있다. 이런 사회적 그룹은 금융, 대기업, 서비스분야 등에서 일하면서 높은 보수를 받는 금융전문가 등의 계층으로서 도시의 문화소비를 주도해 오고 있다.

Featherstone(1991)도 이런 관점에서 이들의 고소득이 소비형태가 패션, 스타일, 취향의 기준을 설정하면서 문화적 소비를 이끌고 있다고 한다.

이 같은 문화생산과 소비형태는 도시정주환경과 도시문화시설에도 영향을 미치게 된다. 대형도시 재생사업에서는 있어서도 콘서트홀, 미술관, 아트갤러리 등이 해당사업의 성패를 좌우할 정도로 문화시설이 중요하다고 하겠다.

19세기를 대표하는 도시 프로듀서가 오스만과 나폴레옹 3세였다면, 20세기의 파리개조의 프로듀서는 프랑스의 대통령이었던 미테랑이었다. 프랑스혁명 200주년을 기념하기 위해 미테랑은 1989년 빅 프로젝트라고 하는 9개의 대규모 프로젝트를 직접 계획하고 집행하였다. 루브르 박물관, 오르세 박물관, 라 빌레트 과학공원, 바스티유의 오페라좌, 아랍세계연구소, 국립도서관, 내무상공부건물 등의 대형 프로젝트를 진두지휘한 것이다.

20세기 파리재생은 프랑스 혁명 200주년(1989년)을 목표로 미테랑 대통령에 의해 적극적으로 추진된다. '그랑파리'라는 도시 사업으로 파리는 다시 한번 도시 재창조의 길을 걷게 된다. 1981년 5월에 미테랑이 대통령에 당선된 후 그의 7년 임기를 통해 1989년 혁명 200주년을 마무리로 하는 여러 개의 대형 도시 건축공사의 실현으로 과거와 현대가 조화되는 아름다운 파리가 태어나게 된다.

그랑파리를 통한 파리도시재생의 목표는 (1) 혁신과 인구증가를 통한 파리 수도권의 경제적 성장능력 확대, (2) 파리 대도시권 교통인프라 구축, (3) 살고 싶은 도시로 만들기 위한 지역별 프로젝트, (4) 파리 대도시권의 성장거점 육성, (5) 환경을 고려한 파리 대도시의 지속가능한 개발, (6) 파리 대도시의 신성장동력 발굴, (7) 사회통합을 위한 주거 공급 확대 등을 들 수 있다.

그랑파리의 세느강변 재생프로젝트는 실로 다양하고 창의적이었다. 새로운 거대 도시 건축물이 세느 강변을 축으로 하여 추진되었다. 대표사업으로는 라데팡스의 신개선문(1989), 루브르 박물관의 유리 피라미드(1988), 베르시 지구의 프랑스 재무성 건물, 리브고슈의 국립도서관(1995), 바스티유 오페라 극장, 아랍 문화원, 라빌레트 공원(1987) 등이 있다.

그랑파리 계획에서는 파리를 4개의 권역으로 나누어 권역별로 추구해야 할 핵심산업을 선정하였다. 우선 동쪽은 미디어 산업, 서쪽은 금융, 남쪽은 문화와 과학, 북쪽은 창조산업이 그것들이다.

그랑파리 사업의 특징은 전통적인 프랑스의 도시개선 사업과는 달리 새로운 디자인에 의한 첨단성과 도시의 큰 축과 틀을 유지하면서 역사성을 공존시켜 놓는 것이다. 그랑파리가 현대 파리 도시 공간구조에 기여한 것은 이 계획이 과거 파리 도시계획의 기본에 충실함으로써 역사적인 연속성 위에서 새로움을 다시 표현했다는 점이다.

라데팡스의 신개선문의 경우 기존 개선문과의 역사 축의 연장이면서

도 주요 도시 축을 보여주는 곳이기도 하다. 이 신개선문은 복합기능의 신도시인 라데팡스에 세워져 상업·업무 기능 위주의 부도심 역할으르 수행하고 있으면서 동시에 20세기의 세계적인 기념비적 구조물로도 자리잡고 있는 것이다.

파리 동쪽의 베르시지구

'베르시 지구의 프랑스 재무성 건물'과 '리브고슈 지구의 국립도서관'의 건축물 조성과 과거 가축도살장이었던 곳을 라빌레트 공원으로 개조하는 등의 프로젝트들은 파리도시재생에 크게 기여했다. 지역간 불균형 해소를 위하여 동부지역의 개발을 강하게 유도한 점도 도시재생사업의 성과라고 할 수 있다. 르브르 박물관의 유리 피라미드 등 센 강변으로 도시재생전략을 구축하여 센 강을 중심으로 도시의 균형발전을 획득할 수 있게 되었다는 평가를 받고 있다.

남서 측 세느 강변에 위치한 시트로엥 공원은 시트로엥 자동차 공장이 있었던 곳을 재개발하여 여러 개의 테마를 가진 공간들로 구성했다. 시트로엥공원은 현대적인 도시공원으로 탈바꿈한 곳으로 파리의 주요 녹지공간으로 자리매김하고 있다. 오르세 미술관의 경우 세느강을 사이에 두고 튈르리 정원 맞은편 퐁 솔레리노 다리 근처에 있는데, 옛 오르세 기차역을 개축하여 만든 인상주의 미술관으로 현재 루브르 미술관을 능가할 정도로 파리의 주요한 문화공간으로 자리매김했다.

시트로엥 공원분수

장 누벨이 설계한 아랍문화원은 건물의 유리벽에 파리의 오랜 건물들의 실루엣이 반사되어 '고대 파리와 현대 파리의 대화'라고 불린다. 독특한 이슬람 문양을 새겨놓은 것처럼 보이는 벽면은 전기 조리개로 태양을 차단하면서 동시에 통풍이 잘 되도록 한 첨단기술을 적용하였다.

장 누벨의 작품으로서 파리의 또 하나의 랜드마크 역할을 하는 것이 '카르티에 현대미술관'이다. 커다란 유리 뒤편에 로타 바움가르텐이 조성한 정원이 있고, 그 뒤엔 건물이 놓여 있다. 날씨와 시간·시각에 따라 유리·나무·건물이 드러나기도, 숨어버리기도 하는 조화를 부린다.

1969년부터 조르주 퐁피두 대통령이 도심의 레알지구를 문화공간으로 탈바꿈시키기 위해 추진한 재개발 사업의 결과로 태어난 건물이 '퐁피두센터'이다. 렌조 피아노와 리처드 로저스가 건물의 철골을 그대로 드러낸 듯 설계한 파격적인 외관은 세계건축계에 충격을 던졌다. 스트라빈스키 광장 등 건물 안팎은 건축, 미술, 공연 등을 즐길 수 있는 복합 문화공간이다.

건축가 도미니크 페로가 설계한 미테랑 국립도서관이 서 있는 리브고슈 지역도 그랑파리에서 빼놓을 수 없는 도시재생 지역이다. 국립도서관

아랍문화원

에는 높이 100m의 유리타워 4개가 책 모양으로 펼쳐져 있고, 그 가운데 넓은 오크나무숲이 숨어 있다. 유리창마다 나무색을 입힌 알루미늄 회전 차양을 설치해 필요에 따라 내부를 빛과 외부 시선으로부터 보호하면서 건물 외관의 표정을 바꾼다. 건축가 도미니크 페로를 세계에 알린 계기가 된 곳이기도 하다.

세느강 동남쪽의 130ha 면적을 가진 리브고슈 도시재생 지역은 1990년대 이후 파리 최대 규모의 도시재생 프로젝트이다. 리브고슈 지역의 기존 공장 재정비와 철도부지를 재활용한 도서관 건립을 핵심사업으로 하고 있다. 1992년부터 센강 왼쪽 연안에서 진행되는 '파리 리브고슈Paris Rive Gauche 프로젝트'가 대표적이다. 파리의 재개발 사업지 중 가장 넓은

파리국립도서관의 세느강변

리브고슈(168만㎡)는 낙후된 13지구를 개발하기 위한 것으로 '파리의 역사를 다시 쓰겠다'는 포부를 실현하는 곳이다. 파리 도심과 외곽을 단절하는 순환도로와 오래된 철로를 정비하고, 고급아파트·복합상가·업무용 빌딩·대학 등이 들어서 있다.

리브고슈 지역은 톨비악지구, 마세나지구, 오스텔리츠지구 등 총 6개 지구로 구성된다. 이름만 들어도 알 수 있는 장 누벨, 크리스티앙 드 포잠파르크, 폴 앙드루 등 세계적인 건축가들이 치열한 설계경쟁에서 설계자로 선정된 바 있다. 이들에 의해 디자인된 건축물들이 이 지역의 장소성을 살리고 건축가들의 명성을 높여주고 있다.

오스텔리츠 역 주변의 폭 100m, 길이 3km에 해당하는 철로 윗부분을 덮어 약 26ha의 인공 지반을 만들어 놓았다. 하부에는 철길이 그대로 남아 있는 복층구조의 복합개발을 이루어냈다. 이 재생사업에는 상업시설이 전체 연면적의 35%, 주거시설이 30%, 교육시설이 10%씩 차지하는

파리 라데팡스 신개선문

복합용도의 개발방식을 택했다. 이처럼 세계 대도시재생프로젝트에는 복합개발방식이 대세이다. 리브고슈 지역과 세느강 건너 베르시 지역을 잇는 우아한 시몬 드 보부아르Simone de Beauvoir다리가 방문객의 눈길을 사로잡는다. 실존주의 탄생의 산파, 여성해방운동의 어머니, 콩쿠르상에 빛나는 최고의 문인 보부아르(1908~1986), 그녀는 "내 인생에서 가장 성공적인 성과는 계약결혼에 바탕을 둔 사르트르와의 관계였다"고 자서전에 밝히기도 하였다. 이 보부아르 다리는 파리 동측의 새로운 남북 도시축을 형성하는 데 기여하면서 파리 세느강변의 또 하나의 명작으로 파리 도시브랜드 향상에 기여하고 있다.

라데팡스가 있는 파리의 부도심인 세느 낭테르 악슈Seine Nanterre Arche 지역도 지각변동을 일으키고 있다. 이 도시재생 사업지역의 면적만 해도 320만ha에 달하는 대형재생사업단지이다. 이 재생사업의 목표는 파리도심과 연계된 신개선문축의 형성, 도심, 라데팡스, 낭테르, 세느강변을 연계시켜 지역의 고립을 탈피하면서 다른 지역과의 강한 네트워크를 구축하는 것이었다.

신개선문이라 불리는 그랑악슈Grand Arche는 파리 서북쪽의 랜드마크로서 브랜드 효과를 톡톡히 발휘하고 있다. 개선문 광장 서쪽에 있는 건물들은 퓨토Puteaux 지역에 속하고, 광장 동쪽은 쿠르브부아Courbevoie 지역이다. 쿠르브부아 지역은 그동안 주거 기능 중심의 신시가지가 형성되었다. 개선문 주변인 낭테르 지역도 주거지들이 속속 생겨나고 있다. 이들 신개선문 주변지역은 신개선문이라는 파리의 랜드마크를 통해 새로운 장소 이미지를 구축하면서 장소마케팅을 하고 있는 중이다.

이러한 그랑파리 도시재생 사업은 미테랑 대통령의 지속적인 사업추진 의지와 시민, 전문가들의 적극적인 참여로 추진한 대규모 도시개발사업으로 현재도 진행중이다. 그랑파리에 의해 탄생된 건축물들은 프랑스 현대 도시디자인뿐 아니라 세계건축 디자인 패러다임에 새로운 획을 그었다. 이때 이루어진 파리의 도시디자인은 그 이후 세계 여러 도시에 '역사, 전통, 현대가 어우러지는 도시디자인'으로서 커다란 영향을 미치고 있다.

이렇게 화려한 그랑파리 프로젝트 이면에는 도시균형발전, 장소성, 원주민복지, 도시문제 등의 정책적·사회적 이슈가 제기되기도 한다. 그랑파리 프로젝트는 파리의 광역 도시 계획 목표, 즉 파리 광역 지역의 주택정책, 복지정책, 환경정책 목표와는 괴리된 채 추진되어 왔다.

이런 정책목표 간의 상충이슈는 Shaw(1999, 2003)의 연구에서도 명료하게 제기되어 왔다. 특히 명품미술관 등과 같은 문화 주도형 재생사업에서는 이 사업들이 장소적으로 커다랗게 부각되지만 파리시처럼 해당 도시의 장기적 계획 및 투자계획과는 일치하지 않는 경우가 허다하다. 빌바오의 구겐하임Guggenheim, 셀포드의 로우리Lowry 등의 프로젝트를 위해 공항, 도로, 철도, 고소득층주거, 호텔에 엄청난 투자가 이루어졌지만 해당 장소와 도시의 지속가능성과 주민 간의 재분배효과는 극히 낮은 것으로 나타났다.

대부분의 대형도시재생사업은 도시의 지속가능한 개발과 형평성과는 별개로 수행되어 왔다. Harvey(1989)도 도시재생사업은 대부분 사업지 주변의 사회경제적 조건을 개선시키기보다 투기적 장소 건설에만 앞장서 왔다고 한다. Klunzman(2004) 역시 대형도시재생사업 가리켜 "시Poetry로 시작하여 부동산으로 끝이 난다"고 하듯이 투기자본에만 주안점을 두지 사업지 주변의 장소성이나 도시문제는 염두에 두지 않는다고 한다.

대형도시재생사업을 계획함에 있어서는 해당 장소의 역사성과 장소성에 대해 끊임없이 탐구하고 연구해야 한다. 하지만 대부분의 재생사업에서는 해당 지구를 둘러싼 도시정책목표나 계획 등에 대해서는 무시하고 장소의 명품화, 글로벌화에만 주안점을 두고 있다. 대부분 대형도시재생사업에서 해당 도시의 정책방향과 개발중심사고가 부딪치고 있는 것이다. Miles(2005)도 이런 맥락에서 재생사업이 성공하려면 해당 장소의 장소성에 맞추어 넣어야 한다고 한다. Hayden(1995)도 상징적인 장소의 재생에는 그 장소에 대한 역사와 명성가치를 고려해야 한다고 일갈한다.

사회·경제적 관점에서 대형도시재생사업 시 설정한 지속가능성과 사회·경제재건이란 정책목표를 충족시키지 못한 사례가 유럽 등 여러 도시에서 나타나고 있다. 영국의 항구도시 브래드포드Bradford, 반스리Bansley, 셀포드Salford, 리버풀Liverpool의 수변재생사업이 애당초 기대했던 효과를 거두지 못하고 있다. 발렌시아Valencia, 마르세이유Marseilles, 로테르담Rotterdam 역시 장소 만들기와 수입 창출 측면에서는 성과가 미흡하다.(Evans, 2005).

파리의 프로젝트에 대해 Scalbent1994는 그랑파리 프로젝트가 건축적 가치를 지닐지 몰라도 도시르네상스 사업으로서 크게 명성을 떨칠 정도는 아니라고 폄하한다. 도심에서 시행된 그랑파리 프로젝트 사업은 파리 시내의 병폐적 문제에 대한 일반인의 관심을 그랑파리 사업으로 돌려놓는 역할을 했고 파리 교외지역의 심각한 주거, 부동산 환경 문제들 철저하게 외면한 프로젝트라고 대립각을 세우고 있다.

대형도시재생사업은 대상지역이 열악한 상태로부터 벗어나서 보다 나은 정주환경을 만들기 위해 필수적일 수 있다. 하지만 대형도시재생사업은 주변지역에 대한 도시 사회적, 그리고 도시 공간적 지배 구조를 낳는다. 성공의 여부를 떠나 대부분의 대형도시재생사업들은 주변 주민 소외의 궤도를 따라 달려왔다.

에펠탑

Betterton(2011)은 대형도시재생사업의 경제적 편익이 과장되었다고 한다. 그는 대형도시재생사업이 해당 도시주민들의 복지well-being에는 전혀 관심 없이 추진되었다고 비판한다.

Hayden(1995)은 일찍이 상징적 장소에 대한 재생사업이 장소의 전설, 평판 등의 가치를 올리는 데 기여했지만 그 장소나 장소 주변의 커뮤니티 주민들의 참여가 극히 저조했고, 주민들에게 기여한 편익은 거의 없다고 일갈한다. 특히 예술문화 대형도시재생사업의 공론화 과정에서 지역주민의 참여가 절대적으로 필요한 것이다. 즉 대형도시재생사업 시 사회적으로 제외되는 집단이 있어서는 안 된다는 의미이다.

살펴 본 파리의 도시 재창조사업들은 파리의 기념비적인 유산으로 과거의 흔적과 형태를 남기며 도시의 새로운 문화를 형성한 것이다. 새로운 도시재생과 건축 프로젝트들이 역사성을 토대로 파리의 명소로 재등장해 파리를 오늘날까지 세계 최고의 디자인도시로 자리매김할 수 있게 된 것이다.

파리에서는 방문객이 음악, 미술, 연극, 디자인, 건축 등 장르상의 칸막이를 뛰어넘어 올림과 되울림을 주고받는 행복한 정신적 교감이 이루어진다. 그러면서 많은 사람들이 파리를 온전하게, 더욱 더 깊이 읽기 위해 예술분야에 상당한 관심을 쏟게 된다고 한다. 파리 방문객들은 파리를 보고, 느끼며, 상상한다. 그래서 자신들의 감각과 상상력을 통한 예술작품과의 의미론적 대화가 이루어지게 된다.

그래서 파리와의 만남이 추후에 더 능동적인 만남으로 이어지곤 한다. 그래서 파리를 볼 때에는 큰 그림도 조망하고, 미세화도 동시에 볼 것, 세느강과 도시에 주는 의미에 대해 천착할 것, 파리의 근대 예술가들과 그들의 예술세계의 기본을 알 것, 거리를 보되 골목길을 즐길 것, 도시경관의 모든 깊이를 이용할 것, 도시재생의 현장을 하나하나 발로 살펴볼 것, 근현대 도시건축가와 그들의 설계를 통해 도시건축디자인의 흐름을 읽을 것, 도시랜드마크가 주는 장소성을 깊이 바라볼 것, 그리고 마지막으로 다면적으로 관찰하고, 상상하며 꿈을 꾸어 볼 것을 주문하고 싶다.

철길을 산책로로 만든 도시

뉴욕 New York

월스트리트에 함박눈이 내린다. 멀리, 그리고 가까이에 마천루가 보이는 거리 풍경이다. 가이 할턴 위킨스(1883~1962)의 '월스트리트 트리니티 교회'라는 인상주의 화풍의 풍경화이다. 미국에도 인상주의는 분명히 있었다. 19세기 말 짧지만 강렬하게 인상주의의 불꽃이 피어났다. 1865년 남북전쟁이 끝나자 대거 프랑스로 건너간 미국 화가들은 당시 세계 미술계의 최첨단 인상주의 기법을 배웠고, 변화·발전하는 미국의 도시 모습을 '인상주의 스타일'로 그려냈다.

20세기 초 유럽대륙을 휩쓴 전쟁의 광풍은 유럽 예술가들로서는 감당할 수 없는 고통이었다. 이들은 유럽의 포화를 벗어나 신대륙 항구도시인 뉴욕으로 들어오기 시작했다. 이렇게 뉴욕은 서서히 새로운 예술의 메카로 자리 잡는다. 20세기 초·중반 뉴욕 다양한 예술 분야 간 교류가 이루어진다. 이런 융합이 뉴욕이라는 도시 예술문화를 만드는 데 힘을

허드슨 강의 요트들

보탠다. 추상표현주의abstract expressionism 같은 불확정성indeterminacy 아이디어를 강조하는 새로운 형태의 예술이 1930~1950년대를 전후해 음악, 미술, 무용 등에서 동시에 뉴욕에서 탄생한 것은 결코 우연이라고 볼 수 없다. 음악에서는 케이지가 피아노 스트링 사이에 무작위적으로 이물질을 끼워 자신의 의도와 전혀 다른 음악이 탄생하도록 만든 '조작된 피아노prepared piano'로 연주를 했다.

추상표현주의는 제2차 세계대전 이후 세계 미술의 중심이 파리에서 뉴욕으로 옮겨오는 흐름과 맞물려 있었다. 뉴욕으로 몰려든 기라성 같은 아방가르드 작가들과 미국 출신의 패기 넘치는 작가들이 섞이면서 뉴욕은 세계 미술의 중심으로 떠올랐다. 뉴욕에 정착한 작가들은 새로운 시대를 맞아 새로운 것을 창조하겠다는 야망과 신념에 사로잡혔고 이를 통해 태어난 운동이 추상표현주의다.

미술에서는 폴락이 물감을 대형 캔버스에 뿌리는 기법을 사용해 최종결과를 물감의 흐름이 결정하게 하는 액션 페인팅을 선보였다. 또 커닝햄은 미리 정해진 안무 없이 각 무용수가 몇 가지 동작만 가지고 자유롭게 춤을 추면서 공연마다 현장에서 새로운 안무를 만들어나가는 현대무용을 만들어냈다. 그리고 20세기 후반 이래 뉴욕은 아예 출신지를 묻는 것 자체가 이상하게 느껴질 정도로 그야말로 멜팅 폿melting pot이었다. 다른 예술문화권들 간의 만남은 뉴욕의 도시예술문화 형성의 토대가 되었다.

탈산업화는 세계화의 과정과 연계되면서 세계화가 뉴욕 문화형성에 강력한 힘으로 작용하고 있다. 기존의 국가 간의 경쟁이 도시 간의 경쟁으로 옮겨가면서 뉴욕 역시 문화성을 내세우며 세계적인 관심을 끌어 모으고 있다.

뉴욕에서 포스트 모던 문화는 1) 탈산업화, 2) 세계화, 3) 개별성 4) 장소성 5) 복고성, 6) 복합화 라는 시대적 패러다임에 영향을 받고 있다고 할 수 있다. 19세기 후반과 20세기 초반을 거치면서 지어진 산업체와 공장이 산업화의 쇠퇴로 인해 도시 내에서 방치된 공간으로 있다가 탈산업화의 흐름을 타고 새로운 용도 즉, 테마파크, 생태공원, 금융센터, 복합빌딩으로 바뀌고 있는 것이다. 다시 말하면 뉴욕의 도시 공간들이 복합개발을 통한 도시재생의 탈을 쓰고 전환되고 있는 것이다. 따라서 탈산업의 추세 속에서 도시 장소 마케팅, 장소 브랜딩 등으로 장소성을 발현하는 도시문화로 축이 이전되어 가고 있음을 목격하게 된다.

20세기 초의 뉴욕시 도시계획에도 도시미화와 개선사업에 상류층(부르주아)의 가치가 스며들었는데, 이는 뮤지엄, 도서관, 공공정원, 아트갤러리, 콘서트홀의 설립으로 반영되었다. 이런 문화시설의 건립은 도시의

맨해튼의 하이라인

부와 상류층 시민들의 자긍심을 표출하는 매체가 된 것이다. 이런 상류층 문화시설들은 대중문화는 괴리된 채 도심 등 핵심도시공간에 지어지고 있었다.

20세기 초반 뉴욕과 유럽의 주요도시에서 문화지구는 다른 토지이용 용도와는 배타적으로 도시공간에 배치된다. 문화시설들이 주민들의 삶의 터전인 커뮤니티 중심, 즉 근린센터가 아닌 별도의 부유층 대상으로 한 도시 내 중심지구 등에 입지하게 된다. 꼬르뷔제Corbusier의 빛나는 도시Radiant City는 하워드Howard의 정원 도시Garden City와는 달리 초고층건물에 복합용도를 포함하는 모더니즘의 상징이다. 이 초고층 건물에는 아트 갤러리, 콘서트홀, 카페, 극장 등이 들어가게 된다. 도심의 초고층 빌딩에 있는 문화 인프라는 도시외곽에 거주하는 근로자들의 일상적으로 접근하기 힘든 곳이다.

1960년대부터 도시재개발 등 도시재생사업에 문화지구나 시설들이 들어가는 사례가 나타나기 시작한다. 문화가 도시계획이나 재개발계획이 추구하는 목표와 구체적으로 접목되는 시기가 도래한 것이다(Storm, 2002). 뉴욕의 라과디아 시장이 일자리 창출 목적으로 시립예술센터와 음악당을 건립한 것이나 문화, 상업, 업무기능이 포함된 Rockefeller 복합단지 등이 도시정책과 개발계획에 문화시설이 스며든 대표적인 예가 된다. 특히 Rockefeller 빌딩에는 미국문화산업의 아이콘인 NBC, RCA, RKO Pictures와 Time Magazine이 입주하여 Rockefeller빌딩이 문화산업이 상징으로 부각되는 계기가 되었다(Newhouse, 1989).

1960년대 중반부터 후반까지는 Rockefeller 재단의 지원으로 뉴욕 필하모닉, 줄리아드 음악원의 댄스대학, Fordham 대학 등의 예술문화 및 교육시설이 지어졌다. 이런 일련의 문화사업들에서 목격할 수 있는 것은 이들 문화산업들이 20세기 초기 도시미화 등과 거의 같은 맥락, 즉 '도심에 부유층 전용의 문화시설 배치하기'라는 계획철학 속에서 추진되었다는 것이다.

제이콥스Jocobs는 1960년에 뉴욕 등 대도시에서 이루어진 이런 문화시설의 도심복합건물 집중배치라는 계획과 개발방식에 대해 "일반시민을 위한 문화인프라가 아니다"라고 강한 비판을 쏟아내었다. 그녀는 이런 도심복합문화시설 설치는 가든시티 사상에다 도시미화 운동을 섞어놓은 방식으로 일반 대중과는 떨어진 문화시설 배치라는 사상이라며 비판받아 마땅한 모더니즘 도시계획 디자인의 전형으로 보고 있다. 그녀는 이런 계획방식은 도심을 문화지구라는 단기능지구로 만들어 주고, 문화지구를 도시의 다른 지역으로부터 분리시키는 데 기여할 뿐이라는 혹평을

뉴욕 맨해튼의 시내

하고 있다.

1960년대와 1970년는 사회변화의 시기였다. 1970년대에는 지속가능성이 도시개발의 새로운 패러다임으로 부상한다. 예술문화가 소수문화 엘리트의 점유물로부터 탈피하여 대중의 삶 속에 내재되어야 제대로 된 도시문화가 형성된다는 시각이 싹트기 시작한다. 그러면서 테크노크라틱 지향적인 종합적·합리적 계획comprehensive-rational planning의 도시개발정책 속에서 문화요소가 뒷전으로 물러나는 계획방식에 대한 회의적인 시각이 늘어나기 시작했다.

지난 몇십 년간의 서구도시의 재생 트랜드를 보면 도시거버넌스 측면에서 도시경제성장에만 초점을 맞추어 왔다. 즉 도시재생의 목표, 의사결과정과 정책도구 등이 모두 기업가 정신에 기반한 대형재생프로젝트 중심의 이윤 지향적 사업에만 몰두해 왔다는 의미이다. Harvey(1989)는 이런 정책패러다임의 전환을 도시거버넌스가 관리적managerial에서 기업가적entrepreneurial 형태로 전환해 왔음을 보여준다고 하고 있다. 이를 일반적으로 관리도시managerial city에서 기업도시entrepreneurial city로의 변환이라고 할 수 있다. 기존의 재생사업처럼 지자체 주도의 거버넌스 속에서 추진되어 오던 프로젝트가 최근의 대형도시재생사업은 관민협력public-private partnership 체계 또는 민간 주도형으로 전환된 것이다. Gordon(1997)도 이런 관점에서 도시 내 수변재생사업은 주로 준정부기관 또는 공공민간협력기구에 의해 진행되었다고 한다. 예를 들어보면, 1970년 이후 뉴욕과 보스톤의 도시재생(특히 수변재생사업)은 프로젝트를 중심으로 주변동네와 민간부분에 의해 추진되어 왔다.

커뮤니티 레벨에서는 1980년대 이후 커뮤니티 예술운동이 싹트기 시작한다. 커뮤니티 참여, 창의성 발현, 문화욕구 등이 일어나면서 기존의 정주환경에서 대한 성찰과 기존건물의 역사적 의미에 대한 재인식이 고개를 들기 시작한다. 도시재생사업 등 도시개발 사업도 근린지구를 보존하거나, 기존빌딩을 리모델링하여 장소성을 찾아주는 등의 방식으로 전개된다. 이런 개발방식에 예술문화산업이 접목되면서 새로운 디자인이 태어나고, 서서히 도시의 문화성이 생겨났다고 할 수 있다. 도시르네상스 흐름을 타고 예술 문화계획에 대한 새로운 기준 등이 생겨나게 되고, 예술과 문화사업에 대한 경제 및 일자리 창출에 대한 영향평가가 이루어진다. 아울러 커뮤니티 레벨의 예술문화 계획과 프로젝트가 속속 입안되어 집행되기에 이른다.

예술문화를 기반으로 한 도시재생사업 등 도시개발프로젝트에는 예술문화생산과 예술문화소비기능이 공존하는 형태로 자리를 잡았다. 이러한 도시개발프로젝트에 문화활동 접목의 배경에는 예술가와 예술단체들의 노력도 한몫을 했다. 1990년대 이후부터 주요도시마다 문화소비를 부추기는 4대 예술문화시설, 즉 콘서트홀, 공연예술장, 국립뮤지엄, 비주얼아트센터 건립에 도시개발의 초점을 맞추고 있었다(Comedia, 2002).

Storm(2002)은 1985년부터 1990년대 후반까지 미국 도시에서만 70개의 새로운 공연예술장과 뮤지엄이 생겨나 도시문화 경쟁력 강화의 동력이 되었다고 한다. L.A. 뮤직센터 콤플렉스 속에 입지한 월트디즈니 콘서트홀은 또 하나의 프랭크 게리Frank Gehry 작품으로 국제적 명성을 얻는 기반을 마련했다. 이러한 예술문화시설 건립 분위기는 미국의 도시마다 삶의 질과 쾌적성을 높여 산업을 유치하고 도시의 상징성을 마케팅하려는 정책적 노력과 맞물려서 추진되어 왔다. 문화산업은 유연적 전문화, 시장분할, 적시생산 등의 포스트포디즘 조류 속에서 소비자를 자극하여 도시경제에 활력을 불어 넣었다. 방송, 음악, 미술, 디자인 등의 문화산업의 집적효과를 통해 창조도시로 발돋움하려는 도시지역도 속속 나타나기 시작하였다.

뉴욕과 같은 세계도시에서 포스트모던 풍의 건축물이 속속 등장하고 있다. 포스트모더니즘 도시건축이란 '오늘의 혼돈된 도시'가 되기까지의 과정을 담고 있는 일종의 '건축물 백화점'과도 같은 것이다. 뉴욕과 같은 도시도 도시건축에 대해 늘 자기성찰과 주시를 하지 않을 수 없었던 것

뉴욕시내 센트럴파크의 우거진 숲

이다.

흔히 '네오리얼리즘'이나 '네오다다이즘'이라고 일컫기도 하는 포스트모던 팝아트는 우리들 주변의 일상용품이나 상품을 오브제로 삼는다. 예로서 청계천의 스프링을 디자인한 올든버그는 비닐이나 에나멜 칠을 한 캔버스 위에 대형 햄버거나 아이스크림 등을 소재로 예술품을 만든다. 필립 존슨과 존 버지가 함께 설계한 뉴욕시 AT&T 본부건물이나 존 포트만이 설계하여 LA 시내에 세워진 보나벤투어 호텔 또는 렌조 피아노와 리처드로저스가 설계한 파리의 퐁피두 센터 등은 강철과 유리상자 위주의 모더니즘 건축과는 분명한 차이가 난다. 포스트모더니즘 건축디자인에서는 복고주의적이고 절충주의적인 분위기가 물신 풍겨난다.

(1) 뮤지엄거리

뮤지엄들은 뉴욕에서도 부유한 곳으로 이름난 업 타운Uptown과 명품 쇼핑거리로 유명한 5번가에 포진해 있다. 대표적인 미국 건축가 프랭크 로이드 라이트의 설계로 1943년 완성된 구겐하임 미술관의 독특한 나선형 건물은 현대적 감각을 뽐내고 있다. 내부의 독특한 Z-도로 휘어진 벽면에는 모더니즘의 대작들이 즐비하며, 중앙의 로비는 천장에서부터 내려온 햇빛이 내려앉고 있다. 근처에는 세계 최대의 박물관으로 손꼽히고 있는 메트로폴리탄 뮤지엄이 그 위용을 자랑하고 있다. 작품들로 가득차 있는 이곳은 세계예술사가 한눈에 들어오는 곳이다. 유럽 미술의 접목을 기반으로 형성된 미국 미술의 정통성을 확립하기 위해 설립된 휘트니 미술관도 근처에 자리해 있다. 이곳은 실험적 형식의 작품들을 수용하기로 유명한 휘트니 비엔날레를 개최하는 곳으로도 잘 알려져 있다. 세계 최대의 미술관 자리를 넘보고 있는 뉴욕현대미술관MoMa은 이곳에서 현대미술의 창작 공간으로 자리 잡고 있다.

(2) 첼시 갤러리와 첼시 마켓

세계적인 화상과 갤러리들이 모여 있는 거대 자본을 기반으로 한 세계 최대의 아트 마켓의 힘을 상징적으로 보여주는 지역이다. 동서로 20가부터 25가까지, 남북으로 8번가부터 10번가까지 해당하는 블록이 다양한 갤러리들로 채워져 있다. 첼시 지역은 원래 부둣가에서 선적한 물건을 쌓아놓는 창고나 택시 등을 주차하는 차고 등으로 가득 찬 곳이었다. 밤에는 혼자 걸어 다니기 위험할 정도였던 이 지역은 소호지역의 비싼 임대료를 감당하지 못하고 이전해 온 갤러리들에 의해 새로운 예술 명소로 변모한 곳이다. 투박한 벽돌 건물 내부의 오래된 벽들과 육중한 기둥들

눈이 내리는 첼시마켓

은 첼시 갤러리 거리의 특징이다. 오래된 건물들과 현대 미술 작품들이 조화를 이루며 방문객을 유혹한다.

뉴욕에서 가장 뜨거운 거리인 첼시는 허물지 않고, 기존의 건물의 재탄생의 맛을 살린 지역이다. 몇십 년 전만 해도 공장이나 차 정비소, 그리고 정육점이 즐비했었지만, 첼시지역 재생프로젝트 이후 아티스트들과 패션 브랜드들이 몰려 오면서 과거의 어둡고 황량한 이미지를 걷어내게 되었다. 그러자 이곳에 세계적인 갤러리들이 속속 둥지를 틀게 되었다. 10번가와 11번가 에비뉴 사이, 22가에서 25가까지 도로 양쪽에는 80여 개의 세계적 갤러리들이 옹기종기 모여 있다. 과거의 벽돌로 된 공장의 외관을 보존하면서 내부만큼은 갤러리다운 품격을 갖추고 있다.

1996년 문을 연 첼시마켓은 뉴욕의 재래시장으로 식재료의 보고이며, 갤러리에 빵 가게와 꽃집들의 시장이 들어선 특유의 공간이자, 뉴욕의 미식가들을 사로잡는 식자재 도·소매점이 몰려 있는 곳이다.

첼시마켓은 까만 쿠키 '오레오'로 유명한 비스킷 회사 '나비스코Nabisco'에서 1890년대 지은 공장 28개의 벽을 터 만든 빌딩이다. 1958년 나비스코가 뉴저지에 현대식 공장을 지어 이전한 뒤 40년 가까이 폐허 상태로 방치되었다가 1990년대 초반 어윈 코헨Cohen이라는 개발업자가 매입하였다. 코헨은 식품업체가 많은 지역 특성과 건물 역사를 살려 새로운 문화 공간을 만들기로 결심한다. 1996년 건물 외관은 그대로 둔 채 28개 공장 벽을 허물어 하나의 공간으로 이은 첼시마켓이 문을 열었다.

오래된 공장에 현대식 오피스 건물을 접목한 첼시마켓 재생 프로젝트는 큰 성공을 거두었다. 5만 6천여 평의 건물은 현재 식당, 상점, 클럽, 방송국 등에 빈틈없이 임대된 상태이다. 첼시마켓은 과거 속의 현대를 아주 조화롭게 접목시킨 복합용도의 공간으로, 많은 사람들이 첼시마켓을 가리켜 '과거와 현대와의 공존'이라는 표현을 쓰고 있다.

첼시마켓은 볼거리 가득한 마켓 전체의 갤러리화가 특징이다. 상점 자체가 갤러리로 장식되어 있다. 특이한 모양의 탁자와 의자들이 설치되어 있고, 낡은 천장, 오래된 벽돌, 그리고 휴식공간의 작은 그림들, 이 모든 디자인요소가 사람들로 하여금 꾸준히 첼시마켓을 찾게 만들어 주고 있다. 뉴욕의 최고 빵가게와 레스토랑, 그리고 각 식당과 가게가 여는 이벤트로 손님들을 유혹하고 있다. 버려진 공장을 상상력과 감동이 넘치는 공간으로 만든 대표적인 도시재생전략의 예이다.

(3) 미트패킹

1990년대까지만 해도 미트패킹지역은 뉴욕의 대표적인 고기시장이었다. 원래 미트패킹은 1884년부터 독립전쟁 영웅인 피터 갠스부트 장군의 이름을 딴 '갠스부트 마켓'으로 불렸다. 1990년대까지만 해도 250여 개의 도살장과 미트패킹 공장이 들어서 있었던 곳이다. 그 후 이 지역은 주거, 오피스, 상업기능이 들어오면서 급속한 변화를 겪게 되었다.

맨해튼 지역의 지가가 상승하면서, 예술가들은 보다 저렴한 작업공간을 찾아 도시 곳곳으로 찾아 나서게 되었는데, 이 과정 속에서 상대적으로 임대료가 싼 미트패킹 지역으로 예술 관련 직업을 지닌 인구가 급속히 유입되기 시작했다. 저렴한 작업실을 찾던 아티스트, 디자이너, 작가, 건축가, 사진가들이 몰려오면서 과거의 칙칙한 벽돌건물 속에 문화예술이 새로운 둥지를 트는 장소가 되었다. 이러한 추세에 맞춰 세계적인 브랜드 매장이 들어오게 되면서 헐리우드 스타들이 즐겨 찾는 최고급 명품매장, 유명 레스토랑의 등장으로 미트패킹 지역은 현재의 모습을 갖추게 되었다.

미트패킹 지역 살리기 모임은 과거의 모습을 지키자는 취지에서 시작한 모임이다. 지명에서부터 고기를 의미하는 미트패킹 지역이 본래의 정체성을 지녀야 한다는 데 뜻을 같이하는 사람들을 중심으로 모임을 전개하였다. 그 결과 새벽에는 정육점, 오후에는 명품브랜드 매장, 저녁에는 레스토랑의 거리라는 다양한 색깔이 현재 미트패킹 지역의 장소이미지가 되었다. 미트패킹의 또 다른 볼거리는 갤러리이다. 유명한 아티스트들의 작품을 전시함으로써 새로운 예술장르를 이끌어가고 있다.

(4) 배터리 파크 재생 프로젝트

세계 도시들이 도시재생으로 옷을 갈아입고 있다. 뉴욕시도 도시재생으로 곳곳이 탈바꿈하고 있다. 뉴욕시 로어 맨해튼Lower Manhattan 지구가 바로 뉴욕의 대표적인 도시재생 지역이다. 뉴욕시의 로어 맨해튼 지구는 1990년대 초반까지만 해도 오피스 빌딩, 상가 등이 전혀 없던 불모지나 다름없던 지구였다. 1990년대 중반부터 일어난 재개발은 스톤 스트리

배터리파크와 워터프론트

트를 엄청나게 변모시키고 있다. 로어 맨해튼 프로젝트의 핵심은 배터리 파크 시티의 조성과 세계무역센터의 재건이다. 맨해튼 남단의 낡은 부두 시설 12만 2천 평을 주상복합단지로 만드는 배터리 파크시티 사업은 배터리 파크시티 개발 공사BPCA가 주도하면서 난개발을 막고 토지이용의 효율성을 높이는 역할을 하고 있다. 이 개발공사는 민간이 이곳에서 얻은 이윤을 공공을 위해 재투자하는 정책을 수행해 왔다.

배터리 파크시티는 1960년대 뉴욕 맨해튼은 항구와 공업지역이 쇠퇴하면서 중심지역을 제외한 나머지 지역이 급속하게 슬럼화되었던 지역이다. 이 도시재생프로젝트는 사회문제의 해결과 도심 공동화 현상의 방지 등을 위해 폐허화된 기성시가지 일부와 허드슨 강변 선착장을 매립하여 약 11만 3000평의 매립지에 약 16만 평의 사무실과 1만 4천여 세대의 주거를 개발하기 위한 목적으로 시작되었다. 당시 뉴욕주지사가 1968년 배터리 파크시티 개발공사를 설립함으로써 본격적으로 추진되었으며, 1969년 최초의 공식적인 개발기본계획이 수립 되었다.

배터리 파크시티의 개발의 실질적인 토대를 마련한 1979년 기본계획의 수립과정에는 도시설계전문가뿐만 아니라 경제, 마켓분석, 교통 및 엔지니어링, 조경 등 다양한 분야의 전문가들이 참여한 결과 뛰어난 계획안이 만들어졌다. 이런 정책과 추진력이 있었기에 배터리 파크시티는 세계 워터프론트 개발의 가장 성공적인 모델로 자리매김할 수 있었다.

배터리 파크시티의 개발에서 가장 획기적인 것은 토지소유권과 개발권을 분리해서 계획한 점이다. 토지는 배터리 파크시티가 소유하고 민간 개발가가 이를 임대해서 그 위에 오피스 건물과 주거건물을 개발하는 방법이다. 도심공동화 현상에 의한 사회문제를 우려하여 직장과 주택을 인접시켜 개발한 것이 특징인데, 허드슨 강이라는 천연환경과 조화된 야외 공원과 산책로를 만들어 입주 주민들이 쾌적한 생활을 영위할 수 있도록 계획하였다. 다양한 전문가들의 개발 참여로 배터리 파크시티 개발 공사는 우수한 공공공간을 조성하게 되었으며, 상세한 도시디자인 가이드라인을 통해 수준 높은 도시디자인을 실천하였다.

(5) 하이라인

하이라인 프로젝트는 30년간 흉물로 방치된 화물 수송용 고가 철도가 공원으로 탈바꿈한 프로젝트이다. 하이라인은 한때 천덕꾸러기 취급을 받으며 철거될 뻔했다. 뉴욕시는 폐허가 된 철로를 걷어내려는 계획까지 세웠다. 1999년 이를 반대한 하이라인 인근에 사는 주민들은 '하이라인 친구들'이란 지역 비영리 단체를 설립하여 하이라인 보전 운동에 나섰다. 건축가들과 학자, 시민들이 힘을 합쳐 여러 아이디어를 모으고 철길을 보행자 전용공간, 공원으로 꾸미는 계획을 세우는 등 하이라인을 무한 상상의 공간으로 그려냈다. 이후 파리 프롬나드 플랑테에서 아이디어를 얻은 이 단체는 뉴욕시와 공동으로 복원작업에 나섰다. 철로에 남아있는 모래와 흙, 자갈 등을 제거하고, 허드슨 강이 내려다보이는 정원을 꾸미거나 산책로로 재탄생시켰다.

총 길이 12.3Km, 7m 높이 교각 위에 설치되어 허드슨 강을 한눈에 내려다 볼 수 있는 산책로를 갖추고 있다. 이후 하이라인 공원은 2009년 7월에 완공되었으며 2011년 봄에 두 번째 구역도 완공되었다. 재생 목재로 만든 계단식 좌석 등 휴식을 즐길 수 있는 다양한 공간이 곳곳에 가득하다. 하이라인에는 300여 종의 야생화가 자란다.

하이라인은 뉴저지의 풍경과 허드슨 강의 노을, 미트패킹 지역의 야경이 한눈에 들어오는 곳이다. 뉴욕 하이라인은 인근 주민뿐 아니라 뉴욕을 찾은 관광객들이 매년 200만 명 이상이 찾아드는 뉴욕의 새로운 명소로 자리 잡게 되었다. 흉물로 변해버려 더 이상은 복구할 수 없을 것 같았던 공간을 시민들을 위한 문화 공간으로 재탄생시킨 뉴욕 대표적의 도시재생 사업은 다른 세계 도시의 도시재생정책의 이정표가 되고 있다. 녹슨 철로 위에 꽃핀 재생의 공간 '하이라인', 버려진 철로가 철거되지 않고 공원으로 바뀌면서 뉴욕 시민들의 공공공간에 대한 꿈과 희망을 되살려 내었다.

(6) 엠파이어스테이트빌딩

엠파이어스테이트빌딩은 전 세계인들이 꼭 한번 찾고 싶어하는 뉴욕의 랜드마크이다. 하지만 에너지 효율성 면에서는 2~3류 빌딩이라는 꼬리표가 붙었었다. 얼마 전까지만 하더라도 사무공간을 찾는 기업들에게 엠파이어스테이트빌딩은 최우선 고려 대상이 아니었다. 하지만 최근 대대적으로 변신했다. 에너지 효율성을 크게 높인 친환경 빌딩으로 재탄생한 것. 레트로피트retrofit 프로젝트 덕분이다. 빌딩 레트로피트는 건물 에너지 효율성을 높이기 위해 개조공사를 하는 것을 말한다. 레트로피트 후 엠파이어스테이트빌딩 에너지 사용량은 38%나 줄었다. 에너지 절감 비용만 매년 440만 달러에 달한다. 현재까지 엠파이어스테이트빌딩 레트로피트 사업에 들어간 돈이 1,300만 달러라는 점을 감안할 때 3년 후면 비용을 모두 뽑고도 남는다.

(7) 워터프론트 그린웨이

맨해튼 워터프론트는 전통적으로 뉴욕 도심과 외곽 맨해튼 북부와 남부를 잇는 중요한 교통로 역할을 하였고, 이로 인해 워터프론트에는 많은 공장지대와 창고지대들이 분포하고 있었다. 오랜 동안 이 도로는 워터프론트와 도심을 단절하는 장애 요소로 남아 있었다. 이렇게 방치되었던 워트프론트는 20세기 후반 부족한 도시의 녹지공간과 여가공간을 제공해 줄 수 있는 가장 매력적인 공간으로 인식되었다. 시민들에게 녹색의 환상을 제공하겠다는 뉴욕시의 정책 목표에 따라 '맨해튼 워터프론트 그린웨이 마스터 플랜'이 계획되었다.

워터프론트 그린웨이는 단기적으로 새로운 워터프론트 구간을 조성하여 기존의 워터프론트에 연결될 수 있도록 하고 있고, 중장기적으로 단절된 구간 없이 섬 전체에 걸쳐 아름다운 워터프론트 프롬나드를 조성하는 것을 목표로 하고 있다.

그린웨이는 맨해튼 수변 전체를 보행 및 자전거로 네트워킹하고 도심과 워터프론트의 연결을 통해 워터프론트의 접근성을 높이고 워터프론트의 활용도를 높이기 위한 프로젝트이다.

(8) 허드슨 리버파크

그동안 허드슨 리버파크 지역의 40개 부두 중 상당부분이 주차장 등으

허드슨 리버파크

로 방치되어 왔다. 그 중 13개의 부두를 해군 기념공원, 보트 정박장, 스포츠 시설, 정원과 잔디공원 등으로 조성 중이다. 허드슨 리버파크는 뉴욕 도시계획국과 파트너십으로 운영되는 허드슨 리버파크 개발공사에 의해 계획되어 집행되고 있다. 1998년 허드슨 리버파크 조례 제정 이후 현재 상당부분 진행 중인 이 재생계획은 맨해튼 워터프론트 공원 공간을 대규모로 확충하고, 공원에 다양한 어메니티적 요소를 제공하고 있다.

또한 허드슨 리버파크는 수변공원 내 다양한 공간프로그램과 아울러 이벤트 프로그램을 도입하여 도시민들이 여가 및 축제를 즐길 수 있는 장으로 만들고 있다. 도시재생으로 버려진 부두를 재생하고, 오픈스페이스를 조성하며 환경교육, 수상프로그램을 도입한 효과가 있다

뉴욕이 옷을 갈아입고 있다. 그 이면에는 창조성이 녹아 있다. 뉴욕만이 갖는 고유한 창조성으로 독창적인 얼굴을 만들어 내고 있다. 미래는 창조사회다. 창조사회에서는 국가든 도시든 창조성을 지녀야 승리할 수 있다. 도시가 창조 중심으로 진화하면 도시경쟁력도 저절로 키워진다. 지금 도시들은 바로 도시적 창조성을 갈구하고 있다. 창조성 기반사회로

서서히 바뀌고 있는 것이다.

창조성을 만드는 방법은 두 가지이다. 하나는 해당 도시만의 전통, 관습, 문화를 그대로 받아들이고, 그 속에서 창조성 요인을 찾아내어 지속시키는 것이다. 다른 하나는 새로운 창조적 요인을 내부이건 외부이건 발견해 내어 그 요인들에게 공간과 동기를 부여하여 창조화시키는 것이다. 뉴욕은 이런 관점에서 다른 도시보다 비교우위에 있다고 하겠다.

뉴욕은 도시공간에, 도시환경에 정체성을 부여한다. 정체성은 뉴욕만이 가지는 순수한 힘이다. 이 정체성이 뉴욕을 만들어가는 힘이 되고 있다. 정체성 속에는 뉴욕의 역사, 영혼, 끼가 깃들어 있다. 또한 정체성에는 뉴욕의 고유의 문화, 삶, 산업, 경제가 스며들어 있다. 정체성은 뉴욕의 창조성 형성에 밑천이 되고 있다. 다시 말하면 창조성은 그 도시 특유의 정체성에서 시작된다는 의미이다.

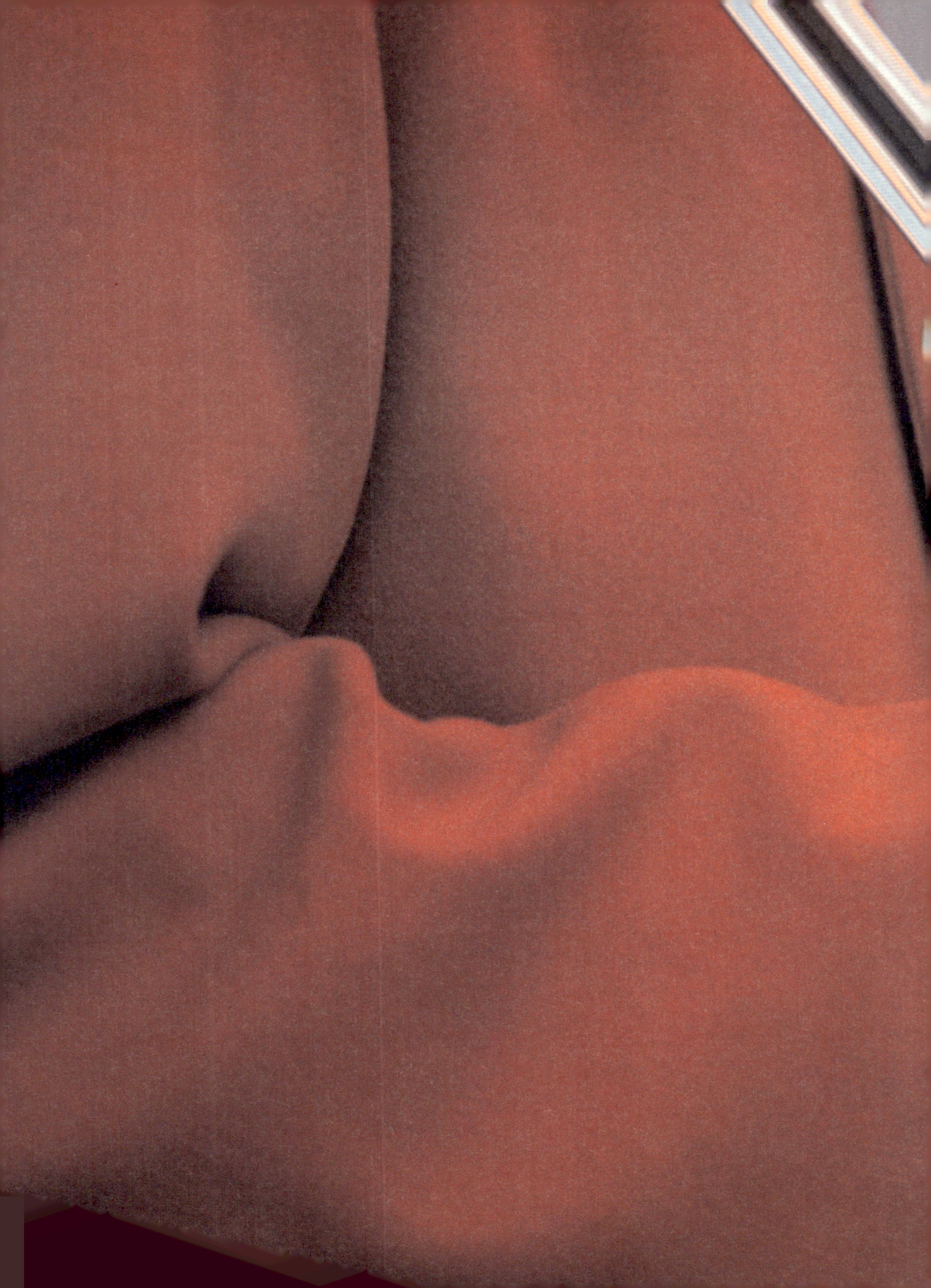

문화가 도시를 살린다

2 영국

런던 London
에딘버러 Edinburgh
더블린 Dublin

2
영국

재생으로 도시문화를 키운 도시

런던 London

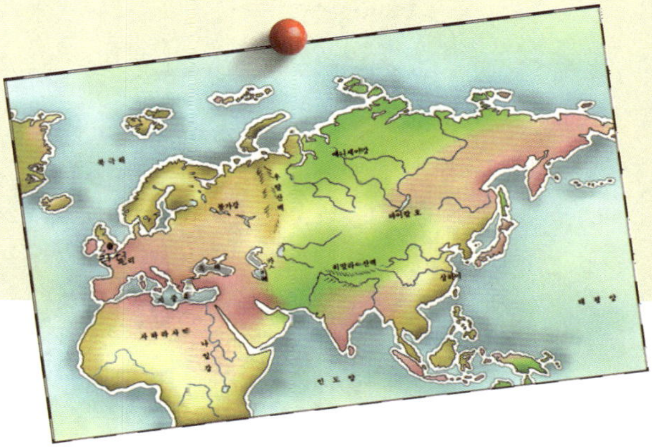

런던은 방문객의 상상력을 자극한다. 런던이라는 도시는 최첨단 도시와 중세도시 그리고 디자인 도시를 넘나들고 자연과 건축 사이를 자유롭게 유영한다. 거기에다 도심에 넉넉한 공원을 만들어 예부터 생태도시를 표방해 왔다. 사실 서양 건축은 자연과는 동떨어져 지어졌다. 건축은 건축이고 주변 환경은 주변환경이다. 서양에선 건축과 자연이 어울릴 수 없는 이질적 도시 요소들이다. 동양의 건축은 자연과 함께 벗하는 자연순응형이다. 동양에선 건축을 둘러싼 자연 전체가 건축의 일부분인 건축환경이다. 건축을 둘러 싼 대지 환경이 여백으로 남아있다. 즉 비움의 미학인 것이다. 런던에서는 이런 서양 도시의 건축 원칙에서 예외인 것이 있다, 바로 공원이다. 런던 도심 곳곳을 센트럴파크 등의 공원으로 크게 비워 둔 것이다. 세계 대도시 런던의 도심에 여백의 철학이 스며들게 한 것이다.

버윅(Berwick)거리의 과일가게

템스강변을 걷다보면 거리 예술가들을 만난다. 롤링스톤즈, 비틀즈, 핑크플로이드, 퀸, 데이비 보위, 클래쉬, 폴로스 등 런던출신의 유명 뮤지션들이 세계적인 명성을 얻기 전까지는 거리에서 술집과 클럽에서 공연을 펼쳤다고 한다. 클래식, 팝, 록 등 모든 장르의 음악이 조화롭게 어깨를 마주하며 펼쳐지는 런던. 다문화와 다양성의 런던은 다양한 장르의 음악도시라 불러도 손색이 없다.

셰익스피어의 작품에 요즘 사람도 감동을 할 수 있는 플롯과 구성이 있다는 점이다. 템스강변에서는 17세기에 화재로 소실된 극장을 재현한 '셰익스피어 글로브' 극장이 있다. 자연광을 이용해 공연했던 셰익스피어의 시대를 본떠 이곳 역시 지붕이 없이 자연 조명으로 연극을 하고 있다.

맨체스터에서 런던으로 가는 열차 안에서 '해리포터 시리즈'를 창조해냈다는 조앤롤링, 얼마 전 킹크로스역의 한쪽편에 '호그와트 급행열차를 위한 9와 3/4 승강장'이 리모델링을 거쳐 재현되었다. 일반 도시철도역이 해리포터 소설 덕분에 장소성을 찾고 명소가 되어 장소 마케팅을 하고 있는 것이다. 이처럼 런던은 방문객을 음악, 문학, 디자인의 도시로 인도한다.

런던에서 문화는 런던이란 도시에 문화성의 근육을 키워주고, 영혼에 영향을 주고 있다. 도시문화 활동의 맥락과 상황은 근대도시계획과 밀접한 관계 속에서 이루어져 왔다. 런던에서 창의적 문화활동들이 본격적으

테이트모던과 밀레니엄 브리지

로 나타는 것은 문화주체들과 도시재생과의 연계가 그 밑바탕에 깔려 있기 때문이다.

런던은 다층화와 다양성, 그리고 창의성을 불러오면서 도시문화의 변화를 주도하고 있다. 그러나 이 도시문화를 19세기 후반과 20세기 초반에는 도시 엘리트 층만이 향유했다. 이는 런던에서 활동하던 하워드 등의 도시사상가들의 철학에 표출된다.

1980년대와 1990년대는 포디주의가 뒤로 물러서고, 포스트포디즘의 부상되면서 도시개발에서는 새로운 투자대상, 일자리창출사업, 장소만들기 사업 등을 추구하는 도시적 분위기에 휩싸이게 된다(Evans, 1998). 때마침 불어 닥친 도시르네상스의 열기로 도시마다 문화요소를 경쟁적으로 마케팅하는 시기로 접어들게 된다. 도시계획과 정책에서는 문화가 우선시되면서 7가지 도시문화적 요소, 즉 ① 문화기반 도시재생, ② 문화관광, ③ 장소마케팅, ④ 장소 재이미지화, ⑤ 문화지구, ⑥ 문화산업, ⑦ 커뮤니티 문화계획을 추구하게 된다.

후기산업사회의 새로운 정주형태로 제시된 런던의 Howard(1989)의 가든시티Garden City의 그림을 보면 일자리 창출의 원동력이 되는 산업체들을 도시외곽의 순환형태로 깔아놓은 반면 도심에서는 커다란 오픈 스페이스 속의 공공건축물을 배치해 놓았다. 도심에는 콘서트홀, 공공병원, 도서관, 뮤지엄, 아트갤러리를 포진시키고 있는데 이는 도시 근로자의 일터와 쉼터와는 너무나 떨어져 있는 장소인 것이다. 가든시티 등 20세기 초반의 도시계획 패러다임 속에서 20세기 유럽과 미국 도시에서 거대한 스케일의 미술관과 콘서트홀 등은 대중예술 문화와 동떨어진 채 건립되었다. 당시 도시문화 운동을 주도한 계획가들은 엘리트 문화집단의 예술문화 충족을 위한 계획수립에 몰두하였다.

1990년대 이후 런던은 글로벌 금융과 투자, 도시재생운동, 그리고 관광 등에 의해 도시의 문화경제가 발전되는 경향을 보이고 있다. 생산의 예술적 모델An Artistic Model of Production을 주도하는 예술단체와 예술산업체들은 도시재생에 커다란 활력소로 등장하고 있다. 따라서 예술, 문화, 엔터테인먼트는 런던 도시공간계획의 커다란 힘을 보태고 있다. 문화생산과 소비가 견인하는 도시경제는 창조도시라는 런던에 새로운 도시 패러다임의 불을 지피고 있었다. 랜드리(2000)는 도시의 전통과 창조성으로서의 도시의 문화·예술적 요소야말로 해당 도시를 타도시와 차별화시키는 핵심적 요소라고 한다. 예술적 창조성이 새로운 도시 산업을 이끌어가는 성장엔진이 될 수 있다

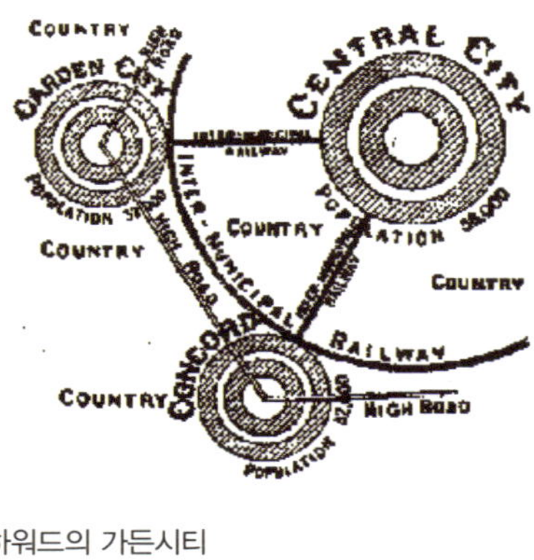

하워드의 가든시티

고 보고 있다. Florida(2002) 역시 도시의 창조성이 도시의 경쟁력에 영향을 미친다는 전제 속에서 창조성 요소 3T(Talent-재능, Technology-기술, Tolerance-관용)를 내세웠다. 런던은 이런 창조도시가 추구하는 창조요소를 두루 지니고 있는 도시이다.

포스트모던 조류 속에서 장소의 재브랜드화가 추세이다. 장소에 대한 중요성이 부각되면서 경쟁력 있는 도시재생 장소에 대한 관심이 높아지고 있다. 장소만이 지니는 고유한 특성, 즉 장소성이 도시재생 장소의 경쟁력이 되고 있는 것이다. 장소를 팔기 위해서는 장소의 가치와 이미지를 발굴해야 한다.

재생사업은 해당도시의 새로운 비전 속에 도시의 재브랜드화rebranding 또는 마케팅 전략으로 활용되기도 한다. 예컨대 산업도시로부터 창조적, 역동적, 관광적 도시로의 과감한 전환 등이다. 도시재생 사업 후에 거래되는 것은 단순한 상품이 아니라 장소가 지니는 장소성인 것이다. 장소의 내면의 역사·전통 등이 마케팅과 결합되어 거래가 이루어지는 것이다.

도시재생사업은 도시와 지구sites의 장소성을 구현하면서 장소의 재브랜드를 꾀한다. 새로운 장소 만들기는 기존의 산업중심 도시 이미지를 탈피하기 위한 수단적 가치로서 그동안 폭넓게 활용되어 왔다. 장소 만들기는 또한 장소성 구축을 통해 글로벌 시장에서 해당 도시를 마케팅하는 기반을 마련해 준다. 이는 탈근대도시에서 기존도시에 대한 부정적인 이미지를 걷어내고 보다 매력적이고 호감이 가는 이미지로 탈바꿈하려는 시도로 보아야 할 것이다.

런던을 비롯한 도시재생 속에서 둥지를 튼 예술문화 시설은 실로 다양하다. 미디어센터, 극장, 갤러리, 에듀테인먼트센터, 페스티벌, 콘서트, 도시디자인, 공공예술, 예술산업지구 등은 도시문화적 파급효과를 낳았다. 2000년대 초반 유럽의 도시계획가들의 모임에서는 40개가 넘는 예술문화주도형 도시재생프로젝트가 선보인 바 있다. 비록 도시마다 문화주도형 도시재생사업의 유형이 다양해도 유럽에서 실현된 재생사업들은 모두 통합된 도시설계, 도시재생사업의 질적 수준 향상, 공간계획의 중요성의 측면에서 공통점을 찾을 수 있다.

런던에서는 신문화를 주도하는 그룹, 즉 예술가, 언론가, 지식인, 개발사, 토지소유주 등이 문화소비패턴을 통해 새로운 문화생활의 스타일을 창출해 낸다. 이런 문화적 흐름이 도시문화와 연계되어 음악당, 미술관, 건축패션, 복합용도 공공예술, 클럽 카페에 영향을 미치게 된다. 이는 다시 도시재생전략에 변화를 주어 도시정비, 마을 만들기, 장소성 찾기, 지역자산 활용사업 등에 궁극적으로 기여하게 된다.

런던은 도시 자체뿐만 아니라 세계 속으로 촉수를 깊게 뻗어 나가는 세계도시가 되었다. 이제 '시티 오브 런던'은 명실공히 세계적 금융 중심지가 되었다. 분주한 금융 중심지, 시티를 방문하는 사람 중 영국의 금융서비스 산업이 커피하우스에서 시작되었다는 것을 짐작하는 사람은 거의 없을 것이다.

17세기 런던의 선적운송업자, 상인, 노동자들은 커피하우스에서 커피를 마시면서 사업상 거래에 대해 의논하곤 했다. 이 커피하우스가 점차 영국 금융 산업의 토대가 될 줄이야. 중세유럽 도시의 길드(상인조합)보다도 작은 커피하우스에서 말이다.

한 예로 보험을 들려고 하는 전 세계 선적운송업자들이 가장 자주 찾아 비즈니스를 했던 에드워드 로이드의 커피하우스를 들 수 있다. 오래 지나지 않아 이 비즈니스 장터는 왕의 칙허장(허가증)을 받았다. 세계에서 가장 유명한 런던 로이드 해상보험협회는 이렇게 해서 탄생한 것이다.

런던은 부유한 도시인가? 부자들의 도시인가? 답은 부유한 건 추상적인 개념이므로 과연 언제부터 부자도시인지 알아보자. 런던이 지금의 부를 누리기 전의 영국이 어떤 길을 걸어 왔는지 알아보자. 영국은 대처 이후 국제 경제가 시름시름 앓아 왔다. 대처수상의 철학은 '빅토리아적 가치'였다. 이 가치에 따라 '자조'를 강조한 것은 강성노조와 대결정치 뿐 아니라 사회복지의 점진적 축소를 정당화하기 위한 이념 구축이었다.

런던주거지역의 자전거

그 이후 영국 사회는 어떻게 변했나? 영국은 더 이상 유럽형 복지 국가라고 할 수 없을 만큼 사회보장 정책이 후퇴했고, 고용과 시장의 유연성을 강조한 나머지 사회적 양극화가 심화되었다. 대처가 탁월한 능력을 발휘했지만, 타협을 모르는 독선이 영국병의 근원이 되었다는 것 때문에 그녀의 죽음 이후 그녀에 대해 새삼스럽게 논란이 이는 것도 이 때문이다. 최근 PWC(프라이 워터하우스)가 국내총생산GDP 규모에 의해 매긴 전 세계 도시 순위에서 런던은 5위(540억 달러)에 올랐다. 어떻게 해서 런던은 부자들이 좋아하는 도시가 되었을까?

그 첫째가 도시재생에 의해 도시지역과 커뮤니티를 지속적으로 개선시켜 도시의 경제적 활력을 유지시켜 왔다. 특히 지역자산을 활용하여 매력 있는 도시공간을 만들어 왔다. 즉 걷고 싶은 도시, 머물고 싶은 도시를 만든 것이다. 또한 도시재생으로 사람들이 예술·문화를 즐길 수 있는 여건을 조성해 주었다는 점이다. 다양한 문화 인프라 구축으로 시민들이나 방문객들이 폭넓은 도시 예술·문화를 즐길 수 있다는 것이다.

런던 워터루 고속철도역

둘째가 전 세계로 연계된 금융과 인프라 네트워크를 활용할 수 있다는 점이다. 금융가인 시티와 웨스트멘스터의 투자은행을 이용하면 전 세계 어느 곳이든 투자가 가능하다. 런던 도심의 '시티'는 세계의 금융자금을 끌어들이는 블랙홀이다. 규제나 정책도 개방적이며 투명하다. 대영제국 식민지국가를 포함한 세계국가의 인적 네트워크가 런던 경제와 경쟁력의 힘에 원천이 되고 있다. 교통네트워크도 잘 되어 있다. 런던과 그 주변에는 히드로, 개트윅, 스탠스테드, 루튼, 런던시티, 사우스엔드 등 공항이 여섯 개나 있다. 지하철 노선도 12개에 이른다. 런던은 교통요금은 비교적 비싼 편이지만 공항 및 대중교통 접근성만큼은 뛰어난 도시이다.

셋째, 비즈니스 친화적인 도시여건이다. 2012년 세제를 개편하고 최고 소득소율을 50%에서 45%로 낮추었다. 이는 유럽국가로서 비교적 낮은 수준이다. 캐머런 총리는 "프랑스가 최고 소득세율을 75%로 올리면 영국은 붉은 카펫을 깔아놓고 세금폭탄을 피해 탈출하는 프랑스인을 환영

할 것"이라고 투자유치에 열을 올릴 정도이다.

한때 '해가 지지 않는 나라'라고 불렸을 만큼 세계를 호령하던 영국의 수도 런던. 그래서일까. 런던 사람들은 역사적인 멋들, 과거의 것들에 깊은 애착을 갖고 있다. 런던이란 도시도 오랜 역사의 산물이다. 잠시 런던의 과거로 돌아가 보자. 1666년 9월 2일 새벽 2시, 빵공장에서 시작된 불이 런던시내로 번져 나갔으나, 소방 담당자의 무책임함으로 인해 조기에 진화되지 않고, 5일 동안 87채의 교회와 1만 3,000여 채의 집이 불타는 대화재가 발생하였다. 이른바 런던 대화재Great Fire of London였다. 런던 대화재 이후 근대까지 런던은 몇 차례의 도시재개발을 통해 변모를 거듭하였다.

2차 대전 이후 런던의 정책 목표는 세계도시로서의 런던시의 위상제고, 도시재생으로 도시패러다임 전환, 지속가능한 도시, 도시 문화성 확립, 도시경관 구축, 인간 중심 도시 등에 초점을 맞추고 있다. 이런 도시정책에 있어서도 런던의 과거와 현재의 공존이란 철학이 뿌리내려 있다.

2000년도 이후 최근까지 발표되는 런던의 도시계획방식의 수정방향을 보자. 첫째, 창의적인 도시계획 및 정책의 수립과 실천이다. 둘째, 도시계획을 세움에 있어서 동네단위, 즉 커뮤니티별 도시계획을 만들자는 것이다. 셋째, 런던대도시지역은 '전략적인 틀'을 제시하고, 런던 내의 각 시(지자체)는 지역 상황에 걸맞는 구체적인 도시정책을 수립하는 것이다. 넷째, 도시개발과 도시재생 프로젝트에서 환경, 복지, 교통, 일자리, 문화, 예술을 함께 고려하는 통합적 공간계획Spatial Planning을 실천하자는 것이다.

런던의 도시재생전략 목표를 보면 왜 런던이 세계도시가 되었는지 고개가 끄덕여진다. ① 예술·문화, 상업, 관광, 교육 등 분야에서 다양하고 새로운 고용기회를 창출하는 복합용도개발, ② 템즈강 주변의 워터프론

대영박물관 Great Hall

트를 런던의 고유한 모습을 유지하면서 수변 도시적 특징을 갖는 공공예술의 강조, ③ 도심과 템즈강변 그리고 도크랜드를 포함하는 이스트런던과의 밀접한 연결을 통한 경제 및 공간적 시너지 효과 극대화, ④ 도심지역의 거주기능 강화, ⑤ 도시재생프로젝트를 통한 런던의 지속가능한 발전, ⑥ 생태적 측면을 고려한 생태도시환경의 구축 등이다.

아울러 도시재생시의 도시디자인계획은 각 개발단계에서 도시 및 건축디자인의 가능성을 최대한 확보하도록 하여 최소한의 가이드라인만을 제공하도록 하였다. 도시재생계획에는 ① 건축, 도시설계, 도시공간구조 간의 효과적인 커뮤니케이션 유지, ② 워터프론트 친수공간 및 오픈스페이스 제공, ③ 도시재생지역에 지속가능한 친수공간 및 오픈스페이스 제공, ④ 환경에 걸맞는 주거면적의 확보, ⑤ 금융, 지식서비스 및 상업 기능을 유치하여 재생 후 수익성 충당 등의 계획 목표가 자리 잡고 있음을

그리니치 천문대

알 수 있다.

런던을 포함한 리버풀, 노팅햄, 맨체스터, 글래스고, 더블린 등의 도시들이 도시재생에 몰입하고 있다. 도시 재생지에는 보행루트를 축으로 하여 시청, 금융가, 박물관, 소매점, 카페가 공공공간과 접하면서 활기 있는 장소로 바뀌고 있다. 이들 도시는 과거 산업 도시들로서 산업쇠퇴로 쇠락했던 도시를 다시 살리는 재생사업에 열을 올리고 있다. 비틀즈의 고향인 리버풀의 도시재생 마스터플랜을 보면, 다른 도시에서 하고 있는 거대한 복합개발의 재생단지가 아닌 지역 자산, 즉 비틀즈 등과 연계시켜 새로운 창조하는 재생 방식을 택하고 있다.

런던의 도시재생은 주로 템즈강 남북강변을 중심으로 이루어지고 있다. 런던은 도시 활성화를 꾀하고 도시의 상징적 이미지를 재구축하기 위한 방안으로 사우스 뱅크와 이스트 런던 등의 도시 내 워터프론트(수변공간)을 문화, 금융, 오픈스페이스가 복합된 도시공간으로 개발하기 시작하였다. 낙후된 항구와 침체된 도시의 경쟁력을 확보하기 위해 금융과 예술·문화 등이 혼합된 열린 공간으로 탈바꿈시킨 것이다.

폐허로 방치되어 있던 사우스와크Southwark에서 사우스 뱅크South Bank로 이어지는 템즈강변은 밀레니엄 브리지, 테이트모던 미술관 등에 의해 도심과 워터프론트의 연계성이 확보된 수변공간으로 거듭나게 되었다.

코벤트가든Covent Garden은 전면 철거방식의 기존 재개발계획(안)에 대한 주민 반대로 지역 자산을 보전하여 도시이미지와 장소성을 새로이 창출해 내는 전략을 활용한 사례이다. 코벤트가든의 지역자산이란 문화자산(역사적 가로, 광장, 역사적 건축물 등)과 사회적 자산(마켓빌딩, 코벤트가든 소유 가문)이다. 코벤트 가든의 성공은 이들 문화적 자산과 사회적 자산을 연계하여 추진한 것에서 비롯되었다.

런던의 코벤트 가든(Covent Garden)의 광장을 비롯한 복합개발은 보스톤의 퀸시마켓(Quincy Market)을 모방한 것이다. 아울러 항구도시인 마데이라(Madeira)와 몬트리올(Montreal)은 바르셀로나의 수변재생 개발을 일부 복제한 것이다. 또한 버밍햄(Birmingham)은 도시재생을 실시함에 있어서 바르셀로나와 시카고 도시재생으로부터 영감을 얻어 수행하였다.

도시재생사업의 사례를 분석 하다보면 이미 성공한 장소의 발전 전략을 고스란히 따라하는 경우가 많다. 그리고 도시재생에 의해 성공한 많은 미술관들이 복제되어 프렌차이즈화 되었다. 이는 상업주의가 개입되어 그 미술관의 고유한 이미지들 깎아 내리게 되는 결과를 초래한다.

예로서 구겐하임Guggenheim미술관이 자본주의 논리를 따라 뉴욕, 빌바오, 상파울로, 아부다비, 라스베가스, 베니스, 베를린, 헬싱키에 프랜차이즈 분관을 내어 수익을 창출하고 있다. Rodriguez(2001)는 프랜차이즈

시스템에 의한 타지에 개설된 미술관 분관은 본관 미술관의 상징적 가치를 손실시키고 만다고 우려를 나타내고 있다. 이는 본관 미술관의 복제로서 타도시에 복제도시Clone cities가 만들어진다는 의미가 된다. 이렇게 되면 본관 미술관의 역사성과 전통성이 지워지게 된다.

Coles(2003)도 같은 논리상에서 동일한 장소를 과잉 생산하게 되면 각 분원 미술관에 체감된 이익diminishing returns이 돌아 갈 수밖에 없다고 비판한다. 그는 구겐하임 미술관과 같은 도시재생 사업이 그 미술관만이 가지는 특수성을 가지고 경쟁 상대보다 비교우위를 점해야 하는데 프랜차이즈라는 이름으로 세계도시 곳곳에 분관을 개설하는 것은 타 미술관과의 차별성을 모조리 내치는 실수라고 주장한다.

Evans(2005)도 도시재생사업의 커다란 이슈는 모든 도시가 동시에 명성 높은 세계적 미술관, 관광명소, 문화시설을 가질 수 없는 현실을 직시해야 한다고 한다. 세계 도시들은 제한된 방문객, 투자액, 부자층을 대상으로 대형도시재생사업을 통해 각기 자기의 도시로 유치하기 위해 안간힘을 쓰고 있기 때문에 주어진 한정된 파이pie를 상대로 치열한 투쟁은 불가피하게 되었다.

아울러 런던의 주요 도시재생지에서 공공예술public art이 도시문화정책에 힘입어 도시재생장소의 상징과 핵심으로 부상되었다. 공공건축과 공공공간에서의 콘서트, 연극, 페스티벌, 공공디자인 등이 혼합된 공공예술 전략이 장소의 이미지를 주도하여 도시재생지를 재브랜드해 주었다.

국회의사당인 웨스트민스터 맞은 편의 템즈강변에도 지난 30년 간 도시재생프로젝트를 시행하여 음악당, 갤러리, 극장, 영화관, 서점 등이 들어선 사우스 뱅크 센터라는 복합문화 공간을 만들어 놓았다.

1980년대 이후 런던 도시공간구조상에서 지각변동이 일어나고 있는 곳이 동부 런던, 즉 이스트런던이다. 세계 도시 런던의 위상에 걸맞지 않

코벤트광장 앞

게 낙후된 지역이었던 이스트런던이 도시재생이라는 정책 속에서 전혀 새로운 장소로 거듭나고 있다. 레스토랑, 호텔, 예술문화시설 등에서 엄청난 디자인 작업이 진행되고 있다. 겉보기에는 정말 낡고 우중충한 건물로 보이더라도 안에 들어가면 예술가들의 작품으로 전혀 딴 세상이 펼쳐지고 있다. 과거와 현대의 디자인이 같은 지역과 공간에서 둥지를 틀고 일어나고 있는 것이다.

1970년대 이후 런던의 도시재생전략의 일환으로 템즈강변에 포스트모던 건축물들이 속속 들어서고 있다. 포스트모더니즘은 새로운 역사적 절충주의를 내세우는데, 이를테면 과거의 조각조각들을 이용하여 절충하여 혼합하기도 한다. 1979년 파리 모스크바 전, 1982년 라빌레트 공원 국제설계경기, 1983년 홍콩 피크클럽 설계경기 당선작 등은 서로 다른 영역과의 상호 연계화와 단편화, 파편화된 부분들을 관계 짓는 중첩, 병치 등으로 표현하는 기법이 시도되었다. 이러한 흐름이 1960년대 말 이후에 환경설계분야에 이어져 해체주의로 나타난다. 해체주의에 들어서는 대상을 본질과 분리시켜 경계를 허물고, 각각의 특성만이 남는 프로그램, 형태 등을 콜라주하여 조합한다.

1989년대 이후로 포스트모더니즘 도시건축의 특징들이 뚜렷하게 자리잡는다. 도시건축은 대중에게 이해되어야 할 뿐 아니라 다양한 색을 가진 즐거운 느낌을 주는 대중예술이어야 한다는 입장이 부각되기 시작하였다. 예컨대 포틀랜드 공모전에서 "마이클 그레이브"가 '절충식 외관'으로 새로운 디자인을 선보인다. 그의 설계안은 녹색아케이드가 있는 도시적이면서도 대중에게 바짝 다가가는 설계이었던 것이다.

포스트모더니즘에 이르러 그동안 엘리트주의, 귀족주의 건축 및 도시디자인의 그늘에 가려 빛을 보지 못하던 대중, 공공디자인이 중심부의 자리를 차지한다. 이렇게 보면 포스트모더니즘은 오늘의 공공디자인이 나타나게 된 토양을 제공하였다고 할 수 있다.

서쪽인 웨스트엔드가 극장과 쇼핑가가 밀집된 화려한 시가지라면 동쪽인 이스트엔드는 옛날부터 선착장, 공장, 창고 등이 즐비한 쇠퇴지역이었다. 런던 도심에 비해 집세가 싼 이스트엔드로 예술가들이 몰려들면서 이스트엔드는 예술가들의 집합장소가 되었다. 다양한 다국적 문화도 이스트엔드를 부각 시키는 데 한몫을 했다. 1960년대부터 이곳에 뿌리를 내린 길버트 앤드조지를 비롯해 트레이시 에민, 게리흄, 채프먼 형제 등 yBa 작가들이 1980년대부터 이곳으로 와 예술문화를 꽃피었다. 최근에는 화랑, 클럽, 레스토랑이 속속 들어오면서 상업가로가 형성되고 있다.

런던의 동쪽 낙후된 수변공간인 도크랜드 지역을 80년대부터 도시재생이란 전략을 통해 새로운 주거, 업무, 상업지역으로 바꾸어 놓았다. 그 중심에 캐너리워프라는 금융·법률·서비스 지구를 만들어 도시금융가인

이스트 런던의 카나리와프역

시티에 부족한 금융인프라를 제공하고 있다.

이스트런던 도시재생방식에도 부작용과 후유증은 있다. 이스트런던 재생처럼 기업가적 접근방식의 도시재생 추진방식의 문제는 부동산 시장의 불확실성, 지역주민의 민원, 환경단체의 저항, 불투명한 의사결정과정 등을 들 수 있겠다. 민간주도의 개발 방식은 위험부담이 크고, 사업주가 파산하기 쉬우며, 여러 이해집단간의 이해조정이 쉽지 않다. 특히 재생사업으로 인해 해당 주민의 복지해택이 축소될 수 있다는 점이 커다란 이슈로 제기될 수 있다.

MacLeod(2002)도 이런 관점에서 프로젝트 중심 재생사업은 도시 내의 부의 분배와 사회복지에는 관심을 쏟지 않기 때문에 도시복지가 위축될 수 있다고 경고한다. 민간 주도형 도시재생으로 인한 도시복지예산의 축소를 우려한 일부 도시들은 대형도시재생프로젝트를 통한 일자리창출과 투자유치를 정책목표로 삼기도 한다(Cook, 2004).

프로젝트 위주의 대형도시재생사업 시 공간계획은 종종 여러 작은 프로젝트를 엮어 놓은 백화점식 계획이 되고 만다. 이 경우 대부분의 대형도시재생사업은 도시 맥락과 조직과는 상관 없이 프로젝트의 명성과 상징을 추구하는 방식으로 가게 마련이다. 자연히 재생 사업도 수변재생, 오페라하우스, 국제상업업무지구, 국제공항, 고속전철역, 컨벤션센터와,

메세(전시장), 국제문화공간, 스포츠시설(올림픽 경기장 등) 중심의 대형 프로젝트로 전개될 수밖에 없다.

이스턴런던의 카나리와프Canary Wharf 재생지구는 본질적으로 고급비지니스와 금융 중심의 서비스를 유치하였는 데 반해 주변지역 주민들은 금융비지니스를 수행하거나 보조하기에 적합한 자격을 갖추지 못해 일자리와 전문성 간의 심각한 불일치가 일어났었다. 이에 대해 MacLeod (2002)와 Smyth(1994)도 탈산업화로 인해 쫓겨난 실업자들이 대형도시재생지에 새로 생겨난 새로운 비즈니스에 전환되지 못한 사회적 문제가 야기되었다고 한다.

도시재생사업을 둘러싼 비판 중에 으뜸을 차지하는 것 중에 하나가 도시재생사업과 관련된 일자리창출이다. 대부분의 재생사업지는 상대적으로 실업률이 높은 지역이다. 그렇다면 도시재생사업이 지역일자리를 창출 하는 데 기여할까? 여기에 대한 답변은 '그렇지 못하다'는 것이다 (Cook, 2004).

Coftman & Nevin(1996)은 대부분의 대형도시재생사업지에서의 일자리 창출 숫자는 애당초 기대했던 것보다 낮은 수치에다, 대부분 낮은 임금, 저기술 일자리로서 지역주민이 사회적 사다리를 타고 올라갈 수 있는 직업군이 아니라고 비평한다.

문화가 도시에 둥지를 틀려면 오랜 시간이 걸린다. 하지만 문화시설을 도시에 만들어 놓으면 금방 성과가 나타난다. 이런 관점에서 영국의 소도시 게이츠헤드가 가슴에 다가온다. 이 도시의 랜드마크로 구상한 볼틱 현대미술관은 개관하자마자 대박을 터뜨렸다. 첫해 100만 명이 방문하여 연간 약 230억 원의 경제적 파급효과를 나타내고 있다.

런던의 테이트모던은 템즈강변의 도시재생 정책 속에서 화력발전소를 개조하여 미술관으로 만들어 성공한 케이스이다. 이 테이트미술관은 세

이스트 런던 워터프론트

인트폴성당에 밀레니엄 브릿지로 이어지면서 템즈강 남북을 연결시키는 강한 도시축으로 기틀을 잡았다. 이것이 '아이콘 런던'을 만드는 데 크게 기여하였다. 테이트에 가보면 '터빈 홀'이라는 게 있다. 화력발전소의 대형 터빈 엔진을 걷어내고 그 빈자리를 전시장으로 만들었다. 그래서 이름도 터빈홀이다. 면적 3,305.8㎡(1,000평)에 5층 높이의 이 전시장이 새로운 예술의 패러다임을 이끌어간다. 아직은 2007년 10월 열린 도리스 살세도의 '관습Shibboleth'전을 기억하는 사람들이 많다. 콜롬비아 출신의 무명작가가 터빈 홀의 바닥을 드릴로 뚫어 버리는 작업이었다. 전시장 입구부터 생긴 균열은 점점 커져 167m 길이의 끝 부분에선 폭 1m가 넘는 틈이 생겼다. 이 작가를 끌어들여 바닥에 긴 구멍줄을 내도록 허용하는 테이트의 관용에 그저 놀랄 뿐이다.

런던의 디자인을 섭렵한다는 것은 근대와 현대의 디자인의 근원을 답방하는 지난한 여정이다. 시대 정신을 품고 런던 곳곳에 깊숙이 뿌리를 내리고 있는 디자인은 실로 다양하다. 도시디자인, 공공디자인, 조경, 건축, 미술, 간판, 교통, 사인Sign, 조명, 광고, 커뮤니케이션, 미래라는 키워드로 대변된다.

세인트 폴 성당

빅토리아&알버트 뮤지엄Victoria and Albert Museum

'자주 봐도 질리지 않는다. 디테일을 보면 더 아름답다'가 빅토리아 앤 알버트 뮤지엄을 두고 하는 말이다. 시민 생활 속에 깊숙이 들어와 런던 사람들의 일부분이 된 이곳은 나이에 관계없이 세계 사람들이 와서 즐기는 곳이다. 세계최고의 아트와 디자인 미술관을 추구하는 빅토리아 앤 알버트 뮤지엄은 고미술품부터 디자인아트, 패션 등 다양한 장르를 넘나든다.

허 머제스티 극장Her Majesty's Theatre

웨스트 엔드에서 근 30년 동안 절찬리 공연 중인 〈오페라의 유령〉으로, 런던에 왔으면 숙제처럼 반드시 봐야 하는 뮤지컬이다. 이 극은 1986년 초연 이래 지금까지 한 번도 쉬지 않고 주 8회씩 공연해 와서 티켓을 구하기 쉽겠다고 생각하는 이들이 많을 수 있다. 하지만 여전히 최고의 뮤지컬로 사랑받고 있다. 허 머제스티Her Magesty's 극장 가까이에 버킹엄 궁과 푸른 공원이 있어, 극장에서 한 골목만 나서면 번잡스러운 도시의 풍경이 녹음으로 뒤바뀌는 환상적인 체험을 할 수 있다.

로얄 앨버트홀

릿지 브릭스턴Ritzy Brixton

브릭스턴 지역의 유서 깊은 극장으로 '로얄 앨버트홀'을 연상하게 하는 돔 형식의 옛날 건물이 묘한 느낌을 풍기는 곳이다. 1910년에 문을 연 이 극장은 내부가 마치 오페라 하우스처럼 부채꼴 형태로 되어있다. 1999년 알비옹 벤처사가 8만 파운드를 투자해서 요즘은 최첨단 시설과 노천카페까지 갖춘 우아한 극장으로 거듭났다. 예술영화 전용극장인 만큼, 쉽게 개봉하지 않는 영화를 장기간에 걸쳐서 보여준다. 지금도 시네마를 좋아하는 사람들로 붐비고 있는 브릭스턴. 요즘은 우디 엘런 감독의 예술영화나 〈프로메테우스〉 같은 상업영화, 그리고 때때로 오페라 공연 등 다양한 영상 콘텐츠들을 다루고 있다.

바비칸 센터Barbican Centre

바비칸 센터는 제2차 세계대전 당시 폭격으로 잿더미가 되버린 지역을 도시재생프로젝트로 수행된 런던의 대표적 도시재생지역이다. 이곳은 종합 예술문화센터를 안고 있는 복합문화단지이다. 10층 건물 안에는 홀, 연극 무대, 영화관, 갤러리 등이 들어서 있다. 런던 심포니 오케스트라와 로열 셰익스피어 극단의 본거지이기도 하다. 바비칸 센터를 만든 건축가는 '내려오지 않는 공간'을 구상했다고 한다. 자세히 보면 바비칸 센터 쪽의 보행자들은 땅에서 붕 뜬 공중 복도를 통해 여기저기 자유로이 다닐 수 있다.

AA 건축학교AA School

AA School은 세계 최고의 명문 건축학교다. 총 3곳에 캠퍼스가 있는데 역사나 세계적인 명성에 비하면 건물이나 시설의 규모가 무척 작은 편에 속한다. 그러나 그 명성은 단순히 건물의 크기와 비교할 수 없다. 이곳 도서관에는 세계 어느 도서관에도 찾아보기 힘든 역사적 건축디자인 작품들과 참고 도서, 그리고 대출 서적과 85개 정기간행물을 포함해 3만여 권이 책이 소장돼 있다. AA 사진 도서관은 또 어떤가. 역사적인 예술품과 2만 슬라이드의 학생 작품, 600여 개의 AA 강의 비디오 등 모두 10만 장 이상의 슬라이드를 소장하고 있다.

데미언 허스트, 그리고 yBa

데미언 허스트, yBa, 찰스 사치 …. 영국의 현대미술을 논할 때 이들을 빼놓고 이야기할 수 없다. 이들이 바로 영국 현대미술을 세계화시킨 인물들이다. 거대한 유리 수조에 포름 알데히드를 담아 상어를 띄워놓

거나, 잘린 소머리를 유리상자에 넘고 구더기가 생기고 파리가 꼬였다가 전기 충격기에 걸려 죽어가는 과정을 담는다거나…. 영국을 대표하는 세계적인 현대미술 작가 데미언 허스트의 작품은 충격적이다 못해 혐오스럽다. 삶과 죽음에 대한 진지한 성찰을 담아낸 그의 작품은 수많은 논란을 낳았고 그에겐 늘 '현대미술계의 악동'이라는 별명이 따라 붙는다. yBa는 영국 청년 작가들Young Britich Artists의 약자로 데미언 허스트, 트레이시 에민, 줄리안 오피 등 1990년대에 등장한 '영국 젊은 예술가' 그룹을 통칭한다. yBa는 1988년 7월, 런던 남동부 도크랜드 지역의 어느 허름한 창고형 오피스 빌딩에서 펼쳐진 〈프리즈〉 전시로부터 출발했다. 전시의 주인공은 데미언 허스트를 비롯해 트레이시 에민, 마크 퀸, 게리 흄 등 동시대 젊은 작가들이었고 그것이 바로 yBa의 시작이었다.

혹스턴 광장Hoxton Square

런던 문화를 제대로 맛보려면 '이스트 런던'을 통해야 한다. 특히 혹스턴 광장을 중심으로 이어지는 거리는 현재 런던 크리에이티브의 허브이다. 갤러리, 디자인 숍, 서점은 물론이고 레스토랑, 카페, 펍 등 온갖 즐길거리로 가득하다. 이들은 규모는 작지만 그들만의 스타일과 장르를 가진 곳이 많다. 데미안 허스트, 줄리안 오퍼 등이 주도하는 영국 젊은 예술가 모임인 yBa 본부도 이 지역에 있다. 영국 현대미술을 이끄는 화이트 큐브, 라이브 바트로이와 대중이 즐기는 펍 '더 브리지The Bridge'가 그 중심에 있다.

클러켄웰 로드Clerkenwell Road

클러켄웰 로드는 영국 작가 찰스 디킨스의 장편소설 〈올리버 트위스트〉의 배경이 된 거리다. 이곳은 새롭고, 세련되고, 화려한 관광지나 상업지구가 아니다. 이 거리에는 오늘날에도 여전히 문학적이고 예술적인 고색창연함이 물씬 풍기고 있다. 소박하면서도 차분한 느낌의 예술가들의 작업실 분위기를 간직하고 있다.

18세기 지도들은 보면 런던을 북부의 베니스라고 표현하면서 유럽무역의 중요한 거점으로 보고 있다. 또 19세기까지 유럽의 과학기술적 패러다임을 이끌어가는 도시였었다. 런던의 역사상 여러 시대를 거쳐오면서 기존의 전통적 도시 속에 새로운 거리, 새로운 건물들을 중첩시켜 오면서 도시건축 스타일의 변화를 시도해 왔다. 이에 따라 도시의 스카이스케이프Sky Scape도 지난 수백 년간 지속적으로 변해 왔다.

현재 런던은 두 개의 상업중심지인 런던시City of London와 카나리 와프Canary Wharf에 의해 세계적인 금융도시로 부각되고 있다. 대부분의 고층건물들이 이 두 곳에 자리 잡고 있으며, 지금도 새로운 개발계획들이 속속 제안되고 있다. 이들 새로운 건축물들이 기존의 도시조직과 어떻게 제대로 조화를 이루는지, 각 지역의 공간과 건축을 어떤 큰 그림으로 끌고 가야 하는지, 새로운 고층 건물의 실루엣이 다른 건물들과 어떤 연계성을 가져야 하는가가 관점 포인트가 될 수 있다.

건축가 리차드로저스 로이저빌딩

런던의 고층건물들은 주로 패딩턴, 워털루, 런던브리지 등과 같은 도시민의 활동거점 주변으로 스며 들고 있다. 2012년 유럽연합EU 내에서 가장 높은 빌딩인 높이 310m의 렌조 피아노 건축가 설계한 초고층빌딩. 이 빌딩은 템즈강 런던 브리지 옆에 위치하면서 가늘고 긴 피라미드를 연상시키는 형태로 런던의 새로운 아이콘으로 부상했다. 런던은 이처럼 전통성과 현대적 가치가 자연스럽게 공존하면서 어우러지는 도시이다.

예술문화가 런던에서 지배적인 도시계획 요소를 자리매김하고 있다. 런던도시 문화는 도시의 정체성을 발현하면서 장소 만들기에 젖줄이 되고 있다. 아울러 문화는 디자인 스타일과 같은 다양한 문화적 표현과 도시의 가치를 통해 런던이란 도시를 마케팅을 하고 있는 것이다. 이같은 맥락에서 런던 도시 재생 사업에서 예술문화의 역할은 다음과 같다. 첫째, 런던의 도시문화는 도시의 정체성을 발현하게 해주는 강한 요소가 되고 있다. 문화정책이나 문화프로그램은 거리, 광장, 공연장, 뮤지엄 등 도시시설에 계획과 설치에 핵심적인 요소가 된다. 도시가 강한 공공성을 지니면서 시민들에게 가까이 다가가기 위해서는 문화가 도시설계과정과 맞물려 돌아가야 한다는 것을 런던은 보여주고 있다. 여기서 도시설계는 신개발사업, 환경개선사업, 공공예술 사업, 도시재생사업 등에 적용되는 도시설계과정은 일컫는다.

둘째, 런던은 문화적 활력을 줄 수 있는 다양한 프로그램을 통해 문화콘텐츠를 제공하는 등 중요한 역할을 하고 있다. 런던에서 보면 광장, 공원 등에서 열리는 문화 이벤트들은 이들 공공공간에서 대해 커다란 생기를 부여하게 된다. 이런 맥락에서 도시의 정주환경과 결합된 문화활동은 장소 만들기의 핵심이 된다.

셋째, 예술문화는 런던의 사회적 경제적인 장소 만들기에 결정적인 동기를 부여하고 있다. 이는 기존 도시자산의 변환 등을 통해 과거의 침체 또는 쇠퇴지역을 재생함으로써 다양한 문화활동이 공존하게 한다는 의미가 된다.

넷째, 런던에서의 이벤트, 콘서트, 페스티벌, 필름 등 예술과 문화활동의 소비는 바Bar, 호텔, 대중교통 이용 등 비문화적 활동을 간접적으로 유도하면서 도시경제를 살찌우게 하고 있다.

다섯째, 문화활동은 런던의 다양한 장소에 방문객의 발길을 유도할 뿐 아니라 필름, 음악회, 식당, 술집 등 야간시간의 활동을 부추기는 동기를 제공한다.

런던에는 역사, 영혼, 끼, 기억, 정체성이 있다. 그래서 런던 시민들을 자신들의 도시에 대해 한없는 자부심을 지니고 있다. 이것은 런던이 미국의 도시들과 다른 부분이다. 대영제국의 빛바랜 영광을 일찌감치 뒤로 하고, 오늘날 런던은 세계도시로서 역사, 전통, 금융, 예술, 문화, 교육의 아이콘으로 다시금 현대판 '해가 지지 않는 도시'를 꿈꾸고 있다.

다양한 축제, 큰 감동의 도시

에딘버러 Edinburgh

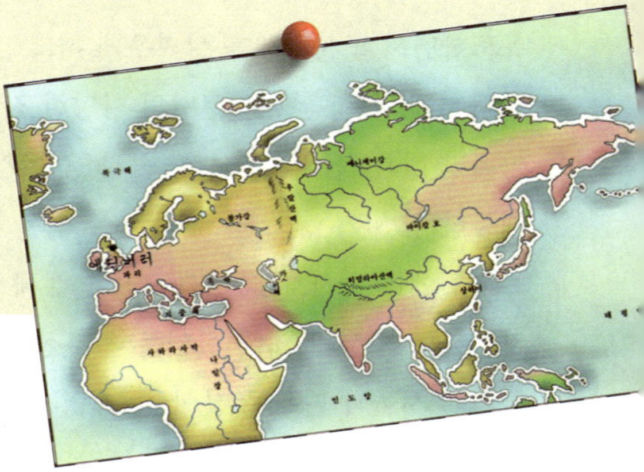

바람이 이 도시의 주인이다. 바람 속에 눈을 뜨니 에딘버러 성이 보인다. 상상력과 열린 눈과 마음을 얻기 위해 문화의 도시, 에딘버러로 떠났다. 아름다운 도시, 쾌적한 도시, 지속가능한 도시, 사랑이 있는 도시, 에딘버러. 옛것들과 자연이 방문객을 기쁘게 해주고, 이 기쁨들은 에딘버러에 환상의 꽃을 피우게 해준다. 이 도시의 울림은 멀리까지 퍼져나간다.

에딘버러 셜록 홈즈 동상

세계적으로 유명한 작가들이 에딘버러와 깊은 인연 속에 작품 활동을 하고 있다. 에딘버러는 코난 도일(셜록 홈즈), 월터 스콧(아이반호), 로버트 루이스 스티븐슨(보물섬, 지킬 박사와 하이드) 등 문학사에 획을 그은 역작을 남긴 작가들의 고향이다. 오늘날에는 이언 랜킨, 어빙 월쉬, 그리고 해리포터의 작가 J. K. 롤링이 에딘버러를 무대로 글을

에딘버러 1825년 노스브리지 풍경

쓰고 있다.

도시민의 삶과 방문객의 여정을 보다 풍요롭게 경작하는 페스티벌 문화가 지배하는 도시, 에딘버러. 로얄마일Royal Mile이라는 구도심의 창을 통해 에딘버러의 시공적 삶을 바라보게 된다. 거기에는 에딘버러의 흔적과 드라마가 있다. 구시가지의 로얄마일을 걸으면서 로버트 루이스 스티븐슨Robert Louis Stevenson에서 비운의 메리여왕Mary, Queen of Scots에 이르는 스코틀랜드의 유명한 인물들의 향기를 느낄 수 있다. 중세 경관의 고풍스러운 도시, 에딘버러. 페스티벌로 인해 유네스코 창조도시로 지정되었다.

에딘버러를 보면 도시의 예술문화는 더 이상 예술적 취향이나 축제가 아닌 것임을 알 수 있다. 이 도시에서는 예술행위에 전통과 자본이 개입

칼톤 힐 가든에서 발견한 꽃바구니

되고 미디어와 이벤트가 결합되면서 대중성에 발을 붙인 커다란 이벤트 예술문화산업 자리를 잡은 것이다.

에딘버러의 오름 내림이 심한 지형이 서정적인 숲과 지형차가 주는 미묘한 풍경 속으로 들어간다. 칼톤 힐Calton Hill에 올라가서 에딘버러를 내려다 본다. 보는 이들을 황홀한 세계로 빠져들게 한다. 언덕에 펼쳐진 숲과 야생화들로 인해 가슴 한쪽에 포근하게 녹아드는 낭만과 서정을 느끼게 된다. 이곳에서 보는 도시풍경은 일품이다. 이 언덕은 에딘버러 경관과 이미지를 관찰하는 탁월한 조망점이기도 하다. 기차역 건너편 조금 낮은 곳에는 신시가지의 경관이 펼쳐진다. 구시가지와 신시가지는 아치형의 노스 브리지north bridge가 잇고 있다. 이 낭만적인 노스 브리지가 구도심과 신시가지를 이어주는 도시축이 되고 있다.

넬슨 브리지 옆 시가지에 보이는 높은 구조물은 스코틀랜드를 대표하는 문인 월터 스콧을 기념하는 랜드마크이다. 이 상징물을 세울 때 스코틀랜드인들이 런던에 있는 넬슨 모뉴먼트보다 무조건 높아야 한다는 주장을 받아 들여 61m가 조금 넘는 높이로 세워졌다고 한다.

1980년대 중·후반 무렵부터 유럽을 중심으로 문화의 가치에 관한 재조명과 삶의 질에 관한 관심이 폭넓게 일어났다. 이에 따라 유럽도시에서는 문화도시 조성을 도시의 주된 정책적 목표로 삼기 시작하였다. 유럽연합은 1985년부터 해마다 유럽문화도시(이후 문화수도로 바꿈)를 지정하여 도시 브랜드를 강화시켜 주고 있다. 에딘버러는 프린지 페스티벌로 문화수도라는 영광을 안게 된다.

에딘버러는 문화수도라는 브랜드를 얻게 된 것이다. 최근에 도시 경쟁력과 지속가능한 도시를 만들기 위한 전략으로 어김없이 대두되고 있는 것이 도시의 이미지와 브랜드화 전략이다. 이것은 기업의 상품 매출경쟁에서 강조되고 있는 브랜드 전략과 마찬가지로 치열한 글로벌 도시경쟁

에딘버러 성

시대를 맞이한 도시들이 도시의 장소성을 토대로 구매력을 가진 상품으로 가치를 전환하고 있다. 이런 브랜드화 전략을 도시 간 경쟁에서 우위를 확보하기 위한 필요요건으로 인식하고 있다. 실제 산업화의 과정에서 축적된 경제력을 바탕으로 발달된 정보, 네트워크와 교통망을 이용하여 도시에 대한 구매력을 높여 주는 방안으로 활용되고 있다.

인구 45만 명의 에딘버러는 'The Festival'을 도시의 슬로건으로 내세웠다. 전통과 현대가 공존하는 유럽의 대표적인 축제 중심 창조도시이다. 1947년부터 시작된 에딘버러 축제는 음악, 연극, 무용분야에서 세계적인 문화 행사의 하나로 평가받고 있었다. 이런 문화적 역량을 기반으로 시 정부는 문화 인프라 자원을 지속 개발한 성과가 인정되어 2004년 유네스코 문화 창조도시로 선정되었다. 그 과정에서 고등교육기관, 국립협회, 박물관, 미술관, 상업기관들과의 파트너십이 큰 역할을 하였다. 에딘버러의 예술문화 창조성은 ① 목가적인 농촌사회를 이상화 시킨 스코틀랜드의 고지주의Highlandism, ② 스코틀랜드의 신비한 마을을 배경으로 한 뮤지컬 브리가둔Brigadoon에서 유래한 '브리가두니즘'Brigadoonism, ③ 멜

에딘버러 시의회의사당

깁슨의 주연·감독 영화『브레이브 하트』를 모티브로 한 '브레이브하티즘' Braveheartism을 통해 발현되었다. 에딘버러 페스티벌은 이러한 유산을 '창조성' Creativity을 통해 도시를 재포지셔닝하여 새로운 브런드를 만들어낸 대표적 사례이다.

에딘버러는 옛부터 군사 요충지로서 성곽도시이다. 10세기에 스코틀랜드는 이 도시를 탈환하여 11세기에 에딘버러 성을 축조했다. 15세기 이후 스코틀랜의 수도였다. 에딘버러는 12세기 데이비드 1세가 지은 중세 요새형 도시 구조를 지닌 구시가지와 18세기 신고전주의 양식의 도시와 건축디자인 양식에 의해 조성된 신시가지로 나누어진다. 신시가지 건설은 1752년에 건축가 존 에덤과 제임스 크레이그에 의해 시작되었다. 프린스 스트리트에 주거와 상업기능을 집어 넣는 직사각형 지구단위계획을 수립하였다. 도시는 그 후 북쪽 워터프론트 지역으로 계속 외연적 확장이 되었다. 에딘버러의 신시가지는 17세기 계획해서 18세기 조성되었다. 신시가지의 건축양식은 장식보다 중후하고 웅장한 분위기를 주는 조지안 양식의 건물군들로 이루어졌다.

에딘버러는 18세기 유럽의 상업, 지식, 산업의 중심지로 만든 스코틀랜드 계몽주의가 싹튼 곳이다. 에딘버러는 산업정책으로 인해 도시 전역에서 뿜어져 나온 연기로 인하여 '묵은 연기'라는 별칭을 가질 정도로 오염된 도시였다. 19세기 말과 20세기 초에 걸쳐서 에딘버러는 조선업 및 화학, 유리기구 등의 산업이 발달한 도시였다.

에딘버러에서는 스코틀랜드의 국기가 곳곳에 휘날리고 있다. 전통 의상인 킬트, 위스키 그리고 백 파이프가 도시의 상징적 브랜드로 자리매김하고 있다. 이러한 그들만의 정체성이 에딘버러라는 도시에 투명되어 나타나고 있는 것이다.

에딘버러의 도시정책은 세계문화유산 등재 도시로서 정체성을 지속적으로 구축하는 계획 철학을 중심에 두고 있다. 이에 따라 문화, 관광을 축으로 하는 도시 발전 전략을 전개하고 있다. 아울러 도시전체의 차원에서 환경적, 경제적, 문화적으로 다양한 전략을 수립하고 있다. 에딘버러의 기존 도시 재생을 위한 정책 목표는 다음과 같다.

① 세계문화유산도시가 가지고 있는 정체성의 지속, ② 도심의 걷고 싶은 보행 환경체계 구축, ③ 전차Tram 노선 건설을 통한 대중교통체계 구축, ④ 복합적인 토지이용 위한 상업, 업무, 주거의 혼합개발, ⑤ 차량 사용의 최소화, ⑥ 자전거 이용의 활성화이다(2007 Edinburgh City Plan).

에딘버러의 도시 정비 정책을 주로 도시재생에 초점을 맞추고 있다. 이는 후기 산업 사회화·정보화·세계화 등과 같은 새로운 시대 조류에 부응하기 위하여 도시문화가 강조되는 도시재생 전략을 전개함으로써 도시 발전의 새로운 기틀을 만들자는 의도이다. 에딘버러 시내의 도시재생지에 적합한 다양한 도시발전 전략을 채택·시행함으로써 쇠퇴한 지역을 재생하고 하는 것이다.

에딘버러 시내

에딘버러의 레이스Leith와 그랜톤Granton 워터프론트의 도시재생 전략은 다음과 같다. ① 양질의 주거단지 건설, ② 수변에 오픈스페이스 확보, ③ 생태적으로 민감한 서식지와 하천유역의 보존, ④ 보도권 커뮤니티 계획, ⑤ 인간 스케일로 계획, ⑥ 다양한 주거 형태 혼합, ⑦ 기존 경관의 보존이다.

1980년대 이후 에딘버러는 기업이윤 창출 전략의 세계화와, 소품종-대량생산을 추구하는 포디즘Fordism의 위기에 직면하게 된다. 이는 에딘버러의 사회·경제구조에 중대한 변화를 초래하게 되었다. 전통적인 산업부문의 고용이 감소되었고 도시노동시장의 양극화가 진행되었기 때문이다. 도시 정부는 재구조화에 의하여 야기되는 경제, 사회적 문제에 대응하기 위한 새로운 전략을 개발하고자 고심하였다. 문화정책은 이러한 문제를 극복하기 위한 대안으로 부각되었다. 에딘버러 도시재생을 위한 전략으로 문화공간, 문화자원, 문화이벤트 등을 적극적으로 이용하는 소위 문화주도 도시재생정책을 채택하게 되었다.

도시정부들은 도시재생에 대한 전략적 개입을 위하여 문화자원을 다음과 같이 활용하였다. 첫째, 문화주도전략을 이용한다는 것은 글로벌 경제구조 속에서 우위를 차지하기 위하여 기업가적인 거버너스 전략이라고 간주하였다. 이러한 상황에서 에딘버러 도시정부가 주관하는 문화인프라와 이벤트는 도시지역의 고용창출과 재생을 위한 촉매제로 간주되었다. 선도적 문화프로젝트cultural flagship project는 도시브랜딩 전략의 한 부분이 되었다. 둘째, 문화주도 도시재생은 지역의 지속가능성과 사회연대를 위한 수단으로서, 장소라는 고유한 문화자원, 시민사회의 힘과 장소정체성 등을 강조하

홀리루드 하우스 궁전(Palace of Holyrood House)

였다. 지역문화프로젝트를 도시정체성과 연계하여 추진하는 것은 도시를 활력 있게 만들고 도시의 고유 특성을 증진하려는 것이다.

도시재생사업 시행시 장소성, 형평성, 거주성, 정책의 연속성, 이미지 등과 관련하여 다양한 문제와 이슈가 도출되기도 한다. 1990년 유럽문화도시로 지정된 영국 글라스고Glasgow의 예를 보면서 Lauier(1990)는 이 사업이 과거 비참했던 이 도시의 근로 계층의 역사를 의도적으로 비켜갔다고 비평한다. MacLeod(2002)도 역시 유럽문화도시 사업에 글라스고라는 도시의 사회주의적 유산이 적극적으고 표현되지 않았음을 아쉬워한다. 왜냐하면 재생사업지라는 장소는 여러 사회계층에 따가 각각 다른 의미를 지니기 때문이다. 버려진 공장지대, 산업단지 등이 주는 장소 이미지는 시행사나 지자체 공무원보다 공장에서 근무했던 노동자들이나 그곳에서 오래 살았던 주민들에게 더 큰 의미로 다가갈 수 있기 때문이다.

장소를 통한 대형도시재생사업에서 갈등구조를 살펴보자. 개발자(주로 외부인)들은 개발을 통해 장소 이미지를 외부에 판매하고자 하는 반면 지역주민들은 장소성을 가급적이면 보존하기 위해 노력한다. Philo & Keams(1993)는 그들의 저서 장소팔기Selling Places에서 장소 마케터Place marketters에 의해 장소성과 역사성이 왜곡되는 결과가 초래되는데 이는 매일 지역주민들이 장소에 대해 일상에서 체험하는 이미지와 정면충돌하는 경우가 있음을 환기시키고 있다. 장소 외부에서 재생지를 개발하려는 사람들은 그 장소가 지닌 과거의 투쟁, 승리, 영욕, 분노, 기쁨 등을 사전에 이해하려고 노력해야 한다고 제안한다. 또한 저자들은 런던의 도크랜드Docklands 재생사업이 기존 커미니티와 주민의 거주성livelihoods에 엄청난 상처를 주었다고 일침을 놓고 있다.

주민뿐 아니라 해당도시의 시민들조차 재생사업에 관심이 없는 상태에서 사업이 추진되었다면 이는 더욱 심각한 결과를 초래 할 수 있다. 한

에딘버러 신시가지의 모습

강예술섬의 사례를 보자. 한강예술섬은 연면적 9만 9,102m^2, 2,100석의 심포니룸, 1,751석의 오페라 극장, 조망 카페 등을 갖춘 복합문화 예술공간으로 조성되는 사업이었다. 서울시가 추진 중인 한강예술섬에 대해 서울 시민 10명 중 6명은 잘 알지 못하고 있고 나머지 4명도 조금만 알고 있다고 한다. 조성 반대이유로는 "비용문제를 가장 우려하는 것으로 조사되었다."(한국갤럽조사 2010.12.12)

에딘버러에서는 연중 다양한 축제가 열린다. 이로 인해 세계의 많은 관광객을 유치하고 있다. 축제로 인해 문화수도Cultural capital 선정되기도 하였다. 에딘버러에서는 매년 에딘버러 국제 페스티벌, 에딘버러 프린지 페스티벌, 군악대 페스티벌, 재조 축제, 국제영화제, 국제 도서 축제 등이 개최된다.

매년 8월이면 스코틀랜드의 수도 에딘버러는 가장 큰 예술 공연의 중심무대가 된다. '중세도시' 에딘버러가 축제 도시로 변하는 시기이다. 전통적인 공연장은 물론 광장과 호텔 연회장이 무대로 개조되어 세계 각국에서 몰려 온 극단과 관람객에게 제공된다. 약 2만 명의 연기자가 265개 장소에 설치한 2,000개 이상의 공연 무대에서 3만 5,000개의 공연을 펼쳐진다. 약 200만 장의 티켓이 팔려 나간다. 한 달 사이에 에딘버러 방문객이 보고, 먹고, 마시며 쓴 돈 덕분에 스코틀랜드가 얻는 경제적 효과는 무려 1억 5,000만 파운드(약 2,850억 원). 에딘버러 페스티벌은 2차 대전 직후인 1947년 암울한 시대를 접고 활력을 되찾자는 취지에서 첫 행사가 열렸다. 클렌데본 오페라단의 행정관이던 루돌프 빙 Rudolf Biong, 스코틀랜드의 영국의회 대표인 헨리 하비 우드, 에딘버러시 지도자 등이 전쟁의 상처를 치료하자고 의기 투합해 축제를 열기로 뜻을 모은 것이다.

에딘버러 페스티발 풍경

'주변', '변두리'란 뜻의 프린지는 첫 축제가 열린 1947년, 행사에 초대받지 못한 8개 극단이 도시 외곽에서 스스로 공연을 연 데서 유래한다. 프린지는 전통 공연보다는 실험극·신체극 등 새로운 시도가 많아 공연예술계의 아웃사이더 경연장으로도 불린다.

프랑스 아비뇽 페스티벌이 연극 중심의 축제이고, 오스트리아 잘츠부르크 페스티벌이 오페라 중심으로 한 음악 중심 축제인 반면 에딘버러 페스티벌은 연극·영화·군악대 페레이드 등 다양한 행사를 종합예술축제라고 할 수 있다.

공식 초청 공연 행사인 '인터내셔널 페스티벌'과 극단이 자기 돈을 내고 공연을 개최하는 '프린지 페스티벌', 국제영화제인 '필름페스티벌' 등이 주요 무대 행사이고 각국 군악대 퍼레이드인 '밀리터리 타투Military Tattoo'는 에딘버러 페스티벌의 대표 상품이다. 매년 조금씩 시기가 달라지지만 대체로 8월 초부터 9월 초 사이에 행사별로 3~4주 정도씩 열린다. 초기엔 '인터내셔널 페스티벌'이 중심이었지만, 지금은 과거 변방에 불과하던 프린지 페스티벌이 더욱 주목 받고 있다.

미스터 빈으로 유명한 로완 앳킨슨Rowan Atkinson, 뮤지컬 '델 라 구아다', 비언어 퍼포먼스 '스톰프' 등이 에딘버러 프린지에서 뜬 뒤 세계적으로 각광 받았다. 이 때문에 프린지 페스티벌을 스타 등용문이라고 불린다.

에딘버러에서는 피터팬, 설록홈즈, 지킬박사와 하이드, 보물섬 등 수많은 문학작품의 작가들과 The Boston Newsletter, NewYork Post, Herald Tribune과 같은 굴지의 신문을 창간한 인물들을 배출하였다.

에딘버러에서는 15세기 세계 최초로 의무교육제도를 시행하였다. 18세기 이래 문호들을 포함한 지식인들의 집결지가 되어왔다. 에딘버러의 최초의 출판사, 도서관이 들어서 있던 구시가지는 국제 책 축제, 스코틀랜드 국제 스토리텔링 축제가 개최되는 장소로 거듭 태어났다.

문화정책으로서 구시가지와 스코틀랜드 국립도서관, 에딘버러 대학도서관을 하나의 문학구역으로 묶어 관광자원으로 개발하였다. 예로부터 내려져 오던 문학의 전통을 지키려는 다양한 문학축제는 도시마케팅 전략으로 활용되어 오고 있다. 2010년 에딘버러의 대표적인 문학 이벤트는 'Carry a Poem'이다. 유네스코의 창조도시 지정을 기념하고 관련사업을 실시하기 위하여 개최되는 행사로서 '하나의 책-하나 되는 에딘버러'를 캠페인의 브랜드로 정하였다. 이는 매년 한 권의 책을 도시민 전체가 같이 읽고 같이 생각하자는 취지의 행사라 할 수 있다.

에딘버러는 문학을 창조성으로 도시경제를 살리고 방문객을 글어 모으고 있다. 다양한 문학행사는 시민 참여 속에서 기획되고 진행된다. 문학 인프라는 에딘버러를 문학도시로서의 전통과 명성을 지속하게 해주는 기반이 되고 있다. 해마다 9만 3천 권의 책이 도시민들에게 제공된다. 현재 80곳이 넘는 출판사는 출판업의 발전과 더불어 문학의 거점으로의 도시성장에 기여하고 있다. 이로써 문학이 경제적·문화적 상승작용Win-Win을 이끌어가고 있다. 에딘버러에서는 문학이 도시의 브랜드가 되어 도시마케팅 요소로 자리잡고 있는 것이다.

에딘버러 브랜드 프로젝트는 6가지의 정책 목표 속에서 출발하였다. 정책 목표를 보면 ① 도시의 통합적 마케팅 이미지를 대표하는 브랜드 개발, ② 도시판촉city promotion의 효율성 제고, ③ 공공과 민간, 시민사회가 결합하여 도시경제를 활성화하는 브랜드 창조, ④ 성공적이고 역동적인 세계도시 에딘버러의 평판 강화하기, ⑤ 생활, 투자, 관광, 연구를 위한 장소로서 도시의 매력도 강화, ⑥ 에딘버러 전체 경제 및 사회적 발전에 기여하는 것이다.

에딘버러가 제시하는 도시브랜드의 가치는 창조적 상상력inventive visionary, 풍부한 다양성rich diversity, 탁월함을 위한 노력striving for excellence, 진실된 따뜻함sincere warmth, 절제된 우아함understated elegance이며, 이를 통해 정립된 브랜드 퍼스낼리티brand personality는 "자연, 교육, 예술과 비즈니스 분야에서 전 세계에 영향력을 미치고 있다. 이를 통해 자연의 아름다움과 마술 같은 기운이 항상 분출하는 도시로 자리매김하고 있다.

이런 가치들이 녹아들어 제시된 에딘버러 도시 브랜드의 핵심은 'Inspiring Capital'이다. 'Inspiring Capital'이라는 브랜드 가치가 의미하는 바와 같이 에딘버러는 "삶에 영감을 주고, 창의성이 분출하는 드시를 의

에딘버러 페스티벌 풍경

미한다고 한다. 다시 말하면 'Inspiring Capital'은 감각과 상상력을 자극하는 장소, 자연의 아름다움과 전통문화가 어우러진 유럽의 문화수도로써 에딘버러의 장소성을 표출하고 있다. 이러한 브랜드에 걸맞게 도시재생계획, 문화산업 육성, 비즈니스여건 조성 및 대중교통 구축, 보행전용지구 설치 등 도시발전의 단·중·장기 발전 계획 및 전략을 수립하여 집행하고 있다.

에딘버러의 각종 페스티벌은 에딘버러와 지역의 공동체 발전에 중요한 역할을 담당하고 있다. 페스티벌는 에딘버러에 대한 주민의 자긍심과 정체성을 고취시켜 주었다. 에딘버러축제는 '관광과 사업' 간의 유기적인 연결고리를 제공하며, 에딘버러에 대한 긍정적인 이미지 메이커인 동시에 지역경제를 발전시키는 원동력이 되었다. 또한 페스티벌은 에딘버러의 관광명소화와 지역공동체의 발전에 기여하였고, 지역산업의 든든한 지원군 역할을 해왔다.

에딘버러 프린지 페스티벌의 시작 당시부터 지켜오는 세 가지 원칙이 이 페스티벌을 성공으로 이끌어 오고 있다. 첫째, 프린지 축제 위원회는 공연자를 초청하지 않는다. 둘째, 비전통적인 공연공간을 사용하고 재정적인 위험부담은 스스로 감수한다. 셋째, 관중의 수요에 적응하느냐 여부에 따라 성공 여부가 판가름된다. 프린지 페스티벌의 특징은 이처럼 누구나 참가할 수 있고, 페스티벌 참가에도 아무런 제약이 없다. 그러므로 페스티벌 참가를 희망하는 공연단은 스스로 공연할 장소를 물색하고, 스폰서를 구하고, 자신이 비용을 마련하고, 스스로 광고해야 한다. 관변단체 주도형의 하향식top-down보다는 참가자 스스로 자발적인 상향식bottom-up의 운영방식을 택하는 프린지 페스티벌의 진행방식은 다른 페스티벌에게 강한 귀감을 주고 있다.

문학을 도시재생에 녹인 도시

더블린 Dublin

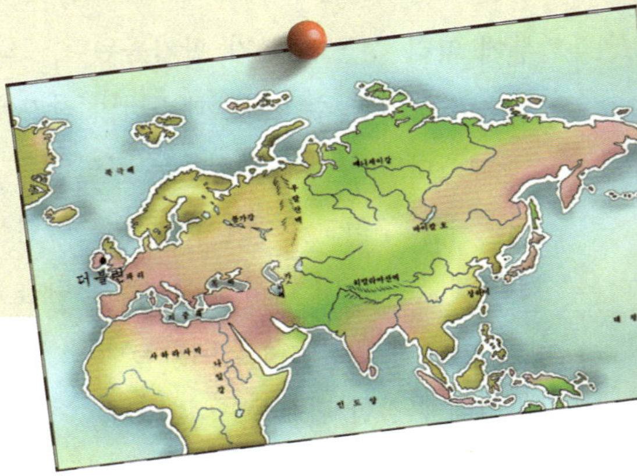

"가자", "안돼", "왜?", "고도를 기다려야지", "참 그렇지" 연극 '고도를 기다리며'에서 열 번 넘게 되풀이되는 대사들이다. 주인공 고도는 등장하지 않는다. 기다림으로 열린 극은 기다림으로 닫힌다. 아직도 기다리고 있다. 기승전결도 논리적 인과관계도 없다. 이 부조리극을 쓴 아일랜드 작가 사뮈엘 베케트(1906~1989). 이마에 팬 굵은 주름 다문 입술, 선이 굵은 얼굴이다. 더블린은 도시 곳곳에서 베케트를 만나게 된다. 그는 현대 연극을 송두리째 바꿔 놓았다. "현대극은 베케트 전과 후로 나뉜다"고 평가할 정도다. 그의 고향 아일랜드 더블린은 물론 영국, 프랑스, 뉴욕, 일본 등의 무대에서는 베케트를 불러내오고 있다. 도대체 왜? 인간은 여전히 자신의 삶조차 통제할 수 없는 무기력한 상황에 갇혀 있기 때문이다, 베케트는 이 나약, 갈등 그리고 혼돈 속에 있는 인생을 가장 충격적으로 포착한 극작가이다.

더블린 시내 중심부에서 다소 떨어진 트리니티 칼리지. 그가 지식의 탑을 쌓은 곳이다. 눈길을 사로잡은 건 도서관 2층 '긴 방'Long room에 마련된 베케트 원고 전시회. 이곳에서 가장 먼저 발견한 말이다. 데카르트의 '나는 생각한다. 고로 존재한다'는 말을 그가 가장 즐겨 썼던 말이라고 한다. 직접 영어로 번역한 '고도를 기다리며'(처음엔 프랑스어로 썼다) 원고와 지인들에게 보낸 편지들도 보였다.

샤뮈엘 베케트

더블린은 1천여 년 전에 세워진 도시로 과거와 현대가 조화롭게 공존하는 도시이다. 더블린에는 5층 이상의 건물을 거의 찾아보기 힘든 낮은 스카이라인의 중세풍 도시이다. 지금은 25세 이하의 젊은 층이 전체 인구의 40%를 차지해 세계에서 가장 젊은 도시 중의 하나이기도 하다.

더블린이란 이름은 아일랜드의 'Dubg Linn'(어두운 못)에서 유래된다. 첫 이주민들이 이곳에 무역항을 세울 때 리피강의 강물이 검은 색이었던 데서 기인한다. 바이킹이 이곳에 처음 정착했음에도 불구하고 더블린은 12세기에 크리스트 교회와 성 패트릭 성당을 세웠던 앵글로 노르간의 본

Bridges on the West Waterfront in Dublin

Bridges on the East Waterfront in Dublin

더블린의 리피강변의 모습

거지이다. 아일랜드 인들은 대영제국의 통치에 반대하여 1949년 독립을 쟁취한 것에 대해 자부심을 가지고 있다. 더블린에는 아름답고 예쁜 다리들이 즐비하다. 더블린의 다리들은 공공예술성을 강하게 풍기고 있다. 요즘 말로 성공한 공공디자인 도시라고나 할까?

아일랜드 독립운동은 19세기와 20세기에 걸쳐 계속되었다. 영국은 1914년 자치법과 1920년 자치정부법을 아일랜드에 제시하였으나 아일랜드 국민들의 독립운동 열기는 막지 못했다. 금세기 초 많은 갈등의 시초들이 더블린에서 있었다. 아일랜드 국가주의 운동가인 신페인Sinn Fein이 이곳에서 태어났고, 1916년에는 아일랜드 국가주의 정신이 더블린에서 태동되었다.

1916년 4월 부활절 기간 동안 아일랜드에서는 독립을 요구하는 부활절 봉기가 일어났다. 1916년 이후 1922년까지 계속된 독립운동은 결국 아일랜드 독립전쟁에 불을 지폈다. 1922년 아일랜드는 독립전쟁에서 승리하여 아일랜드 공화국을 수립하였다. 영국은 더블린에 영국식 건축의 흔적을 남겨 놓았다. 성 스테판 그린과 메리언 광장을 둘러 싸고 있는 조르지안 타운의 단순하면서도 우아한 집들과 레인스터Leinster(아일랜드 정부청사 자리), 그리고 더블린 성의 스테이트 아파트먼트는 영국 지배시절의 작품들이다.

더블린 시의 중심을 동서로 흐르는 리피강 북쪽으로 18세기 이후 발전한 비교적 새로운 시가지인 데 반해, 남쪽은 오래된 구시가지로 더블린 성, 시청 등 유서 깊은 건축물이 많다. 세계적인 문호 조이스, 베케트, 스위프트, 와일드 등이 구시가지에서 태어나 작품 활동을 한 곳이다. 더블린은 아일랜드의 정치·경제 문화의 중심지이다. 더블린은 내륙부와는 철도와 로열 운하, 그랜드 운하 등으로 연결되고, 동쪽의 잉글런드와는 아이리시해를 끼고 리버풀과 마주하고 있다.

시민의 90%가 가톨릭신도이기 때문에 가톨릭 학교가 많다. 도시 곳곳에 고풍스러운 성당을 많이 볼 수 있는데 그 중 몇 군데는 역사적인 사건과 깊은 연관이 있다. 성미칸 교회는 헨델이 처음으로 메시아를 연주했다는 오르간이 보관되어 있다. 성 패트릭 성당은 걸리버 여행기를 지은 조나단 스위프트가 1713년부터 45년까지 사제장으로 있었던 곳이다.

아일랜드는 인구가 450만 명 남짓한 작은 나라이다. 이 작은 섬나라에는 펍Pub이 약 1만 개나 된다. 인구 약 400명당 한 개꼴이다. 인구 100만의 도시 더블린에도 무려 1,000개가 넘는 펍이 있다. 더블린은 펍의 도시이다. 펍에서 끊임없는 대화와 담론이 이루어지는 도시, 더블린이다.

더블린의 민중봉기가 시작된 중앙우체국

도시 전체를 문학 축제 공간화시킨 성과는 2004년 '리조이스 2004 페스티벌'을 통해서 이루어졌다. 매년 6월 16일 제임스 조이스

(1882~1941)의 대표작 '율리시스'의 한 구절을 음미하며 주인공 블룸의 하루 일과를 그대로 재현해 보는 '블룸스데이' 축제가 열린다. 이 행사는 더블린 시에 문화 지도를 만들어 내는 계기를 제공했다. 장소의 기억을 살려내는 계기가 된 것이다. '율리시스'의 지도를 따라 100년 전 더블린을 찾아 나서면 문학 속에서 다루어진 장소가 대부분 보존되어 있다. 보존된 장소는 일상생활 공간으로 사용되기도 하고 작가와 관련된 문화적 공간으로 재활용되기도 한다. 지역의 문화자산을 활용한 장소마케팅을 펼치고 있는 것이다. 더블린 외곽 바닷가의 율리시스가 시작되는 센티코브의 마텔로타워는 지금은 조이스 박물관이다. 율리시스에 '모럴' 펍Pub로 묘사된 '데이비 번즈'라는 펍은 덕분에 세계적인 명소가 되었다.

더블린의 작가 박물관

더블린 시는 페스티벌을 도시재생 차원에서 접근했다. 문화 페스티벌을 치르면서 재생이 필요한 인프라는 구축하면서 동시에 기존 공간을 최대한 재활용하였다. 각각의 문화 공간을 콘텐츠를 통해 하나의 네트워크로 묶어 줌으로써 축제의 시너지 효과를 만들어 내었다. 더블린 시가 배출한 노벨상 작가를 통해 방문객을 유치하는 데 그치지 않고 시민들도 참여하여 즐길 수 있는 역사 문화 유산을 이벤트로 재창조해 낸 것이다.

조너선 스위프트, 토머스 무어, 버나드 쇼, 오스카 와일드, 윌리엄 예이츠,

데이비 번스 펍 주변거리의 모습

제임스 조이스, 샤뮈엘 베케트 모두 아일랜드 더블린에서 태어난 세계적인 문호이다. 이들 덕택에 더블린은 1991년 유럽문화도시로 지정 되어 도시마케팅을 하고 있다. 더블린에는 이들 세계적인 문호를 기리는 더블린 작가박물관과 아일랜드 작가지원센터가 설립되었다.

유럽 최초의 작가 박물관 건립은 문학이라는 지역 유산 통해 더블린만의 도시성을 구축하기 위한 시도였다. 이후 '작가'는 더블린을 대표하는 아이콘이 되었다. 작품에 묘사된 거리 곳곳의 장소성이 세계사람들을 끌어 모으고 있는 것이다.

세계도시 간의 경쟁에서 살아남기 위해서는 해당 도시민이 가지는 브랜드를 발굴하여 경쟁력을 강화시키는 전략이 중요해졌다. 그래서 등장하는 것이 장소 마케팅이며 도시 브랜화 전략이다. 여기에는 도시 경관에서부터 사회·경제·정치·문화적 요소 등 다양한 요소들이 활용될 수 있는 것이다.

제임스 조이스의 동상

도시가 가지고 있는 마케팅 요소를 극대화 하여 하나의 도시 브랜드로 개발하는 경향이 두드러지게 나타고 있다. 도시마케팅은 처음에 1970년대 전후로 산업화 과정에 생겨난 제조업과 광산업의 침체로 새로운 활로를 찾던 산업들을 중심으로 기존의 부정적인 도시 이미지를 개선하기 위한 대안으로 접근하였다. 그 이후 세계화에 따른 자본의 도시 간 이동으로 인하여 도시 간의 투자유치 경쟁이 가속화 되고 보다 많은 도시들이 도시마케팅을 통한 도시 경쟁에서 살아남기 위해 노력하고 있다.

80년대 후반부터 나타나기 시작한 도시 브랜드화 처음에는 도시를 중심으로 이루어졌다. 탈산업화하는 도시에서도 도시 재브랜드화 바람이 불기 시작했다. 2차 산업에서 3차 산업으로 산업구조의 변화과정에서 쇠락하기 시작한 몇몇 공업도시에서 도시산업구조를 재편하고 도시민의 삶을 개선하기 위하여 도입한 문화프로그램이 성공을 거두면서 이들 도시들이 '문화도시'로 부각된 것이다.

여기에 1985년 아테네에서부터 시작한 유럽의 문화수도프로그램(지금은 유럽 문화도시)이 더블린과 같은 스타도시를 탄생시켜준 것이다. 이들 문화도시들이 문화로서 브랜드화하자 세계의 많은 도시와 지역들이 〈문화도시〉라는 브랜드를 갖기 위해 계획을 수립하고 있다. 그러면 더블린의 도시 브랜드는 어떻게 이루어져 왔을까? 먼저 크게 두 가지 측면에서 살펴볼 수 있다. 먼저 도시 전체에 대한 이미지 전략이다.

더블린은 문화도시, 예술도시, 생태도시, 환경도시, 창조도시, 역사도시, 첨단도시 등을 표방하면서 전략적으로 도시 이미지를 구축해 나간 것이다. 더블린은 이러한 자원을 보다 많이 보유하고 있다. 더블린이란

더블린의 문화이벤트를 보면서

도시의 특성을 집약한 캐릭터를 개발하여 다양한 매체와 채널을 통해 지속적이고 반복적으로 확산시키는 전략을 활용해오고 있다.

두 번째는 세계적으로 문호를 이벤트나 도시브랜드로 확대해 나간 점이다. 사뮤엘, 조너선 스위프트, 오스카 와일드 등의 문호들은 도시 이미지나 도시의 브랜드 가치로 만든 것이다. 다시 말하면 더블린의 문화유산인 문호들을 바탕으로 도시 브랜드 형성하도록 유도하는 것이다. 이를 위해 더블린은 이벤트나 축제, 랜드마크나 테마 문화시설 등 특정 인프라, 전시 및 공연 등 프로그램, 거리디자인 등 시각 환경, 역사적인 인물이나 이야기 중심으로 주제화 등 다양한 전략을 펼쳐 온 것이다.

더블린 1980년대 경제호황과 침체상황을 번갈아 겪으며 정치사회적 굴곡으로 인한 피폐한 모습들이 도시 곳곳에 드러났다. 이 당시 아일랜드의 공업제한정책으로 공업의 발전은 타 도시에 비해 뒤졌었다. 하지만 제임스 조이스와 조지 버나드쇼 등 문학이 도시의 정체성을 새롭게 살려

더블린의 사무엘 베케트 다리(Samuel Beckett Bridge)

내었다. 1991년 유럽의 문화도시로서 지정되었으며, 문학의 도시로 성장하기 위해 문화 시설 교육 등 문화 인프라를 확충하고 있다. 첨단하이테크산업의 육성을 위해 대학에 과학, 공학, IT분야의 고급인력을 육성하기 위한 정부지원을 강화하고 있다.

더블린은 과거 실업난과 장기적 경제 불황, 우수인재의 해외 유출 등의 문제를 겪었다. 하지만 이를 극복하기 위하여 1990년대 후반부터는 최첨단 하이테크 산업을 육성하였으며, 문화예술과 교육정책에도 많은 투자를 하고 있다.

- 1991년 유럽의 문화도시로 지정되었으며, 세계적인 문호들을 기리는 더블린 작가 박물관을 건립하였다.
- 작가 박물관 건립은 단순한 박물관으로서의 기능보다는 문학이라는 무형자산을 통해 더블린만의 문화정체성을 찾기 위한 전략이었다.
- 도시 전체를 문학·축제공간화하며 2004년 '리조이스 2004페스티벌'을 유치하였다. 이런 축제에 작가와 작품이 이벤트에 투영되어 더블린만의 문화요소를 도시 마케팅하게 되었다.
- 문화페스티벌은 기존 공간을 최대한 재활용하여 문화공간으로 새롭게 구축하였다. 여러 콘텐츠를 하나의 네트워크로 묶어 줌으로써 최

소의 비용으로 최대의 효과를 창출하였다.

- 새로운 성장동력으로서 하이테크 산업에 대한 육성정책을 시도하였다. 인텔, 마이크로소프트, 로터스 등 국제적인 기업을 유치하며 창조적 아이디어와 지식이 공존하는 공간으로 탈바꿈하였다.
- 지난 20년간 OECD 국가 중 가장 빠른 성장을 보였으나 금융위기로 인해 2010년에는 IMF를 받을 수밖에 없는 상황이 되었다. 하지만 하이테크 기술정책은 그동안 경제적 활기를 불어넣는 촉매의 역할을 해왔다.

더블린은 문학과 하이테크기술의 접목을 통하여 창조적인 미래를 선도하는 새로운 도시로서 탄생하게 되었다. 세계 최고의 경쟁력을 갖춘 기술 산업과 생산수준을 자랑하게 되었다. 더블린은 전통적 가치와 문학을 통해 도시의 창조성을 발현시킨 대표적인 사례이다.

더블린을 보면서 창조도시를 실현하기 위해서는 사람이 중심이 되어야 함을 느낀다. 아울러 예술, 파트너십을 통해 창조도시 조성의 기틀을 마련해야 한다. 더블린은 창조도시를 만들기 위해 도시의 역사, 전통, 인프라 등의 특성을 면밀히 분석하여 잠재된 자원을 발굴하여 창조도시로 나아가는 업적을 닦았다.

창조도시의 성공적인 정착을 위해서는 첫째, 단순한 인프라 확충만이 아닌 도시 특성 및 역사적 배경을 고려한 문화·예술·교육 프로그램을 만든다. 둘째, 문화예술의 창조적인 힘은 시민들의 자유로운 사고로부터 출발한다. 도시에 문화와 예술이 자연스럽게 스며들고, 문화적 다양성과 개인의 자유로운 사고가 넘나드는 사회 분위기로 변화되어야 한다. 셋째, 다양한 주체들과 파트너십을 구성하며, 중·장기적인 비전과 계획 아래 정책을 추진해야 한다. 넷째, 문화를 포괄하는 종합적인 도시 계획 및

더블린의 모습

정책을 수립하여야 한다. 즉, 창조도시의 문화는 그 의미가 예술부문에 국한되는 것이 아니라 도시개발, 산업, 교통, 일자리, 교육, 복지, 환경 등 큰 틀에서 접근해야 한다.

더블린의 대표적인 도시재생지역인 발리문으로 가보자. 발리문은 물리적·사회적 도시재생프로젝트라고 볼 수 있다. 인구 1만 6,556명 중 80퍼센트가 임대주택에 살고, 실업율이 아일랜드 평균 실업률보다 3배 높은 지역, 대부분의 아이들이 15살 학교를 중퇴하는 동네. 1997년 유럽 최대 공공임대 주거단지였던 더블린의 발리문의 이미지였다. 저소득층의 주거문제 해결이라는 목적만으로 조성된 발리문은 마약, 범죄, 갱, 약물중독의 우범지역이었다. 아일랜드는 발리문의 부정적 이미지를 바꾸기 위해 대규모 '발리문 재생 프로젝트'를 시작했다. 15년 동안 정부자금 8억 유로(1조 1,540억 원)가 투입되었다. 재생사업이 추진된 이후 발리문에는 커뮤니티형 단독주택지역, 공원 등이 들어오면서 쾌적한 도시공간이 형성되었다. 발리문을 아일랜드의 국가 차원의 문제로 인식한 정부는 1998년 발리문 재생 종합계획을 세우게 된다. 많은 주민들이 이미 살고 있는 상황에서 도시재생이 진행되었다. 발리문 도시재생 프로잭트의 목표는 물리적·사회적 관계, 지역적·환경 요인을 모두 고려한 종합 재생하는 것이었다.

건축가 케빈 로시(Kevin Roche) 설계에 의한 컨퀜션 센터

발리문은 그저 낡은 집을 고치는 계획이 아니었다. 계획 단지부터 지역재생공사는 상세한 진행상황을 알리는 뉴스레터를 만들어 지역에 배포했다. 지역주민들과의 소통·대화가 계획단계부터 시도되었고, 도시재생 사업에서 커뮤니티 형성을 통해 정체성 확립은 가장 중요한 가치로 여겨졌다.

발리문을 통과하는 고속도로를 다시 디자인해 주요도로가 발리문을 지상으로 지날 수 있게 했다. 도로변에 헬스센터, 아트센터, 레저센터 등 주민편익센터를 조성해 주민들이 도로를 지나면서 공공건물에 접근을 용이하게 해주었다. 발리문 초입에 학생들의 기숙사를 지었다. 발리문에 대학을 다니는 젊은이들이 오도록 했고, 북쪽 끝에는 상가와 호텔을 지었다. 지하철 등 추가적인 인프라 건설은 현재 진행 중에 있다. 유럽의 재정위기 악화로 대규모 건설비가 소요되는 대형프로젝트는 시간이 걸릴 것으로 보인다.

더블린 도심의 도시재생지역인 템플바로 가보자. 더블린이란 도시의

발리문 도시재생지역에서의 야생화

르네상스는 티피강 남쪽강변에서 이루어지고 있다. 서쪽경계인 그라탄 다리 남측에서 동쪽의 모코넬 다리 남측에 걸쳐 몇개의 재생된 블럭이 바로 템플바 지구이다. 지구 내에는 보행자 전용도로로 되어 있고, 펍과 상점 그리고 식당들이 보행로를 따라 펼쳐져 있다. 우리식으로 말하자면 더블린판 먹자골목인 것이다. 템플바는 문화적 도시재생 프로젝트로 보는 것이 타당하다. 템플바 지역은 도시기본계획에는 원래 버스터미널 구역으로 도시재생하게 되어 있었다. 하지만 버스터미널 중심의 재생계획은 지역주민들의 반대로 무산되었다. 대신 예술을 통해 지역을 활성화하는 재생계획이 수립되었다.

1991년 유럽문화도시의 선도 프로젝트로 약 113km^{2}에 해당하는 템플바 지역이 문화예술지구 정비사업으로 지정되었다. 이 사업과 동시에 지역 상인과 문화예술가, 그리고 시정부가 함께 하는 템플바 커뮤니티가 형성되었다. 2001년 재개발 사업이 완료되면서 이 지역은 영화, 음악, 공연, 디자인, 시각예술의 다양한 문화 커뮤니티가 만들어지게 되었다. 템플바 재생사업은 슬럼화된 도심지역의 재개발을 통해 이 지역 인구유출을 막고 2,500명의 주민이 다양한 문화 기회를 함께 나눌 수 있도록 했다. 그리고 이 지역을 개발하여 남는 수익은 모두 지역 내 14개 주요 문화예술 공간의 운영과 다양한 문화예술활동을 위해 지원된다. 커뮤니티를 바탕으로 형성된 템플바 지역은 더블린 문화의 메카로서 역할을 하고 있다. 이제 템플바는 방문객과 도시민에게 생활문화를 공급하는 펍과 극

템플바 문화축제에 가는 사람들의 모습

장, 미술관과 댄스 씨어터, 가게와 길거리 공연 등이 모여서 더블린의 새로운 브랜드 가치를 창출하는 도시재생지역으로 자리매김하고 있다.

WALL! WE
ING TO MISS
THE WALL
TS WAY TO
HOMETOWN
R BEDROOM

3
독일

베를린 Berlin
함부르크 Hamburg

3
독일

예술과 도시재생이 함께 어우러진 도시

베를린 Berlin

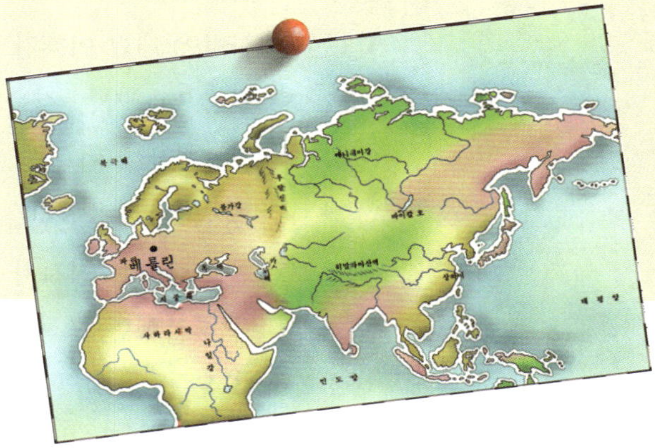

베를린에 가게 되면 베를린 필하모닉의 감성적 음악을 통해 도시문화의 소중함을 다시금 인식하게 된다.

겸손하고 유연한 자세로 베를린 필하모닉의 음악단 단원들을 아울렀던 클라우디오 아바도. 베를린 필에서 아바도는 단원들에게 "마에스트로 말고 클라우디오로 불러달라"며 몸을 낮추는 자세로 오케스트라에 새 바람을 불어넣으려 애썼다.

"클라우디오는 모차르트 각 교향곡의 구조적인 단위마다 힘을 균등하게 배분하려 했지요. 그러자 곡의 세부적인 묘사와 그 정서가 놀랍도록 자연스럽고, 마술처럼 자발적으로 펼쳐지기 시작했어요."(바이올리니스트, 쥴리아노 카르미뇰라)

그러나 그의 주도로 20세기 음악을 전격 도입한 베를린 필의 연주를 일부 청중들이 외면하기 시작했고, 제왕적인 카라얀 이후 갑작스럽게 자유분방해진 베를린 필 단원들과 아바도 사이에 금이 가는 운명을 맞이한다. 이처럼 베를린 필의 역사, 지휘자, 흐름을 알게 될 때 베를린의 예술, 문화, 사람에 대한 이해가 쉽고 감동적으로 다가온다.

포츠담 광장으로 가는 길을 걷다 보면 건물들이 환하게 우리 앞에 선다. 그 늠름한 기세에 이 광장은 저절로 당당해지고 있음을 느낀다. 1989년 베를린 장벽이 무너진 것은 동독 선전담당 비서의 실언에서 비롯되었다고 보는 이도 있다. 기자가 여행제한 완화 조치는 언제 시행되느냐고 묻자 준비가 부족했던 그 정치국원이 "내가 아는 한 지금부터"라고 우물거렸고, 언론은 즉각 철의 장막이 걷혔다고 흥분했고, 그에 따라 자유에 목마른 동독 주민들이 걷잡을 수 없이 장벽으로 밀려든 거대한 사태의 발단이라는 것이다.

포츠담 광장이야말로 베를린의 랜드마크였다. 1830년대에는 이곳에 철도 구간이 형성되면서 유명한 포츠담역Potsdamer Bahnhof이 등장했다. 1870년대에는 도시전철이 출현하면서 각종 교통수단이 보행자와 경쟁하는 혼잡스러운 대도시와 풍경이 펼쳐지게 되었다. 그러나 곧 역사의 파란에 휩쓸리며 침울과 암울한 장소로 변모했다.

도시 정체성이라든가 가치, 도시계획적, 건축 양식적 특징과 일관성이 이곳에서는 부재했었다. 베를린의 장소성을 여타 대도시와 확연히 구별시켜 준 것은 다음 아닌 장벽이었다. 우리는 20세기에 베를린 장벽이 거대한 콘크리트 장벽에서 파괴된 시멘트 덩어리로 변해 가는 과정을 지켜보았다.

베를린 장벽이 사라지자 포츠담 광장이 살아났다. 1960년대부터 서베를린 시당국은 이곳을 다시금 세계적 명소로 만드는 장기적 계획에 착수했었다. 하스 샤로운Hans Scharoun이 설계한 필하모니Philharmonie가 1963년에 완공되고, 1967년에는 미스 반 데어로에Mies van der Rohe의 신 국립미

베를린의 브란덴부르크 문

술관Neus Nationalgallerie, 1978년에는 필하모니와 쌍둥이 건물인 국립도서관Staatsbibliothek 등이 차례로 들어서면서 국제적인 아방가르드의 면모를 지닌 "문화포럼Kulturforum"이 이미 통일 이전부터 이곳에 자리 잡았다(P. Meuser, 2007). 서베를린 정부가 시작한 포츠담광장 재생 프로젝트는 통일 후 박차를 가하게 되었다. 이미 포츠담 광장의 서쪽은 새로운 베를린의 모습을 선취하고 있었기에, 변화는 주로 막혀 있던 곳이나 동베를린에 속했던 곳에서 이루어졌다. 베를린 시당국은 포츠담 광장에서 다국적 기업들의 투자를 유치하여 이곳을 상업·업무·위락의 복합단지로 조성함으로써 기존의 칙칙한 이미지를 털고 재브랜드화를 시도하고자 했다.

포츠담 광장의 재건은 글로벌 도시라는 베를린 '원래'의 전통을 회복하는 것을 목표로 삼았다. 1933년 이전의 전통, 즉 세기말과 바이마르 공화국 시기의 고전적 모더니즘 전통을 되살리는 한편, 포스트 모던적인 유리 건축물도 제한적으로 허용하였다. 이 건축정신은 건축사가 디터 호프

슈프레 강변

만 악스텔름Dieter Hoffmann-Axthelm이 제안한 "비판적 재건Critical Reconstruction"의 원칙을 받아들인 것이었다. 비판적 재건론은 동·서 베를린 모두 전후의 무원칙적이고 무질서한 재건이 도시의 전통성과 혼을 파괴했다는 진단에 기초했다.

포츠담 광장에서 소니센터를 비롯한 다양한 건물을 보면서 건축은 누구를 위한 것인가라는 질문이 떠오른다. 예술의 향유층이 넓어진 시대, 건축은 공공, 즉 공공성을 위한 것이라고 느껴진다. 위세를 드러내는 건축이 아닌 누구나 쉽게 다가서고 즐기는 건축이 되어야 한다. 건축가나 도시계획가의 의무는 도시문화유산인 건물과 도시를 후대에 남기는 것이리라.

포츠담 광장은 베를린 장벽이 설치된 후 분단과 냉전, 폐허의 상징이었다. 1991년 베를린시는 포츠담 광장 재개발계획을 수립하였고 그에 따라 21세기 유럽의 중심도시로 탈바꿈하기 위한 새로운 계획들이 세워졌다. 세계대전의 폭격에 의하여 거의 폐허가 된 포츠담 광장 지역은 동서부의 접경지역으로 시내에서 핵심적인 지역이었다. 장벽으로 인해 포츠담 광장은 동서간의 사회·문화·경제 교류가 끊긴 채로 오랫동안 방치되었던 공간이다. 그 후 통일로 인해 포츠담 광장은 독일의 상징

포츠담 광장 주변

베를린의 포츠다머 플라츠

적인 공간으로서 정치·경제·문화적으로의 중요성이 부각되었다. 포츠담 광장의 주변은 장벽으로 인해 미개발되어 지가가 중심지역의 30~40% 수준이어서 상대적으로 대규모 재생사업이 용이했었다. 포츠다머 플라츠의 계획·건설기간은 6년간 진행되었다. 개발면적 230,000㎡ 규모에 사무 50%, 상업 20%, 요식업 및 문화 10%, 주거 20%의 토지이용계획이 수립되었다. 포츠담 광장의 계획목표는 '녹지와 역사적 상징물의 통합'이었다.

1990년 이후 신생 베를린, 즉 베를린을 다시 포지셔닝하기 위한 도시재생 정책의 일환으로 포츠담 광장도 새롭게 변모시키기 시작한다. 시정부는 이 지역을 4개 지구로 나누어 개발 회사의 민간 자본을 유치하여 업무·상업의 복합개발 단지로 조성하였다. 이 중 가장 큰 지구는 다임러 벤츠가 주도하였고, 마스터 플랜은 렌조 피아노가 맡았다. 두 번째로 큰 지구는 소니센터이다. 베를린 시는 이 지구가 갖는 문화적 전통을 보존하면서 동시에 미래 지향적인 변화를 추구하기 위해 주변과 조화를 이루는 예술적, 독창적인 건물 신축을 소니사에 요구하였다. 이 같은 베를린 시당국의 의지와 유럽 진출을 꿈꾸는 소니사의 야심이 합쳐지면서 시작된 도시재생 프로젝트가 바로 소니센터의 건립이다. 소니센터는 시의회의 요구대로 문화 공간을 대폭적으로 확보하였으며, 2차 세계대전 때 파괴된 지역자산인 '에스팔라나다 호텔'을 건물 내에 복원했다.

포츠담 광장의 입구에 거대한 성문처럼 2개의 건물이 우뚝 서있는데 이 건물들이 바로 다국적기업 다임러 크라이슬러사와 소니센터이다. 소니센터의 면적은 소니의 유럽본부와 다국적기업들이 입주해 있는 4개동의 오피스 건물 8만 평방미터, 주거시설 2만 6,500평방미터, 디지털 제품 전시관 등 1만 8,000평방미터에 달한다. 포츠담 광장은 포스트 모더니즘 건축의 진열장이라고 할 만큼 다양한 건축양식을 선보이고 있다. 매일 10만 명이 찾아오는 포츠담 광장은 세계인을 상대로 장소마케팅을 하고 있다.

포츠담 광장의 도시재생사업을 보면서 도시재생사업이 지니고 있는 문제점도 함께 생각해 보게 된다. 도시재생에서 경계하고, 지향해야 할 점이 무엇인지 고민해 보게 된다.

대형도시재생사업이 누구의 거주성livability을 위한 것인가? 현재까지 세계도시에서 진행되어 온 대형도시재생사업은 모두 중산층과 고소득층을 위한 살기 좋은 장소 만들기로 일관되었다고 해도 과언이 아니다. 이에 따라 건축물과 시설의 계획·설계·시공 과정에서 현지 주민은 철저히 소외되었다.

그리고 Smyth(1994)의 말처럼 소비추구형 명품 대형도시재생 단지일수록 저소득층 국민의 상대적 박탈감을 체험한다고 주장한다. 이는 Evans(2005)의 "저소득층 주민들은 이런 도시대형재생사업(특히 문화사업) 시행 후 문화시설에 다가갈 수 없는 계층이므로 문화적으로 소외될 수밖에 없다"는 입장과 일맥상통한다고 볼 수 있다.

Harvey(1989)는 세계도시의 재생사업 과정에는 일정한 패턴이 있다면서 비평을 드러내고 있다. "재생과 성장의 방법recipe은 극히 일반화되어 있다. 먼저 도시 내의 쇠퇴지역을 찾아내고 거주민을 이전시킨다. 내부를 포스트모던 스타일의 상가(쇼핑몰 들)로 화려하게 만들어 놓고 외관이 근사한 업무 용도의 건물과 결합 시킨다. 그리고 광장, 중세풍 광장의 근로자 주택과 창고, 공장을 부르주아 계층의 입맛에 맞게 재생시킨다. 그 다음 이 시설들에 엔터테인먼트와 문화기능을 도입시킨 후 이 장

소를 역사적 모뉴먼트화시켜 현대 문화유산 장소로 근사하게 포장한다." (Harvey, 1989)

"베를린에는 자랑스러운 것이 두가지가 있다. 첫째는 가난하다는 것이고, 두 번째는 문화적으로 섹시하다는 것이다." 베를린 시민들이 '보비'라는 애칭으로 부르는 클라우스 보베 라이트 시장의 말이다. 가난하다는 것은 금방 와닿지 않지만 문화적으로 섹시하다는 말은 백번 수긍이 가는 말이다. 그럼 문화적 섹시함부터 들어가 보자.

과거 동독의 거리였던 미테 거리를 걷다 보면 오래된 붉은 벽돌의 남루함 속의 예술촌들이 환하게 우리 앞에 선다. 새로운 예술촌의 늠름한 기세에 도시재생으로 생겨난 장소의 당당함을 읽을 수 있다. 과거 이 지역 사람들은 자유를 찾아 헤매 왔다. 과거 도시의 모습으로 되살려 놓으려는 몸부림이 미테지역에 투영되어 있다. 이 지역의 낡은 건물들이 더 이상 벽돌 덩어리가 아니라 과거 동독이란 장소성 속에서 현대적 예술혼의 새로운 역사를 쓰고 있다.

20세기 독일에서 태동하기 시작한 표현주의 미술은 독일만의 독창성을 가진 현대미술 사조의 하나로 여겨지고 있다. 표현주의는 당시 유럽의 모더니즘 속에 자리를 잡고 있었다. 표현주의는 미술가들 자신의 체험을 관람자를 위해 표현하려고 시도하는 운동이었다. 독일 표현주의는 크게 다리파와 청기사파로 구분되는데 드레스덴을 중심으로 다리파, 베를린과 뮌헨을 터전으로 청기사파로 나누어진다.

당시 모더니즘은 19세기 말엽에 생겨난 인간과 인간의 삶에 대한 새로운 견해나 이론을 심미적으로 표현하려는 시도라고 볼 수 있다. 모더니즘 예술의 출현은 사실주의, 인상주의, 입체주의라는 예술적 장르를 내장하고서 예술 역사의 새로운 시대를 열었다. 그 후 모더니즘 예술은 표현주의, 다다이즘, 초현실주의를 포괄하면서 한 단계 더 나아가게 된다.

베를린의 필하모닉 콘서트홀

앤더슨(1984)도 모더니즘에는 매우 다양한 유형의 하위가 숨겨져 있다고 한다. 상징주의, 구성주의, 표현주의, 초현실주의가 바로 그것들이다. 서구중심으로 발현된 모더니즘 예술은 19세기 후반과 20세기 중반까지 누구나 본받아야 하는 규범이자 모델이라는 발상을 낳게 된다. 이 후 모더니즘 예술은 전 지구적인 현상으로 자리 잡게 된다. 기든스는 모더니즘을 '크리슈나의 수레'에 비유한 바 있다. 모더니즘은 운전자조차 제어하지 못하는 폭주차량과 같다는 뜻이다. 당시 모더니즘 예술 역시 세상에 미치는 영향 또한 빠르고 그 폭이 넓었음을 유추해 볼 수 있는 대목이다

독일 미술계는 전쟁과 동서독 분단으로 정체성을 찾기 못한 채 방황의 늪에 빠져 있었다. 그러던 것이 1982년 베를린에서 열린 '시대정신'전을 계기로 독특한 미술사조를 구축하게 된다. 세계미술문화를 유럽으로 회귀시키려는 열망을 담은 이 전시회를 계기로 신표현주의라는 미술사조가 뜨게 되었다. 회화장르의 돌파구를 마련하는 계기로서 각광 받으며 게르하르트 리히터, 펭크, 지그마르 폴케, 안젤름 키퍼를 비롯한 많은 작

베를린의 타클레스

가들이 세상에 선보이게 되었다.

독일 현대미술이 도약한 계기는 통일에 뿌리를 두고 있다. 낙후된 동베를린 지역은 통일 이후 텅빈 건물이 즐비했다. 일부 예술가들은 사람들이 선뜻 가기를 원하지 않는 동베를린으로 옮겨가서 그들의 예술혼을 불태우게 된다. 싼 임대료를 내고 건물을 잡기만 하면 자신의 작업실이 되는 상황이었다. 소문이 전세계로 퍼지자 독일 내는 물론 전세계에서 예술가들이 몰려들기 시작한 것이다. 베를린은 이로써 현대 아티스트들의 역동성이 꿈틀거리는 도시로 변한 것이다. 독창적이고 실험적인 작품이 수시로 탄생되고, 퍼포먼스와 전시회가 열린다. 작가들이 아지트로 이용하는 미테지역의 오 라니엔 부르크 거리에 있는 '타켈레스'. 건물벽이 부서지고 흉한 외관의 5층 높이의 장방형 건물인 타켈레스는 통일 후 세계적 예술문화의 아이콘으로 등장하였다.

독일은 20세기 초반 바우하우스라는 학교를 통해 산업과 융합함으로써 디자인의 사회화운동을 교육을 통해 실천하였고, 디자인의 현대화에 기여하였다. 바우하우스는 1919년 월터 그로피우스를 중심으로 설립된 국립 디자인 대학으로서 건축, 회화, 조각, 디자인 운동에 커다란 영향을 미쳤다. 1923년 이후 기계의 사용에 의한 예술과 공업기술의 통합을 목표로 합리주의적인 모던 디자인을 향해 새로운 사조를 탄생시켰다.

바우하우스는 1919년 바이마르에서 설립되어, 1925년 데사무로 이전하였다가 베를린으로 옮겨왔다. 바우하우스는 나치스에 의해 베를린에서 폐교하게 된다. 중세의 공방과 근대의 디자인과 조형 개념을 융합시킨 바우하우스 이념과 교육철학은 폐교 이후 유럽과 미국으로 이주해 간

미테지구에서 바라 본 슈프레강변의 모습

바우하우스인들에 의해 전 세계에 전파되었다.

슈프레강 북쪽의 '베를린 미테'. 17세기에 지어진 역사의 때가 낀 화랑으로 변신한 거리이다. 통일 전 동베를린에 속했던 미테는 '중앙mitte'이란 의미로 베를린의 중심이자 예술의 메카로 자리잡았다. 미테의 문화적 구심점은 현대 미술가들의 아지트인 '타켈레스'와 '하케셴 회페'이다. 두 건물 모두 100년 이상의 역사를 지니면서 1989년 베를린 장벽 붕괴 후 폐허가 되었던 곳이다. 미테가 세계적 예술촌으로 명성을 얻게 되자 서독출신의 투자가들이 몰려 들고, 쾰른의 고급 화랑들이 이곳으로 둥지를 틀게 되면서 미테는 현재 고급 엘리트 문화지구로 변신을 하고 있다. 기존의 가난하지만 창의성이 자산이었던 '예술가들이 더 이상 미테는 없다'면서 미테를 떠나고 있다.

재개발, 재건축의 미명 속에 그동안 명맥을 유지하던 우리 도시 구석

베를린의 대성당(베를린 돔)

구석의 골목길들이 사라지고 있다. 서민들의 삶의 결이 숨 쉬면서, 애환이 녹아 있던 골목길, 어린이들이 활기차게 뛰놀던 골목길이 마구잡이로 없어져 왔다. 여느 때면 울려 퍼지는 두부, 생선, 고기, 과일 장수의 쩌렁쩌렁한 소리도 골목길의 퇴장과 함께 온데간데 없어졌다.

박물관을 포함한 베를린의 문화시설은 사람들의 소통을 도와주고, 정서를 달래주며, 만남을 가능하게 해준다. 이런 의미에서 베를린은 예술가, 박물관, 사람들을 엮어주는 소통의 도시라 해도 손색이 없다. 세계적 유명박물관을 포함하여 베를린 시내에는 170여 개의 박물관이 있다. 이뿐이랴. 베를린 필하모니를 비롯한 유명교향악단, 오페라와 발레공연이 수시로 열리는 3개의 대형 오페라 하우스 등 문화의 전당이다. 도시계획의 기본이 되는 인본주의 이념을 베를린에서는 문화시설을 통해 높이 올려놓고 있는 것이다.

베를린은 '통일 후 도시정체성 살리기'에 주력하고 있다. 베를린이라는 브랜드를 재브랜드시킨다고나 할까. 슬로건도 야심차다. 'City of Change', 즉 변화하는 도시이다. 이를 실천할 담당조직Service in the City도 만들었고 '기업을 위한 도시'라는 목표도 내세웠다.

이처럼 베를린은 도시마케팅에 열을 올리고 있다. 도시경영에 마케팅 요소를 접목시킨 것이다. 베를린시가 내세운 변화에는 첫째, 시민들이 변화의 주축이고, 둘째, 베를린시민들에게 기회를 제공하며, 셋째, 시의 정체성을 세우고, 넷째, 변화를 통한 도시 경쟁력을 확보한다는 것이다. 베를린시는 공모를 통해 도시브랜드를 'Be Berlin'으로 탄하고 브랜드 마케팅 캠페인에 나서고 있다.

시민들에게 정보에 대한 접근을 높이기 위해 '정보네트워크'를 구축했다. 주요거리에 '블루 스폿Blue Spot시스템'을 설치하여 거리에서 인터넷과 이메일 서비스를 비롯하여 관광객을 위한 이벤트, 식당, 호텔, 쇼핑 정보 그리고 할인쿠폰까지 통합적으로 제공한다. 역사적 장소 및 유적에 대한 지리정보 안내 시스템도 완벽하게 구축하였다.

베를린 장벽의 의미와 역사를 영상과 오디오로 제공하는 '마우스 가이드'도 지원하고 있다. 베를린 시내 슈프레Spree강 삼각주 지점에 위치한 알테 갤러리, 알테스 뮤지엄, 노이에 뮤지엄, 페라가몬 무지엄, 보데 뮤지엄 등은 문화의 핵심지구로서 베를린의 뮤지엄 문화를 이끌게 되었다. 아울러 미술관 및 박물관 건물을 재생하여 더 많은 방문객을 끌어들이면서 문화도시로 명성을 펼치고 있다. 공공예술을 곳곳의 가로시설물에 입혀 가로환경 디자인을 개선함으로써 도시브랜드가치를 올리고 있다.

독일 베를린 쿨투어 브라우이는 수십 년간 방치되었던 슐트하이스 맥

베를린의 유대박물관

주공장을 리모델링한 것으로 공장의 원형을 그대로 살리면서 개조를 통하여 공연장, 식료품 매장, 여행사, 학원 등 '복합문화공간'으로 탈바꿈시켰다. 이곳은 사람들을 위한 인본주의 공간을 만들겠다는 목표 속에서 다양한 형태의 문화공간이 자리잡은 '문화 양조장'으로 만들어 놓았다.

19세기 중반 맥주 만들기에 적합한 질 좋은 지하수가 발견되면서 맥주공장들이 세워지기 시작했는데 세계에서 가장 규모가 큰 슐트하우스 맥주공장이 바로 이곳에 문을 열었다. 2차 대전과 분단 등 격변을 거치면서 1964년까지 가동하다 문을 닫고 창고로 방치되어 오다가 동독체제하에서 젊은이들의 문화공간으로 활용되었다. 1990년 통독 후 젊은 예술가들이 예술을 펼쳐 보이려는 욕구를 담아내기 위해 비어 있는 공장을 1998년 개조하기 시작하여 2001년에 복합문화공간으로 바꾸었다. 이로 인해 쿨투어 브라우이는 베를린을 마케팅해 주는 대표적인 복합문화공간으로 자리매김하게 된다.

쿨투어 브라우이에서는 다양한 행사가 역동적으로 개최되는데 연간 2,000건의 문화행사가 열리고, 1만 1,000건의 영화가 상영되어 방문객만 약 100만 명에 이른다. 이처럼 성공적인 재생에 의한 복합문화공간의 탄생 자체가 베를린을 도시마케팅해 주는 주요한 공간이 되고 있는 것이다.

베를린의 도시재생전략을 보면서 상념에 잠긴다. 우리는 지금까지도 장소의 역사를 지우고 모습을 파괴하는 숱한 모습을 보아 왔다. 도시예술문화의 가치와 존재를 아무것도 아닌 것으로 만들어 버리는 반예술문화 정책과 관행을 목격해 왔다. 성찰이 요구되는 시점이다.

베를린의 우파 파브릭

베를린 장벽 붕괴가 임박하던 1979년 6월 9일, 일단의 예술가들이 방치된 동베를린 공장에 들어와 작품활동을 하면서 대안적 삶을 지향하는 녹색생태마을인 '우파 파브릭'이 탄생되었다. 우파 Universal Film Association (유니버셜영화배우협회)는 제2차 세계대전 발발 이전에 설립된 독일 최대 영화사이다. 파브릭은 영어 팩토리Factory (공장)과 같은 의미이다. 이 공간은 원래 독일뿐만 아니라 유럽 최고의 스타 배우들의 활동공간이었던 우파 영화사의 필름현상소였다. 1961년 베를린 장벽이 생기고 촬영소가 있는 서베를린과 격리됨으로써 30년 가까이 폐허로 방치되었다. 이곳에는 빈 공장이 많았는데, 예술가들이 몰려들어 생활하면서 새로운 예술문화를 창출하기 시작했다.

'우파 파브릭' 간판을 따라 마을로 들어서면 1만 8,566㎡ 대지에 1~2층 짜리 건물 7개 동이 배치되어 있어서 예술촌의 이미지를 느끼게 된다. 배우들이 대본을 확인하던 극장은 국제문화센터로, 식당은 연극공연장으로 개조했으며, 공연을 위한 야외무대도 설치되었다. 필름보관소는 스튜디오, 댄스·격투기 교습소, 카페, 레스토랑, 유기농 식품점, 게스트하우스 등으로 바뀌었다.

다음 도시 답사코스는 슈판다우지역이다. 슈판다우는 하펠강과 슈푸레강 사이에 위치한 수려한 수변도시로 2차 대전 후 화약 공장 등이 입지하고 있었다. 슈판다우는 1992년대 도시개발구역으로 지정되어 재개

베를린의 슈판다우 워터프론트

발된 지역이며 면적은 206ha로서 고용, 주거, 여가기능이 어우러진 복합도시 공간이다. 계획세대수는 9,500명에 이른다.

슈판다우 재생프로젝트 사업기간은 1992년에서 2010년까지 약 18년에 걸쳐 수행되었다. 슈판다우는 퓰버뮬레단지와 하펠슈피체단지로 구분되어 개발되었으며, 수변과 어우러진 공원에다 모든 지역이 보행녹지축으로 연결되어 있다. 대도시 안에서 공원과 호수를 산책하며 자연과 동화된 삶을 추구할 수 있는 재생지구가 되었다.

슈판다우의 디자인 가이드라인을 보면 강변은 시내 어느 곳에서라도 접근 가능하여야 하며, 가로와 광장들은 물을 향하여 열려야 하고, 주거단지 내에는 주민들이 공유할 수 있는 넓은 녹지를 조성하는 것을 원칙으로 하고 있다. 5층에서 7층 정도의 건축물 규모로 중정형에다 건물군으로 둘러싸는 도시 디자인방식을 택하였다. 아울러 다양한 형태의 공장들을 높은 수준의 건물로 리모델링하는 디자인 원칙도 실현하였다.

퓰버뮬레단지에는 열린 블록형과 빌라형태의 단독건물이 혼합되어 다른 단지에서 느낄 수 없는 공간적 경험을 하도록 연출하였다. 건물과 건물 사이 공간에는 디자인 놀이시설물이 설치되어 어린이의 놀이터로 이용될 수 있도록 구성하였다.

베를린의 도시재생을 통해 우리는 베를린 도시재생전략의 독창적인 아이덴티티, 경계없는 창조정신을 경험하게 된다. 베를린의 도시재생 지역들을 보면 건축과 장소, 건축과 도시의 의미가 새삼스럽게 떠오른다.

베를린의 공원에서

도시에서 건축은 "시(詩)이며 세계를 변화시키는 것"(렌조 피아노, 이탈리아), "건축은 시간과 풍경을 드러내기 위해 지구 위에 쓴 철학"(스베레 펜, 노르웨이), "건축은 자연에서 영감을 받은 인간의 노력"(파울루 멘데스 다 호샤, 브라질)이란 철학이 마음을 파고든다.

베를린의 도시계획과 도시설계는 지난날 이데올로기에 갇혀 도시와 건물의 빛나는 전통과 가치가 가려져 왔었다. 베를린은 통일 이후 도시 재생이란 상징적이고 전향적인 선언을 통해 모든 건축물이 새로운 시대정신과 예술문화 혼을 담고 정체성 있는 도시로 다시 태어나고 있는 중이다.

함부르크 Hamburg

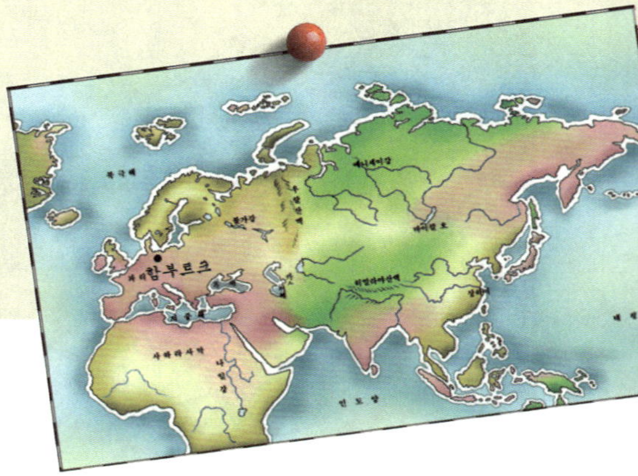

대로보다 예쁘고 좁은 길이 좋다. 함부르크의 도심 거리를 걷다 보면 한 폭의 중세도시 풍경이 자주 펼쳐진다. 이런 거리는 걸으면서 음을 읊조리게 하는 마력이 있다. 과거에는 기념비적인 거리를 우월한 시각으로 바라본 적이 있다. 그러나 요즘엔 이 함부르크의 도심 골목길처럼 일상 속에서 마주치는 '생활가로'에 더 이끌린다. 대로처럼 불안하고 큰 눈을 뜨고 보아야 하는 큰 길이 아니라 우리가 지켜보면서 항상 가까이 하는 거리가 더 마음에 다가온다.

음악가가 도시를 살린다. 브람스가 태어난 골목길은 고요한 아름다움을 지니고 있다. 브람스의 옛집과 길이 브람스에 대한 애뜻함의 표상인 듯 싶다. 그것은 브람스의 생과 음악을 회상하는 공간으로 가는 길이기 때문이다. 브람스의 생가는 폭격으로 사라졌다. 대신 그의 생가 가까운 곳에 브람스 뮤지엄을 만들었다. 그래서 이 거리는 브람스를 꿈꾸는 공

함부르크 엘베필하모닉 콘서트홀

간이다. 이 길을 걸어가는 사람은 몽상에 잠기게 된다.

함부르크의 정체성을 찾는 일은 그곳 사람들이 살고 있는 도시를 보다 주의 깊게 관찰하는 일이다. 함부르크 도심은 함부르크의 속살이다. 함부르크를 함부르크 도심의 숨결, 바람결, 물결이 안내할 것이다.

브람스는 낭만주의 음악을 선도했지만 구조나 작곡기법 면에서는 바로크와 고전파 음악에 영혼을 기대고 있었다. 그는 대위법의 대가였다. 브람스는 여러 피아노곡, 실내악, 교향악, 성악을 작곡했다. 4개의 교향곡은 모두 대박을 쳤다. 그 중에서 교향곡 1번은 베토벤의 영향 속에서 탄생되었다고 한다. 바이올린 협주곡은 완성도에 있어서 베토벤곡 다음

함부르크 항구의 모습

에 놓일 만한 가치가 있다고 한다.

브람스는 인생의 후반을 비엔나에서 보낼 때에도 언제나 자신의 고향을 사랑했는데, 이는 수많은 편지에서도 나타난다. 예를 들어 '함부르크를 생각할 때면 언제나 그리움에 잠기게 됩니다. 그곳에 있을 때면 언제나 더 행복하며, 익숙한 거리를 돌아다닙니다(1858년)', 혹은 '... 나는 자주 고향을 그리워합니다. 그래서 매주 함부르크신문 Fremdenblatt지를 배달시킵니다. 또한 과거와 현재의 함부르크 상징물을 수집하기도 했습니다(1894년)'. 브람스는 비엔나에서 고향인 함부르크와 주고받는 영혼의 소통을 즐겼다. 고향이라는 마음의 공간에서 물결지어 전해오는 그 두엇을 갈구했던 것이다. 브람스는 선배 작곡가인 바흐에 대한 존경심도 깊었다. "바흐의 샤콘느는 내게 가장 경이적이고 신비로운 작품이다. 바흐는 그 바이올린과 같은 작은 악기를 위해 샤콘느를 통해 그토록 심오한 사상과 힘에 넘치는 감정을 표현하고 있다"고 격찬을 아끼지 않은 적이 있다.

도시답사는 호기심을 발견하고 늘 감동의 대상을 찾는 일이다. 우리의 건축미적 안목을 높여줄 수 있는 아름다운 필하모닉 콘서트홀. 건축가의 마술사 같은 연출 때문에 건물과 어우러지는 바다가 너무도 선연하게 눈앞에서 춤춘다. 엘베강 워터프론트의 '하펜시티 프로젝트'가 함부르크, 더 나아가 독일 북부지역의 북해로 진입하는 바닷가의 서로운 공간과 환경을 만들어 내고 있다. 하펜시티 재생사업이 새로운 도시의 상징공간으로 태어나 함부르크의 장소성을 부여하고 있는 것이다. 하펜시티 재생사업은 함부르크 도시의 축을 북쪽으로 옮겨 북해를 아우르는 세계도시로 부각시키려는 야심적 프로젝트이다. 이 세계적인 도시재생프로젝트는 함부르크의 브랜드를 다시 만들어 내는 커다란 힘이 되고 있다.

하펜시티 프로젝트를 보면 생태주의, 녹색건물, 복합개발, 예술문화, 공공디자인, 장소마케팅 같은 최근 도시패러다임이 모두 녹아들어 있는 것을 느낀다. 친환경건축물, 박물관, 콘서트홀, 그리고 공원, 보행로 등 공공성을 염두에 둔 도시계획 철학이 돋보이는 하펜시티는 지속가능한 도시프로젝트의 모범사례로 보여진다.

하펜시티 프로젝트(2001~2005)는 함부르크의 옛 항만지역을 재개발한 도시재생사업이다. 155만㎡ 면적으로 여의도 크기의 절반 규모다. 예산은 약 86억 유로(약 10조 4,500억 원)가 소요되었다. 모두 1만 2,000여 명 거주하면서 4만 개의 일자리 창출되고 있는 등 사회경제적 파급효과

함부르크 하펜시티의 달만카이 구역

도 크다. 주 정부예산과 민간투자, 그리고 함부르크시가 출자한 특수법인 하펜시티 함부르크 유한공사에서 모든 계획과 실행을 전담한다. 일부 상업 빌딩을 제외하고 대부분의 건물은 7층 높이로 지으며, 부지의 20～35%를 공공공간으로 개발한다는 원칙을 세웠다. 도시재생프로젝트로 인해 마젤란 테라스(4,700㎡, 2005년 완공), 마르코폴로 테라스(6,400㎡, 2007년 완공)가 속속 들어서게 되었다. 도시의 지속가능성을 염두에 두고 엄격한 기준에 맞춰 이들 건축물에 대한 '친환경 인증제'를 시행하고 있다

19세기만 해도 하펜시티 지역은 항만으로서 함부르크의 주요 산업 활동의 중심지였다. 주변에 새로운 항구시설이 생기고 도심의 기능이 주변으로 빠져나가면서 이 항만지역은 쇠퇴하기 시작했다. 낙후항만 지역에 대한 개선전략으로서의 하펜시티 도시재생사업은 엘베강이 흐르는 수변공간 기능을 회복하고 미래형 도시로서의 경쟁력을 가지기 위한 기회를

마련하고자 시작된 것이다.

시정부는 도시 내의 문화, 역사적 가치가 있는 대상 및 건축물을 우선적으로 선정하였다. 1991년 함부르크시 역사, 문화 리스트를 정리하였는데 그 중에 아이스토어할레, 하머브로크쉴로제와 그로스마크트할레 등이 역사적 가치가 있는 건축물로 리스트에 오르게 되었다. 건축물의 보존과 함께 조화로운 도시이미지를 반영하고자 하는 데 재생전략의 초점이 맞춰져 있었다.

하펜시티 도시재생사업의 주요 목표는 수자원환경을 적극 활용한 문화, 교육, 창조산업기반의 친환경도시로 만드는 것이었다. 시정부와 계획가들은 예술문화시설로서 엘프 필하모닉과 국제 유람선 선착장, 국제해양 박물관, 하펜시티 함부르크 대학교에 이르기까지 다양한 문화와 교육시설물을 조성하였다. 그 외에도 세계환경 운동의 그린피스의 독일본부가 설립되었고, 디자인·음악·영화 등 창조산업이 속속 들어오고 있다.

신축건물의 평균 높이는 6~7층으로 고도제한을 함으로써 역사도시 함부르크의 정체성을 유지하도록 하였다. 이들의 도시재생 철학은 자연상태를 그대로 보전하는 개발방식으로 우리에게 시사하는 바가 크다. 우리는 신도시 개발시 '생태'와 '생태계'마저도 조성해 버렸다. 수많은 산자락들이 아파트 건설로 인해 뭉텅뭉텅 잘려나갔다. 신도시가 되어버린 그 자리에는 원래 조촐한 과수원도 있었고, 실개천도 있어서 한갓진 오솔길의 정취도 느끼곤 했던 곳이다. 그 생태계를 깔아 뭉개고 새로운 인위적인 생태계를 조성해 온 것이 우리의 도

함부르크 마르코폴로 테라스

함부르크 알터스호

시개발 관행이었다.

엘프 하모닉 콘서트홀은 원래 코코아 창고였던 곳을 재생하여 현대적 랜드마크로 만들어 내고 있다. 런던의 테이트모던 뮤지엄을 설계한 스위스 건축가 '테어초크 앤 뒤 뫼롱'이 야심찬 설계안을 내놓았다. 이 복합건물에는 두 개의 콘서트홀, 아파트, 호텔이 들어오고, 강을 내려다보는 광장이 설치되어 있다. 그야말로 기능적으로 융합된 복합건물인 셈이다.

엘프 필하모닉 콘서트홀 내부로 가보자. 과히 모든 장르의 콘서트를 담는 큰 그릇으로 역할을 할 것이다. 공연장이란 물리적 공간의 설계는 그 내부에서 공연되는 공연의 영적 체험이 청중들의 영혼에 그대로 꽂히게 되어야 하는데 세계 도시의 대부분의 공연장들은 그렇지 못하다. 공연장과 관객이 합일되는 것이 아니라 둘 간의 간극이 놓여지는 것이다. 짤스부르크의 바위 산 암벽을 뚫어 만든 '휄젠라이트슐레' 공연장은 주변자연환경과 완벽한 조화를 이루며 지어진 공간이다. 이 공연장은 자그마한 짤스부르크 도시 전체와 통일감 속에서 만들어진 고품격 공연장이다. 밀라노의 스칼라좌, 베네치아의 데아트로 라훼니체요, 베르사이유 루이 15세 공연장 등이 건축과 공연이 일체감 있게 조화되는 공연장이라 할 수 있다. 엘프 필하모닉 콘서트홀은 건축, 공연장, 관객이 자연스럽게 어울려지면서 예술문화적 시너지를 창출해내는 공간으로 자리매김하고 있다.

계획 유형의 관점에서 보면 하펜시티는 프로젝트 기반project based 접

함부르크 엘프필하모닉 콘서트홀 내부의 모습

근방식의 기업가적 도시모델에서 활용되는 방식이다. 이 방식에서 계획plans은 그다지 중요하게 취급되지 않는다. 예컨대 해당도시의 도시기본계획이나 도시 재개발 계획 등은 종종 무시되기 일쑤이다. 이는 대형도시 재생에서는 프로젝트의 역할과 기여에만 초점을 맞추기 때문이다. 따라서 계획 그 자체에는 커다란 관심을 갖지 않게 된다. Healey(1997)는 이런 대형 도시재생사업의 계획방식은 계획을 통한 계획과정planning through plans이라기보다 프로젝트를 통한 계획과정planning-through projects이라고 지칭하고 있다. 프로젝트 위주의 계획방식에는 하향식top-down 방식과 상향식bottom-up 방식으로 나누어질 수 있다. 하향식 프로젝트의 예로는 런던의 밀레니엄과 파리의 그랑프로제(그랜드 프로젝트)를 들 수 있다.

상향식 방식은 함부르크 하펜시티와 루르지역의 IBA 엠셔파크 프로젝트인데 그동안 수많은 상징적·문화적 사업이 상향식 관민의 협력체계 구축으로 성사되었다.

채널 함부르크

새로운 프로젝트 위주 계획방식은 과거의 공간계획도 도시성장계획에 따라 공간을 배분하고 토지이용을 짜는 방식에서 이해자 간 협력체계를 구축하고 조정하는 거버넌스 형태로 전환되고 있다. 이러한 계획방식은 계획-지침하달-통제plan-command-control 방식에서 계획-모니터링-관리plan-monitoring-manage 방식으로 전환되고 있음을 의미한다.

햇빛이 항구를 낀 바다 위에 강하게 내려쬔다. 채널 함부르크지역도 도시재생 프로젝트에 의해 개성, 성격, 그리고 모습을 나타내고 있다. 과거 항구지역인 채널 함부르크의 변신이 독특한 울림을 자아내고 있다. 아직도 채널 함부르크는 스스로 정체성을 만들어가고 있다.

채널 함부르크는 북 엘베강이 관통해 가고 있는 지역으로서 하부르거 빈넨하펜 지역에 위치하고 있다. 중앙에 슐로스인젤이라는 요새형태의 섬형 부지를 포함하고 있다. 총 사업면적은 약 165ha로서 하부르거 빈넨하펜의 북부와 서부 지역은 공업 및 상업, 무역항으로서 사용되며 그 외의 지역은 현재 도시재생 사업이 진행되고 있다. 이곳은 항만, 상업과 공업이 혼재된 지역으로 발전해왔다. 함부르크 공대의 연구소 설립을 통해 산학연계도 도모하고 있다. 주거 및 녹지지역 확충과 하양스포츠시설로서 재생을 유도하고 있다.

2000년대 중반에 채널 타워라는 랜드마크 건축물이 세워졌다. 약 14ha의 과거 철도부지였던 곳을 재생시켜 사무실, 상업시설, 서비스, 그리고 연구용으로 150개의 건물을 조성하였다. 도시재생으로 인한 일자리 창출 효과도 대단하다. 현재 총 160개 회사에 6천 명의 근로자들이 근무하고 있다.

함부르크를 돌아보면서 상념에 잠긴다. 살기좋은 도시, 살고싶은 도시란 한마디로 시민들이 좋아하는 도시이다. 즉 문화가 있는 도시이다. 하펜시티 함부르크 개발 담당자 엔리케 톰슨의 말을 들어보자. "처음부터 콘서트홀 건립이 계획된 것은 아니었다. 어떻게 하면 새도시를 '살기좋은 곳', '사람들이 모여드는 곳'으로 만들까 하고 토론하는 과정에서 이른 결론이 '문화'였다"는 말이 가슴을 흔든다.

이 하펜시티 프로젝트를 보면서 단순히 '문화 더하기의 도시'가 아니라 도시 재생이나 개발시에 문화요소를 발굴하여 기존 도시문화에 덧씌워 문화를 집적시킬 때 진정한 문화도시가 될 수 있다는 것을 알 수 있었다. 함부르크를 돌아보면서 고유한 자기 정체성을 가진 도시, 공공성이 확장되고 보장되는 도시, 삶이 문화가 되는 도시로 이 도시의 도시성Cityness을 요약하고 싶어진다.

4 북유럽

모스크바 Moskva
상트페테르부르크 Sankt Peterburg
헬싱키 Helsinki
스톡홀름 Stockholm
오슬로 Oslo
베르겐 Bergen
코펜하겐 Copenhagen

4
북유럽

이방인의 발길이 머무는 러시아의 수도

모스크바 Moskva

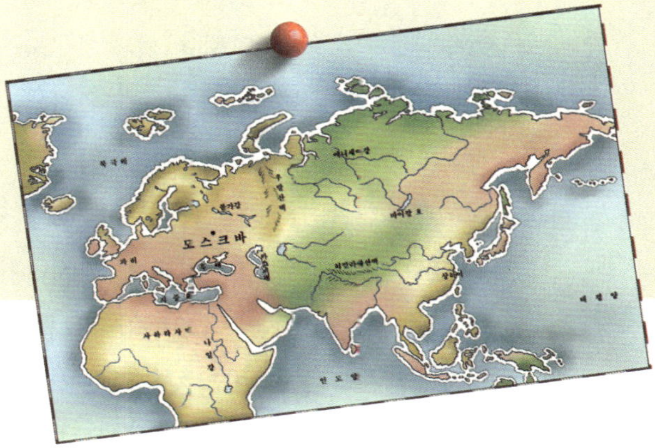

모스크바의 미래의 모습이 러시아의 장래를 말한다

돌아갈 수 없는 조국 구 소련을 회상하면서 눈물을 흘리며 벽 밑에서 "바흐의 무반주 첼로 모음곡"을 연주하는 첼리스트, 로스트로포비치. 1989년 베를린 장벽이 무너지는 날, 서 베를린 벽 쪽에 홀로 앉아 무반주곡을 연주하는 장면이 텔레비전을 통해서 생중계되었다. "음악보다 인간의 가장 기본적인 권리인 자유가 앞장서야 한다"는 그의 삶의 철학을 아는 세계인들은 벽 아래서 홀로 연주하는 로스트로포비치의 고뇌의 찬 첼로 음에 감화되었다. 그의 아버지는 첼리스트이자 지휘자였던 파블로 카잘스에게 첼로를 배우고, 어린 아들인 로스트로포비치에게 첼로를 가르쳤다.

그 후 1943년 모스크바 예술학교에 입학하여 쇼스타코비치에게 사사하였다. 쇼스타코비치는 로스트로포비치를 위해 2개의 첼로 콘체르토를 작곡해 주었다. 그는 생전에 기회가 있을 때마다 "나의 첼로음악으로 공산주의에 의해 희생된 쇼스타코비치와 프로코피에프의 죽음에 보답하고 싶다"고 했다. 심금을 울리는 대목이다.

한때 우리가 소련이라고 불렸던 러시아는 이데올로기가 다른 탓에 오랜 동안 낯가림을 해야 했던 땅이다. 세계 최초로 사회주의 혁명이 일어났던 러시아, 미국과 세계 패권을 다투었던 소련은 오랫동안 대한민국 여권으로는 여행하기 어려운 나라였다. 톨스토이와 도스토옙스키의 소설을 읽으며 감지했던 그들의 투쟁과 고통, 쇼스타코비치의 음악을 듣고 타르코프스키의 영화를 보며 상상했던 '눈과 피의 나라'이다.

소비에트연방 붕괴 이후 14개국의 공화국으로 분리·독립한 지금도 여전히 지구상에 있는 대륙 면적의 8분의 1 이상을 점하고 있는 러시아에는 광활한 영토만큼이나 다양한 이야기와 인생이 숨쉬고 있다. 푸슈킨부터 레르몬토프, 고골리, 투르게네프와 도스토옙스키, 톨스토이 등 세계적으로 사랑받는 문학가들의 땅이기도하다.

희뿌연 안개, 을씨년스러운 날씨, 짙은 회색의 하늘.

저녁 불빛은 기운 없이 사그라지고, 이정표는 안개 속에 가물가물하다. 러시아의 문호 톨스토이는 이곳을 두고 "이방인의 마음까지도 강하게 끌어당긴다"고 했다.

이방인의 발길을 묶어두는 이곳, 모스크바.

994㎢의 땅에 인구는 860만 명. 서울 인구보다 140만 명이 적고, 땅은 1.4배 더 넓은 도시이다. 그러나 그 옛날 러시아 제국의 영화는 찾아볼 수 없고, 도시의 활력보다는 암울함이 도시의 거리를 가득 메우고 있는 듯하다.

소련은 러시아 볼셰비키 혁명 후 레닌이 같은 슬라브족인 우크라이나·벨라루스를 통합해 1922년에 만든 나라다. 레닌에 이어 스탈린은 서구에 맞선 공산주의 체제를 만들기 위해 1924년부터 주변 중앙아시아의 이슬람 국가들을 연방 내로 편입시켰고, 2차대전을 앞둔 1940년대에는 라트비아·리투아니아·에스토니아 등 발트 3국을 무력으로 압박해 연방에 포함시켰다.

하지만 강제적으로 결합된 이질적인 나라들 간의 갈등은 끊이지 않았다. 소련이란 '지붕' 아래 살던 15개 국은 고르바초프의 개혁을 계기로 독립을 모색하다가 1991년 12월 소련해체와 함께 모두 독립을 선언했다.

크렘린 광장 앞을 걸어가는 사람들의 무표정한 모습에 러시아에 대한 질긴 애착보다는 자본주의의 상징인 '맥도날드와 콜라' 광고가 보이는 것은 왜일까? 이들에게 지금과 같은 혼란은 무엇을 말하는 것일까? 이들에게 미래의 삶의 방향을 제시하던 솔제니친의 시대가 있었던가? 소비에트 체제 속에서 신음하는, 인간의 자유를 위해 혁명 이후의 고통 받는 민중의 삶을 용감하게 고발하던 이들의 참모습은 다 어디로 사라진 것인가?

20세기 초반에 '눈이 내리는 마을', '비테프크스 위에서'를 그린 초현실주의 화가인 샤갈이 1922년에 러시아를 떠난 이유에서 근대 러시아의 모습을 발견할 수 있으리라. 러시아 공산주의 혁명이 일어났을 때 샤갈은 혁명 덕분에 러시아에서 차별 받던 유대인이 보호되고, 새로운 예술에 대한 지원책이 강구될 것이라는 어리석은 기대를 하였었다. 그런데 그가 혁명을 축하하는 그림을 그리고 나자 샤갈에 대한 비난이 쏟아졌다. "왜 그림이 뒤죽박죽이에요?", "왜 사실과는 동떨어진 그림을 그려요?"라고 모욕을 주기 시작했다. 당시 잘나가던 화가 말레비치(1878~1935)는 샤갈의 그림엔 혁명정신이 없고, 유럽 부르주아 미술의 영향이 여기저기 나타난다고 심한 비평을 늘어 놓을 정도였다. 당시 러시아의 공산주의라는 지배적인 이데올로기가 정치사회적으로 강하게 감싸고 있었음을 짐

모스크바 도시 외곽의 풍경

작하게 해주는 대목이다.

모스크바는 오랫동안 아시아와 유럽의 상징으로 군림해 왔다. 서구의 충격 속에서 새로운 근대적 가치를 찾아내고자 고행의 길을 선택해야 했던 현대사 속에서 그들의 위대한 공산주의 실험은 실패로 귀결되었다. 1993년 통화의 평가절하와 채무불이행, 그리고 은행 파산으로 이어지는 시장경제의 몰락을 맛보았던 모스크바는 지금 어디로 가고 있는 것일까.

모스크바가 처음으로 러시아의 연대기에 나타나는 것은 1147년으로, 대략 900년의 역사를 가진다. 1147년 유리 블라디미르 돌고루스키 대공은 북쪽으로는 발트해, 남쪽으로는 흑해까지의 땅덩어리를 가진 키예프를 통치했다. 그는 모스크바를 수도로 정하고, 모스크바 강의 남쪽 사각

지대에 요새를 세우고 성을 쌓아 도시를 만들기 시작했다. 그 후 모스크바는 산업과 문화의 중심지로서 역할을 톡톡히 해냈으나 13세기에 몽고의 난데없는 침략으로 모스크바는 몽고의 수중에 들어가게 되었다. 어느 도시나 식민지 치하에서는 수탈의 대상이 되는 법인가 보다.

몽고 지배로 모스크바는 전통, 문화, 건축물 등이 정체성을 상실하게 되었다. 몽고로부터 독립을 하고 다시 중심도시로 자리매김을 하던 중 표트르 대제가 수도를 당시의 페테르스부르크(지금의 상트페테르부르크)로 옮기자 모스크바는 전통과 역사만을 간직한 도시로 남았다. 결국 정치, 행정, 경제의 기능들이 떠난 모스크바는 허물벗은 뱀처럼 유명무실해졌고, 1812년 나폴레옹의 공격으로 도시의 많은 유적들은 파괴되기에 이르렀다.

모스크바가 다시 역사의 전면에 등장한 것은 1917년 볼셰비키 혁명의 무대가 되면서부터였다. 당시 혁명을 일으켰던 레닌은 1921년 신경제정책New Economic Plan : NEP을 채택하여 자유농을 인정하고, 농산물 판매를 허용하며, 사기업을 인정하는 등 자본주의적 요소를 도입했다. 이러한 신경제정책으로 경제는 신속히 복구되었고, 인민의 생활수준도 향상되었다. 그러나 1924년 레닌의 사망으로 권력은 스탈린의 수중에 떨어지게 되었다.

권력을 잡은 스탈린은 1928년 현실적인 사회주의 경제의 길 '네프(신경제정책)'를 폐지하고 급격한 공업화와 농업집단화를 위한 '5개년계획'을 수립하여 집행했다. 새로운 도시 건설이 본격적으로 진행된 것이다. 당시 도시계획의 방향 정립에 대한 논의는 마르크스와 엥겔스의 저서를 나침반으로 삼아 활발하게 이루어졌다. 그 안에는 사회주의 사상이 담겨 있었고, 자본주의 도시와 자본주의 도시문제에 대한 날카로운 비판도 빠지지 않았다. 특히 엥겔스의 '반뉴링론'에는 반도시주의적 사상이 다음과 같이 극명하게 드러나 있었다.

모스크바의 1930년대 겨울철 재래시장의 풍경

"서구 문명은 우리에게 대도시라는 유산을 남겼고, 대도시의 병폐를 없애기 위해서는 많은 시간과 노력이 들 것이다. 그러나 그것이 아무리 오래 걸리는 과정이라 할지라도 대도시는 없어지지 않으면 안 되며, 결국은 없어질 것이다."

이처럼 새롭게 건설될 도시는 자본주의 형태의 대도시를 부정하는 것에서부터 출발했다. 사회주의자들에게 자본주의 형태의 대도시란 그저 무질서하고, 혼란스러우며, 퇴폐적이라는 이미지가 강했기 때문에 그에 대한 제거작업을 통해서만 도시가 새롭게 거듭날 수 있다고 믿었다. 그러나 문제는 도시의 무질서한 팽창을 막는 것만으로는 도시계획이 완성될 수 없다는 것이었다. 그러다 보니 산업화의 거점이 될 도시들을 확보하는 것이 사회주의 국가 실현에 꼭 필요한 과정으로 여겨졌고, 결국 모스크바, 레닌그라드(지금의 상트페테르부르크), 키예프 등이 산업도시로 변모하게 되었다.

그러나 대부분의 도시들은 물리적 시설을 담기 위한 그릇에 불과했고, 혁명적 발전의 수단으로밖에 여겨지지 않았다. 즉, 현실의 혁명적 측면만 강조한 도시 계획은 '형식주의'로 흐르게 되었고, 도시문제의 근본적인 치유책을 통한 해결보다는 산업화에 필요한 공장 등을 무계획적으로 짓고 마는 결과를 초래한 것이다.

결과가 어찌됐든 레닌 집권 이후 고르바초프가 몰락할 때까지 러시아의 도시개발은 70년 동안 진행되었고, 새롭게 건설된 도시들은 1944년부터 도시계획법Code of Basic Principle in City Planning에 의해 관리되었다. 또 1935년과 1971년에는 모스크바 종합계획General Plan for Moskva도 수립되었다.

수도는 통치의 상징이라고 한다. 역사 이래 국가권력의 거점이 되는 도시는 통치자의 입맛에 맞게 건설되기 마련이다. 따라서 신전이나 왕궁 등의 권력 시설은 도시의 중심에 세워진다. 모스크바도 그랬다. 도시의 중심부에는 어딜 가더라도 기념비적인 건축물이 자리하고 있다. 크렘린 궁전, 붉은 광장, 레닌의 동상…. 새로운 사회주의 도시형태는 그렇게 만들어졌다.

붉은 광장에는 스탈린이 레닌의 유언을 무시하면서까지 건설한 레닌의 사당이 있다. 스탈린에서 고르바초프에 이르기까지 역대 지도자는 메이데이May Day와 혁명기념일에 붉은 광장에서 행진하는 퍼레이드를 이 단상에서 관람했다. 거기에는 5개년 계획의 목표달성 축하와 동시에 모든 사람에게 충성심을 요구하려는 의도가 깔려 있었다. 도시가 권력을 연출하는 포럼이 되는 것처럼 도시는 민중의 힘을 연출하는 장이 된다.

모스크바 시내 어느 꽃가게의 화려한 꽃다발

수백 년 걸쳐 왕조의 상징이 되어 온 천안문 광장이 1919년 5·4운동 이래 민중운동의 무대가 되었던 것과 마찬가지다. 모택동은 프롤레타리아 문화대혁명 때 전국에서 모인 홍위병에게 천안문 광장에서 실권파를 타도하라고 명령했던 것이다.

크렘린 성Castle은 황제가 살았던 곳이고 성벽에는 20개의 탑이 세워져 있다. 이 중 몇 개의 탑에는 붉은 진주로 된 별이 있어서 바람의 방향에 따라 이리저리 움직이고 있다. 이 안에는 유적과 유물이 무궁무진하게 널려 있다. 황제들이 살았던 궁전에다 우스펜스키 성당이 우뚝 솟아 있고, 역대 황제들의 무덤교회인 아르헨켈리스키 성당, 희랍정교파의 종교의식이 행해지는 바실리 성당 등이 있다. 또한 크렘린에서는 무기박물관 및 값진 금은보화가 있는 보석박물관이 방문객의 눈길을 유혹한다.

모스크바는 방사선형의 도시이다. 이 도시의 중심에는 크렘린 궁전이 있다. 모스크바를 과녁판에 비유한다면 과녁의 중심에 크렘린이 버티고 있는 셈이다. 크렘린을 중심으로 방사선 도로인 마르크스대로, 크렘린 강변도로가 도시 외곽을 뻗어나가고 있다. 다시 그 둘레를 3개의 환상도로인 불리바르 환상도로, 사드바야 환상도로, 모스크바 환상자동차도로가 차례로 둘러싸고 있다. 모스크바에는 메트로(지하철), 버스, 트롤리버스, 트람바이 등의 교통수단이 인구 860만의 동맥 역할을 하고 있다. 메트로는 이 도시의 핵심교통수단으로서 모두 9개 노선에 130여 개의 역이 있다.

도시는 한 폭의 그림처럼 한 시점에서 일순간에 그려질 수 있는 것이 아니다. 오랜 역사와 전통 속에서 형성된 것이고, 앞으로도 무한히 변모해 나갈 것이다. 이런 면에서 본다면 크렘린 궁전 앞의 고가도로는 아무래도 바실리 성당과 크렘린 궁전의 경관의 연속성을 차단시키고 있다. 마치 이 도시의 상징의 역사를 가로막는 것처럼…. 이 도시의 전통과 개

붉은 광장에 모인 모스크바 시민들과 바실리 성당

성이 몰각된 도시정책이 야속하다는 생각만이 머릿속을 맴돈다.

2014년 모스크바의 도시문화가 바뀌고 있다. 최근 힙스터문화의 형태로 작은 클럽, 강연회, 거리 등에서 새로운 문화가 나타나고 있다. 우선 수십 년 동안 자리를 지키고 앉아있던 예술문화단체의 책임자들 수십 명이 최근에 자리를 내놓았다. 새로운 예술문화를 수용하려면 새로운 책임자가 있어야 한다는 방침이다. 중심가에 보행전용로를 설치하고 공원을 만들고 있다. 야간에 벌어지는 음악의 밤, 예술의 밤 행사는 매일 벌어진다.

크렘린 바로 뒤쪽에 '자랴디예'라는 공터가 있다. 7~8세기에 모스크바 강을 통해 들여온 상품을 거래하는 시장이 있었다. 1812년 나폴레옹의 침공으로 모스크바가 불탄 후 이곳에 주택이 들어서기 시작했고, 19세기 중반에는 시내에서 유일하게 유대인 상인의 거주가 허가된 유대인 게토가 들어섰다 소련 시절 그 자리엔 대형 고층 호텔 르시야가 있었으나 2006~2007년 철거되어 공터로 변했다. 2012년 푸틴 대통령은 도시 재생의 일환으로 이곳에 공원을 꾸밀 것을 제안했다. 뉴욕의 '하이라인 Highline' 고가철도 공원을 멋지게 디자인한 미국의 '딜러 스코피디오+렌프로 Diller Scofidio_Renfro 건축설계소가 국제 현상설계에 당선되었다.

러시아의 예술문화하면 샤갈, 칸딘스키, 말레비치란 화가를 떠올리지 않을 수 없다. 파리에 유학했던 샤갈의 '슬픔의 푸른색'은 그의 고향인 러시아에서 나온 것이다. 세련된 환상과 추상의 그림의 대부격인 칸딘스키 그림의 정신적 뿌리는 러시아이다. 1917년 러시아 볼셰비키혁명을 지지한 말레비치는 러시아 아방가르드 운동의 핵심화가이다. 1924년 레닌이 죽자 소련 정부는 아방가르드 미술운동에 제동을 건다. 이젠 회화는 부르주아 그림이니 그리지 말라는 것이다. 1932년 스탈린은 '사회주의적 사실주의' 장르야말로 프롤레타리아 미술이라면서 이 화풍을 적극적으로 밀어붙였다.

모스크바는 음악계에 있어서도 걸출한 인물들을 배출하였다. 라흐마니노프의 피아노 협주곡 2번은 우리에게도 친근하다. 대중적 고전음악인 '팝클래식'의 대표작이다. 모스크바 음악원에 다닐 때 1번 교향곡이 혹평을 받자 스물일곱 라흐마니노프가 우울과 신경증에 시달리면서 세상과 단절하고 이를 악물고 썼던 곡이다.

20세기 후반에 있어서 소련의 붕괴는 모스크바라는 드시에 엄청난 변화를 요구하였다. 그러나 변혁의 소용돌이 속에서도 오랜 역사를 지니고 있는 모스크바는 그 전통과 역사성을 움켜쥔 채 고행의 길을 가고 있다.

물론 모스크바뿐만 아니라 세계의 도시들은 그 격변의 시기를 맞이하게 될 것이다. 현재 진행되고 있는 변혁과 도시화 현상은 도시사회구성요소들을 재생시키고 재구성시킬 것으로 보인다. 이는 탈냉전과 국경 없는 시대, 과학정보 발달의 시대에 민족, 환경, 공해, 인구문제 등 실로 다양한 성격과 차원의 도시문제가 세계적 규모로 출현하고 있기 때문이다. 그 문제의 중심에 모스크바가 서 있다. 모스크바는 이러한 도시문제를 한꺼번에 떠맡았지만, 오랜 역사가 증명하듯 결코 포기하지 않을 것이다.

모스크바의 미래 모습은 모스크바라는 도시의 미래라기보다는 러시아의 미래 모습이다. 국가체계, 문명, 세계관. 러시아의 운명이 모스크바 안에서 자라고 있기 때문이다. 하지만 모스크바는 세계도시들과 경쟁하기에는 아직 장애요소도 많은 게 사실이다. 첫째, 사회적 불평등의 심화, 둘째, 도시문제 개선 정책의 미흡, 셋째, 도시 서비스 전달 체계의 비효율, 넷째, 도시경제성장의 침체, 다섯째, 자본이 지배하는 도시경제 시스템에 따른 사상과 정신의 황폐화로 요약될 수 있다.

이방인의 마음까지 묶어두는 이곳 모스크바에 잠시라도 머물러 본 사람은 안다. 이상하리만치 암울한 도시의 모습이 가슴 한 켠에 그리움으로 아려오는 아픔인 것을…. 크렘린은 오가는 사람들의 모습 속에, 작은 웃음과 작은 희망이 번지기를 기대해 본다.

유럽으로 열린 창

상트페테르부르크

Sankt Peterburg

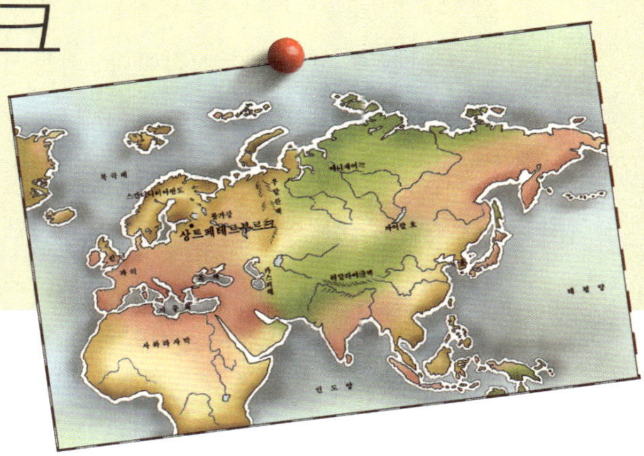

유럽으로 향한 기념비적 신도시

도스토옙스키의 '죄와 벌'의 무대가 된 상트페테르부르크

도스토옙스키의 '죄와 벌'에는 상트페테르부르크의 거리, 골목길, 운하, 광장, 공원, 다리, 건물들이 아주 잘 묘사되어 있다. 마치 도시건축 전문가처럼…. 그 중에서도 센나야 광장이라고 불리우는 광장은 소설에서 아주 중요한 공간이다. 19세기에 큰 건초시장이 열렸던 이곳은 고골리의 넵스키 거리와 대조를 이루는 지하세계에 해당된다. 이 신도시가 르네상스의 이상도시를 목표로 건설되었다면 도시의 이상점은 넵스키 거리에 두고 있고, 도시의 현실세계, 즉 지하세계는 센나야 광장을 중심으로 이루어진다고 할 수 있다. 도스토옙스키의 '죄와 벌'에는 유난히도 건축과 도시 시설물들의 디테일이 묘사되는데, 즉 큰길, 골목길, 다리,

공원, 진입구, 안뜰, 계단 등이 소설의 강한 버팀목이자 배경이 된다.

상트페테르부르크는 마치 정복을 기다리는 매력적인 여인처럼 우리 앞에 펼쳐지기 시작한다. 상트페테르부르크로 들어가는 길은 북유럽의 여느 도시에서 느낄 수 있는 널찍한 공간과 청정함이 그대로 살아 있었다. 도시의 높은 곳을 올라가면 지금까지와는 전혀 다른 세계가 펼쳐진다. 도도히 흐르는 네바강, 장대하게 펼쳐지는 유럽형 신도시의 모습, 그리고 강 건너 건물들의 고즈넉함. 심호흡이 절로 나온다. 햇볕에 여울지는 네바강가의 물비늘 바람결에 몸을 맡긴 이름 모를 나무들, 후두둑 날아오르는 갈매기들의 움직임은 보는 이의 가슴을 시원하게 열리게 한다.

상트페테르부르크는 모스크바에서 서쪽으로 700㎞ 떨어진 곳에 있는 신도시로 러시아 제2의 도시이며 200년 동안 수도의 역할을 해왔고, 러시아 제일의 학술·문화 도시였다. '유럽으로 열린 창'으로 1924년 레닌이 죽자 그를 기념하여 레닌그라드라 불리기도 했다. 1703년 5월에 세워졌으나 로마노프왕조가 대법원과 연방정부청사를 옮기는 데 시간이 필요했기 때문에 이 도시가 정식으로 러시아의 수도가 된 것은 1802년이 되어서였다.

1697년, 선진문화와 기술을 배우기 위해 서유럽으로 떠난 표트르 대제(1672년~1725년)가 조국에 돌아온 것은 본국의 총병대가 쿠데타를 일으켰다는 소식을 접하고였다. 귀국 후 쿠데타를 진압한 그는 이끼가 가득찬 습지와 진흙탕에 도시를 건설하겠다는 계획을 차근차근 실천에 옮겼다. 발트해를 거머쥐고 유럽을 자유롭게 왕래하고자 하는 그의 염원은 유럽에서 내로라 하는 큰 도시를 만드는 것이라는 의지를 불태우게 하였다. 이 길만이 러시아가 서유럽에 대한 콤플렉스에서 벗어날 수 있다고 생각했던 것이다. 스웨덴이 발트해를 턱 버티고 있는 바람에 유럽 통로가 봉쇄되자 그는 스웨덴과 북방전쟁을 일으켜 승리를 거두었고, 승전은 국민들을 도시건설에 동원할 수 있는 충분한 명분을 제공할 수 있었다. 우선 표트르 대제는 네바강 하구에 외침에 대비한 든든한 방어의 수단으로 요새 구축을 서둘렀고, 요새를 필두로 도시는 서서히 그 거대한 위용을 드러내기 시작했다.

표트르 대제는 유럽 선진도시의 계획방식과 건축양식을 골고루 받아들여 도시를 계획하되, 건축물은 모두 돌로 만들라고 명령했다. 이 당시 표트르 대제는 수만 명의 농민을 전국에서 차출하여 운하를 구축하고 다리를 놓고 건물을 지었다. 마치 황량한 사막에 도시를 세우는 것처럼….

18세기 이처럼 웅장한 스케일의 신도시가 계획되고 건설된 것은 당시 세계도시개발사에서 유례를 찾아볼 수 없는 일이다. 거창한 도시의 골격을 짜놓고 시작한 도시계획은 마치 아무도 없는 황량한 사막에 큰 도시를 건설하는 것과 같다. 막강한 전제군주의 권력을 가졌던 표트르 대제는 당시 엘리트는 물론 수만 명의 농민을 동원하여 신도시 안에 건물들과 운하, 다리, 그리고 거리를 차곡차곡 집어넣은 것이다. 유럽에 비해 사회경제적으로 후진성을 면치 못했던 러시아가 상트페테르부르크 신도시 건설을 계기로 유럽의 주요도시와 동등한 입장이 된 것이다. 이런 신도시 개발사업은 1703년에 시작되어 한 세기 동안 계속되었다.

1703년, 표트르 대제 1세에 의해 상트페테르부르크는 18세기 유럽의 도시사에서 그 역사를 찾아보기 어려울 만큼 거창하고 화려한 신도시였다.

진흙탕과 밀림이 전부였던 습지대가 도시의 면모를 갖추기 시작했으나 동원된 국민들(주로 농민)은 중노동과 배고픔, 혹독한 추위와 싸워야 했다. 도시건설 현장에서는 전장에서 죄 없는 병사들이 쓰러지듯 무수한 사람들이 죽어 나갔다. 이 도시건설에 묻힌 많은 희생자들 때문에 상트페테르부르크는 '사람 뼈로 이루어진 도시'라는 별명까지 얻을 정도였다.

서유럽과 북유럽 사람들은 짧은 기간에 이토록 유럽풍의 아름다운 도

상트페테르부르크의 젖줄이자 유럽으로 나가는 관문인 네바강 하구

화려한 신도시가 만들어진 18세기의 상트페테르부르크의 모습

시가 만들어진 것을 보고 경외의 찬사를 보내는 한편, 적지 않은 경계심을 가지게 되었다. 이 도시가 형성되자 유럽에서는 상트페테르부르크를 유럽의 일원으로 간주하기에 이르렀다. 도시가 유럽 사람들의 마음을 사로잡은 것이다. 러시아로서는 북방전쟁의 승리와 유럽형 도시의 건설로 유럽을 오가는 길목인 발트해를 굳건히 지킬 수 있는 교두보가 마련된 셈이다.

백야를 지나 잠시 어두워지더니 이내 아침 해가 둥그러니 솟아오른다. 구두끈을 고쳐 매고, 손가방을 챙기고 길을 나선다. 나직하고 완강한, 따스하고 부드러운 바람이 불어온다. 아침 해를 두 팔로 끌어안으며 어제와는 다른 길을 간다. 또 다른 곳에 우리의 발자국을 찍으러….

넵스키 거리는 역시 상트페테르부르크를 상징하는 거리이다. 모든 길이 로마로 통하듯이 상트페테르부르크의 길은 모두 넵스키로 통한다. 이 도로는 역사성, 상징성, 중심성을 지니고 있다. 가장 많은 사람들이 모이고, 상가, 은행, 공공건물, 그리고 도로가에는 주택이 늘어서 있다. 18세기와 19세기의 문호 도스토옙스키, 고골리, 푸슈킨 등이 이 도로를 무대로 글을 쓰고 이데아를 논하고 시상을 떠올렸다. 이 길을 통해 시민혁명이 일어나고, 이 길에서 시민들이 외치는 혁명의 목소리가 러시아뿐만 아니라 유럽까지 퍼져 나갔다.

상트페테르부르크의 길은 모두 넓다. 자연발생적으로 생긴 도시가 아니기 때문이다. 이 도로들은 시람보다는 대제를 위하고, 권위를 자랑하기 위한 것이다. 대로 중심의 이 도시는 중세도시의 모습을 간직한 대부분의 유럽도시들과는 엄연한 차별성을 지닌다. 중세형 유럽도시에는 큰 길이 없다. 직선형의 길도 드물다. 자유로움 안에 기하학적 질서도 찾아볼 수 없다. 어떤 도시의 도로는 도로폭이 일정하지 않고, 방향성도 모호할 정도다. 그러나 구불구불한 길은 도시 어느 곳에서라도 중심광장으로 사람들을 안내해 주며, 성당이나 시청사는 마치 사람들을 기다리고 있었던 것처럼 나타나게 마련이다.

러시아의 국민적 시인인 푸슈킨은 표트르 대제를 위해 〈행동의 기사〉를 바쳤다.

여기 바닷가에 굳건히 발을 딛고 일어서
유럽으로 나가는 창문을 이곳에 내도록….
그러면 민족의 깃발들이
그들에겐 새로운 파도를 타고
손님이 되어 우리에게 다가오리라.

푸슈킨 기념관과 18세기형 선박. 푸슈킨은 이곳 기념관 1층에서 시와 소설을 쓰면서 노년 생활을 보냈다. 작품으로 〈표트르대제의 역사〉 《대위의 딸》 등이 있다.

1716년 표트르 대제는 이 당시 알아주는 프랑스의 도시계획가인 르블롱 Alexandre Jean Baptiste Le Blond에게 도시의 종합적인 마스터플랜을 맡겼다. 1737년경에는 도시 및 건축위원회가 구성되어 해군성과 겨울정원을 도시의 핵으로 정하고, 방사선 형태의 3개의 간선도로를 축으로 하는 기본계획안을 수립하고 시행에 들어갔다. 이 3개의 간선도로상에는 관청, 상가, 주택들이 들어서게 되었다.

르블롱이 상트페테르부르크를 계획할 때 그는 마음속으로 르네상스 시기의 이상도시를 그렸다고 한다. 르네상스 시기의 이상도시란 방사환상형의 도시로서 도시의 중심에서 외곽으로 방사형 도로가 뻗어 나가고,

외곽에서 순환도로로 도시를 감싸주는 방식이다. 이 외곽순환도로는 외적의 침입시에는 성벽의 역할을 한다. 이런 관점에서 이 도시의 중심을 해군성으로 하고, 방사형 형태의 도시를 구축한 것은 분명 르네상스의 이상도시를 염두에 둔 것이라고 할 수 있다.

백야의 긴 새벽 이후 잠깐 나타나는 어두운 하늘. 밤하늘의 별이 수억 광년을 달려와 이 도시의 금빛 건축물들을 눈부시게 불태운다. 마치 시민들의 내면이 건물에 비쳐져 반사되는 것이 도시에서의 삶의 모양인 듯….

이 도시는 도시로서의 외관상의 격식은 모두 갖추고 있다. 건물, 광장, 공원, 오픈 스페이스 등 도시의 물리적 시설은 그 시설뿐만 아니라 그에 상응하는 공간을 요구한다. 이 도시에는 건물과 그 건물을 둘러싼 공간이 여유롭게 설계되어 있다.

여름궁전 역시 넓은 공간 위에 거창한 스케일로 세워진 도시 시설물이다. 여름궁전은 스웨덴의 침입에 대비하고 대제의 권위를 위해 세워진 페트로 파블로프스크 요새와 함께 왕의 여름철 휴식공간이다. 넓이는 무려 12ha나 되며, 근사한 조경에다 무성한 숲으로 둘러싸인 이 도시의 열린 공간으로 도시 사람들의 숨통을 트이게 하는 공간이라고나 할까?

상트페테르부르크를 보면서 멀리 두고 온 우리의 도시를 떠올려 보니 암울한 느낌부터 든다. 어느 도시가 어느 도시인지도 모를 만큼 똑같은 몰개성적인 도시들…. 천박하게 지은 도로변의 상가와 음식점들, 메스꺼울 만큼 현란한 간판들, 노점상과 주차해 놓은 차량들이 보도를 버티고 있는 모습. 이런 혼돈이 도시에 뿌리를 내리고 사는 우리를 우울하게 만든다.

모스크바의 상징이 붉은 광장과 크렘린이라면 상트페테르부르크의 상징은 아무래도 에르미타슈 박물관Ermitage이 아닐까 싶다. 프랑스의 루브

여름궁전

르, 영국의 대영 박물관과 함께 세계 3대 박물관으로 손꼽힌다. 표트르 때부터 니콜라이 2세에 이르도록 로마노프 왕조의 황금기를 그대로 옮겨 놓은 듯한 박물관은 화려하기 그지없다. 귀족들이 러시아 말보다 불어로 말하는 것을 멋으로 여겨 불어이름을 붙인 것이라니 이 당시 귀족들의 프랑스에 대한 동경심이 대단했던 것으로 여겨진다.

이 도시의 방문자라면 에르미타슈는 꼭 보아야 한다. 에르미타슈는 상트페테르부르크의 도시사이자 러시아의 역사이기 때문이다. 에르미타슈 박물관의 소장품들은 주로 표트르 대제의 딸 예카테리나 2세(1762~1796)가 유럽에서 수집한 것들이다. 이 당시에 예카테리나는 서유럽으로부터 4,000점 이상이나 되는 그림을 구입하였다. 이곳에는 유

상트페테르부르크 시내에서 본 유럽화된 여성의 모습

물, 조각 등을 포함하여 소장품들이 무려 250만 점에 달한다고 하니 그 당시 여왕의 옹고집이 세계적인 박물관을 이루어 놓았다고 할 수 있다. 레오나르도 다빈치, 고갱, 세잔 등 유럽 대화가의 대작들이 즐비하고, 현대작품인 피카소의 그림만 하더라도 36점이나 전시되어 있다.

폴란드 태생인 예카테리나는 15살 때 표트르 대공과 결혼하여 러시아인이 되었다. 야심이 컸던 그녀는 남편이 왕위에 등극하자 쿠데타를 모의하여 왕을 끌어내리고, 감옥에 가두었다. 그로부터 일주일 만에 남편이자 비운의 왕인 표트르 대공을 처형시키고 스스로 왕위에 올랐다. 그러나 그녀의 사악한 심성과는 대조적으로 러시아를 유럽에서 으뜸가는 문화국가로 만들겠다는 강한 집념으로 이를 추진하는 저력을 보여주기도 하였다. 클유체프스키에 의하면 '표트르가 러시아에 신체를 부여하였다면 예카테리나는 정신을 부여해 주었다'고 할 정도로 예카테리나 여왕 시기는 러시아 계몽문화의 극치를 이루었던 시기이다.

예카테리나 여왕이 만든 에르미타슈는 겨울궁전이라고도 부른다. 표트르 대제는 여름궁전을 지었고, 예카테리나 여왕은 겨울궁전을 만들어 놓은 것이다. 통치자들의 탐욕과 편견에 의해 그들의 권력을 과시라도 하듯 말이다. 수많은 백성들의 뼈 빠지는 노동과 눈물로 이루어진 겨울정원…. 겨울정원은 이 도시의 영욕의 역사의 한 장을 장식하는 장소이기도 하다.

20세기에 들어서서 상트페테르부르크는 노동운동과 공산혁명운동의 무대가 되었다. 러·일전쟁에서 패한 러시아에서는 1905년 1월 9일 겨울궁전에서 '피의 일요일' 사건이 일어났고, 이는 곧 여러 도시로 퍼져나가 황제 타도로 이어져 로마노프 왕조의 몰락을 가져왔다. 모스크바가 '러시아의 심장'이라면 상트페테르부르크는 '러시아의 머리'이다. 말 그대로 러시아 서구주의 운동의 선구자적인 존재이다. 그래서 학술, 문학, 음악, 연극, 발레 등에서 탁월한 능력을 발휘하는 도시이다. 그 후 1917년의 2월 혁명과 10월 혁명이 일어나 제정 러시아는 막을 내리고 세계 최초의 공산주의 혁명이 성공을 거두었다. 그리고 레닌에 의한 볼셰비키 혁명이 본격적으로 시작되었다.

공연예술은 중요한 도시예술이다. 극장은 도시의 물리적, 정신적 인프라이다. 상트페테르부르크에는 키로프와 마린스키 극장이 있다. 이 도시

상트페테르부르크의 차이콥스키 음악원을 방문하면

사람들은 마린스키를 볼쇼이 극장보다 더 훌륭하게 생각하고 있다. 이들 극장은 밀라노의 스칼라좌, 베네치아의 데아뜨로 라훼니체, 베르사유의 루이 15세 극장에 버금간다. 건축물과 예술의 깊은 내면적 연계를 지니도록 설계되었다고나 할까? 러시아 출신의 유명한 발레리나만 해도 마리아 다닐로바, 안나 라블로바 등이 있다. 이들이 실질적으로 세계 발레계를 이끌어 가고 있다. 이들 극장에서 공연되는 오페라는 유럽에서 들여온 것이지만 러시아에 도입되면서 러시아 각 지방의 민속음악과 접목되어 퓨전적 오페라가 만들어졌다. 예컨대 중앙아시아의 상쾌한 리듬이라든가, 코사크의 박력 있고 화끈한 동작, 시베리아의 간결한 율동, 그리고 슬라브의 음울한 분위기 등이 맞물려져 자아내는 러시아다운 오페라이다.

가지각색의 고무풍선을 매단 듯이 이 도시의 시민들은 불안하고 안정감이 없어 보인다. 장래에 대한 불확실성이 이 도시 사람들을 불안하게 만드는 것이다.

유럽의 도시 풍에 동양적인 요소가 가미된 도시

헬싱키 | Helsinki

디지털 강국답게 정보 접근성을 자랑하는 도시

적막하고 고요한 도시 헬싱키. 넘실거리는 파란 바다 위로 거대한 몸체를 기대고 서 있는 구름들. 그 뒤로 펼쳐지는 항구 주변의 높고 낮은 풍경 속에서 헬싱키의 색깔이 서서히 드러나고 있었다. 도시 주변에 펼쳐진 수림대, 얼음 위 바다에서 스키를 타는 시민들, 사우나를 일상적으로 즐기는 시민들, 짙은 블루의 의상을 즐겨 입는 여인들. 이 도시의 색깔을 파란색이라고 자신 있게 말할 수 있게 된 것은 이 도시를 두 번째 방문하고부터이다.

핀란드는 역사적으로 유럽의 중심에서 비켜나 있었다. 북방의 약소국인 핀란드는 유럽의 변방에 있으면서 강대국의 유린만 받아왔다. 중세의 12세기부터 600년간 북구의 강국 스웨덴의 지배를 받았고, 1809년부터

헬싱키 시내와 작은 섬을 연결하는 다리와 주변의 풍경

100여 년간은 러시아의 통치 속에 있었다.

헬싱키의 역사는 1550년부터 시작된다. 스웨덴의 구스타브 바사Gustav Vasa왕이 러시아 등 발트해 연안의 여러 나라와 교역하기 위한 중심지로 구축하기 위해 헬싱키Helsingfors라는 이름의 항구도시를 만들면서부터이다. 이 당시 핀란드의 수도는 투르크Turku였다. 북쪽의 강대국들인 스웨덴과 러시아는 역사 이래 서로 으르렁거리면서 몇 차례 전쟁을 치러 오던 사이이다. 1809년 스웨덴 지배하의 핀란드는 스웨덴이 러시아와의 전쟁에서 지자 러시아의 손에 들어가게 되었다. 러시아의 황제인 알렉산더는 핀란드의 수도인 투르크가 스웨덴과 너무 가까워서 핀란드를 원격조정하기가 쉽지 않다고 판단되자 수도를 러시아의 지척에 있는 지금의 헬싱키로 옮기기로 결심했다. 헬싱키는 러시아의 서부 해안도시인 상트페테르부르크 바로 바다 건너에 위치했기 때문에 러시아로서는 헬싱키를 본국 영토와 다름없이 다룰 수 있었다. 수도를 천도하기 위한 신도시가 생겨난 것이다. 이 신도시가 오늘날 에스푸와 반타지역을 포함한 인구 100만 명의 헬싱키 메트로폴리탄이다.

헬싱키라는 신도시 건설의 목표는 바다, 섬, 육지의 3대 환경과 조화하는 항구도시를 건설하는 것이었다. 종전의 목조건물들로 구성된 조그마한 항구를 낀 촌락이 석조건물 위주의 신도시로 탈바꿈하는 데는 그리 오랜 시간이 걸리지 않았다. 1748년, 헬싱키 앞바다에 있는 작은 섬들에 방어 요새를 구축함으로써 헬싱키를 더욱 더 안전한 도시로 꾸며나갔다.

헬싱키 도심은 독일 태생의 건축가인 엥겔의 도시설계에 의해 재정비가 이루어졌다. 세나테 광장 주변의 정부청사, 헬싱키 대학, 정교회 대성당 등은 1852년에 건축되었는데, 이 건물들은 모두 엥겔의 영향을 받은 것이다. 러시아 황제는 핀란드 대공을 겸하였지만 핀란드에 자치권을 주어 끌어안으려 하였다. 그럼에도 불구하고 핀란드의 자주독립운동은 대단했다. 러시아화를 강요하는 러시아 총독을 암살하는 사건이 1904년에 일어난 것이다. 마치 일본의 지배 아래 있던 우리나라 안중근 의사가 이토 히로부미를 암살한 사건과 너무 닮아 있었다. 그 후 얼마가지 않은 1917년에 러시아 혁명에 의한 제정 러시아의 붕괴로 핀란드는 독립주권국가가 되었다.

1944년 독일과 소련의 전쟁에서 핀란드는 독일 편에 섰다. 러시아의 통치를 받다 보니 러시아에 대한 저항감 때문에 독일로 기울게 된 것이다. 그러나 이것이 훗날 화근을 불러일으키게 되었다.

1944년 휴전 후 얼마 안 가서 소련은 1940년의 모스크바 조약을 강요하기에 이르렀다. 그동안 벼르고 벼르던 핀란드에 대한 앙갚음이 시작

헬싱키의 전차모습

된 것이다. 이 조약은 핀란드에게 엄청난 수치와 고통을 수반하는 것이었다. 핀란드의 카렐리야, 페트사모 지역의 할양, 그리고 항코 반도와 포르칼라 지구의 대여를 강요당했다. 성난 소련의 요구는 이것으르 끝나지 않았다. 배상금 3억 달러를 내라고 해서 가뜩이나 경제가 어려웠던 핀란드는 눈물을 머금고 이 돈을 소련에게 지불하였다. 제2차 세계대전과 소련의 횡포로 인해 핀란드는 전 국가 자원과 생산능력의 10%를 잃어버렸고, 40만 명 이상의 사람들이 집과 땅을 빼앗겼다. 전후 핀란드는 대소평화유지와 대소배상 문제, 그리고 경제부흥을 모두 완수하여 1952년에는 제15회 올림픽을 헬싱키에서 개최하는 위업을 달성하였다.

인구 110만 명의 헬싱키 메트로폴리탄 지역은 4개의 지방자치단체로 구성되어 있다. 인구 52만 명의 헬싱키가 그 중 하나이고, 헬싱키 주변의 반타Vantaa, 에스푸Espoo, 카우니아넨Kauniainen 시의 인구가 35만 명이며, 그 나머지 지역, 즉 헬싱키 중심에서 반경 20~40㎞ 지역 내에 약 21만 명이 거주하고 있다.

헬싱키의 도시개발 패턴은 방사형Radial-Concentric 개발 축을 따라 공간 구조가 구축된 형태이다. 방사선 도로망에 도시고속도로가 60년대에 건설되자 그 이후 이 방사선상에 토지이용이 활발하게 일어나게 되었다. 도시고속도로는 그 이전까지 개발이 미미한 수준이었던 헬싱키 교외지역의 도시화를 부추겼으며 이는 헬싱키를 대도시 지역으로 탈바꿈하는 계기를 마련해 주었다.

교외지역의 지역경제와 인구 성장은 괄목할 만하다. 유럽의 오래된 도시에서 흔히 볼 수 있는 도시 내 지구 간, 그리고 사회계층 간의 불균형은 찾아볼 수 없다. 유럽에 있어서 도시의 권력에서 소외된 계층, 그리고 이들이 겪는 문제들은 항상 도시문제가 되어 왔다. 헬싱키는 적어도 이런 문제들로부터는 비교적 자유롭다고 한다.

헬싱키는 도심에 있어서 환경보존과 도시정비가 공존하는 도시계획과 관리가 두드러지게 나타나는 도시이다. 도시발전의 기본적인 전제를 지속적인 발전Sustainable Development에 두고 지형공간을 이용한 도시경관의 관리와 역사 유적지의 보존에 주력해 오고 있음을 알 수 있었다.

1970년대 이후에 등장한 헬싱키 지역의 도시공간 구조계획의 목표는 다핵구조Polycentric Structure이다. 크게 보아서 헬싱키 주변을 9개 주변도시Subcenter로 보고 이 9개 지역을 다핵구조로 육성한다는 것이다. 현재 구상하고 있는 헬싱키 메트로폴리탄의 마스터플랜Plan에 의하면 궁극적으로 이들 다핵을 연결하는 외곽순환 도시고속도로망을 건설하여 도시 간의 접근성을 높여주는 계획을 진행하고 있다고 한다.

핀란드의 정보 접근성 또한 대단하다. 핀란드에서 노키아Nokia와 같은 세계적인 휴대폰 회사가 탄생된 것은 결코 우연이 아니다. 비록 노키아는 애플이나 삼성에 눌려 요즘에는 기를 못펴고 있긴 하지만, 그들은 넓은 지역을 서로 연결시키기 위해서 정보통신망이 필요했기 때문에 노키아를 필두로 정보기술산업을 육성한 것이다. 이로 인해 핀란드는 세계 10대 지식산업단지로 손꼽힌다. 정보기술의 발달은 기존의 정보와 기술에 대한 정보를 훨씬 더 빠르고 폭넓게 보급시키게 되었고, 최첨단의 정보기술 자체가 심오한 정보화를 부추기게 되었다. 따라서 헬싱키, 핀란드와 같이 효과적인 정보통신 네트워크를 구축하지 못한 도시 또는 국가는 전 세계를 무대로 펼쳐지는 치열한 경쟁에서 살아남기 힘들다.

헬싱키는 바야흐로 세계적 창조도시로 발돋움을 하고 있다. 헬싱키의 어떤 창조요소가 창조도시를 만들었는지 살펴보자. 헬싱키의 경제활동과 발전은 우수한 항만시설, 내륙 여러지역과 잘 연결된 철도·도로망에 바탕을 두고 있다. 핀란드 총수입물량의 1/2 이상이 헬싱키 항구를 거쳐간다. 헬싱키의 주요산업은 식품·금속가공, 인쇄, 섬유, 의류 등이다. 베르트실레 조선소와 유럽에서 규모가 가장 큰 아리비아 도자기류 공장은 국제적으로도 유명하다. 헬싱키는 여러 극장과 오페라단 및 발레단, 그리고 교향악단이 있다. 매년 개최되는 헬싱키 축제에서는 세계적으로 유명한 교향악단, 예술가들이 다양한 예술프로그램 등을 선보인다.

헬싱키는 핀란드 문화산업의 거점으로서 출판, 미디어, 건축, 패션사업 등이 창조산업으로 자리매김하고 있다. 헬싱키는 문화, 예술 교육시스템이 잘 갖추어져 있어서 아마추어들의 예술활동의 활성화되어 있다. 이 같은 문화·예술 인프라로 인해 헬싱키의 주민들은 다양한 예술활동을 접할 기회가 많다.

아라비안란타지구의 모든 도시 구성원이 무선 통신으로 가상공간에서

헬싱키 중앙역 근처의 꽃가게에서

도시를 접할 수 있는 Helsinki Virtual VillageHVV라는 프로젝트를 진행하고 있다. 이를 통해 도시와 무선 커뮤니티가 일체화된 세계 최초의 도시 모델을 만들고 있다.

시정책에 있어서도 문화·예술교육을 강조하여 헬싱키 예술교육학교로, 안난탈로Annantalo 아트센터 등의 문화 교육시설을 설립하였다. 케이블팩토리의 보존을 위해서 전략적으로 예술가와 문화적 인사들의 힘을 모아 케이블팩토리의 공간활용을 함으로 문화 예술의 중심지로 변모시켰다. 다양성을 중심으로 사회적 네트워크 구조화를 모색하였다.

문화적 다양성 속에서 창조계급의 육성책을 펼치고 있는 헬싱키는 예술의 중요성을 인식하고 예술인프라(소프트 및 하드) 구축에 힘써 왔다. 이로 인해 예술가의 집적뿐만 아니라 주민 참여적인 예술도시를 만들 수 있게 되었다. 도시와 무선커뮤니티가 일체화된 도시로 변모 중이며 가상마을 등 창의적 실험을 지속적으로 추진하고 있다.

지역 발전에도 첨단 기술과 문화적 요소가 영향력을 크게 미치고 있다. 헬싱키 출신의 엘리엘 사리넨Eliel Saarinen(1873~1950)은 파리만국박람회의 출품작인 핀란드의 설계로 주목받게 된 건축가이다. 대표작은 헬싱키의 국립미술관(1902)과 헬싱키 철도역(1919)이다. 그의 건축설계에는 음악의 영향이 컸다고 한다. 그는 음악을 만드는 작곡법과 건물디자인의 설계 철학을 같은 것으로 보았다. 멜로디, 화성, 리듬 등의 요소들이 상호작용하면서 연속과 확장, 반복과 대립하는 개념이 건축에도 그대로 작용한다는 것이다. 건축과 음악은 오래 전부터 공존해 왔다.

알베르티의 '건축에 관한 것' 이란 책에 의하면 르네상스의 건축가는 음악의 비례를 건축의 비례체계에 받아들었다고 한다. 알베르니는 "건축에 있어서의 아름다움이란, 각 부분의 비례가 종합되어 조화로운 전체를 이루는 것을 말한다. 이러한 건축의 조화는 수의 비율을 통한 음악의 조화와 거의 동일한 방식으로 얻을 수 있다." 건축가들이 설계시에 음악적 척도를 간접적으로 활용하고 있었음을 알 수 있다.

모더니즘 건축가 르 꼬르뷔지는 미술에 대한 감각이 우수했지만 동시에 음악에도 깊은 지식을 지니고 있었다. 그는 음악을 도시 및 건축 설계에 적절히 적용하였다. 음악이 얼마나 훌륭한 건축의 재료가 되는지 롱샹성당, 라 뚜렛 수도원, 필립스관에서 모듈러는 음악의 비례 체계인 음계에 상응하는 건축의 피수 체계인 것이다. 그가 창조한 모듈러는 그 후 건축치수를 결정하는 토대가 되었다.

잠시 숨을 돌리고 노천카페에서 맥주를 찾았다. 주변에는 알코올중독자로 보이는 부랑아 모습의 청년들이 맥주병을 들고 아무렇게나 주저앉아 있다. 핀란드도 복지국가를 자랑하는 다른 북유럽 국가들에게서 볼 수 있는 복지병에 걸린 것은 아닐까? 그러나 스톡홀름에서 흔히 보이는 맥 빠진 사람들은 이곳에는 그다지 많은 것 같지는 않다.

헬싱키는 근대도시다. 그래서 다른 유럽도시에서처럼 고성이나 대성당과 같은 문화유산이 드물다. 근대 건축물의 예로서 신고전주의 양식으로 세워진 중앙역은 1914년에 세워졌고, 149m 높이의 시계탑이 곁들여져 있다. 러시아 지배에 대한 저항음악인, 〈핀란디아〉의 작곡가인 시벨리우스(1865~1957)를 기념하기 위해 세워진 핀란디아 홀도 1971년에 만들어졌다. 핀란디아 홀은 시당국에서 시민공원 안의 연못가 부지를 할애해서 시민들에게 시민문화홀을 만들어 주겠다는 의지가 반영되어 지어진 것이다. 건축디자이너인 알바 알토Alvar Aalto는 건물 전체를 하얀 이태리 대리석으로 처리했고, 대리석의 일부 표면이 떨어져 나와 자연스런 분위기를 내도록 한 것은 핀란드의 자작나무 껍질이 벗겨져 나오는 데서 영감을 얻었다고 한다. 홀 내부는 기능적인 면을 고려해 공원 쪽의 형태와 유연하게 변화할 수 있게 설계했다.

바다에서 본 헬싱키. 오른쪽으로 멀리 루터 대성당이 보인다.

헬싱키에는 60여 개의 박물관, 그리고 세계적으로 알아주는 근대 건축물과 디자인을 만날 수 있다. 특히 알바 알토와 엘리엘 사리넨의 작품은 명작이다. 18세기에 지어진 수오메린나 요새와 같은 18세기 건물을 접할 수 있는가 하면 20세기에 지어진 많은 현대식 건물을 느낄 수도 있다. 헬싱키의 대표적인 상징거리는 중앙역과 나란히 동서로 이어지는 알렉산테린 거리Aleksanterinkuku, 에스플파나디 거리Etelaesplanaid, 그리고 중앙역을 기준으로 서쪽에서 북쪽으로 이어지는 만네르헤이민 거리Manner-heiminite들이다. 이들 세 개의 거리만 친숙해지면 이 도시의 방향성이 금방 잡히게 된다.

가우파라고 하는 시장광장 또한 독특하다. 광장 가까이 대통령관저가

시벨리우스 공원에 세워진 파이프 오르간. 에리아 헬트넨의 작품이다.

다가서 있는데, 시민들이 대통령관저를 손으로 만질 수 있을 만큼 가깝다. 시민들에게 다가가려는 시민 친화적 '권위'를 실감하면서 우리와는 사뭇 다르다는 느낌을 받는다. 가우파 광장의 동쪽다리를 건너면 카타야노카 섬이 그 자태를 드러낸다. 다리 옆에 우뚝 서 있는 러시아 정교회 대성당. 러시아가 19세기 핀란드를 지배할 때 세워 놓은 비잔틴 슬라브 양식의 성당이다. 붉은 벽돌의 반구형 천장에는 그리스도와 12사도의 벽화가 그려져 있다.

헬싱키에서의 또 하나의 볼거리는 템펠리아우키오 교회이다. 국립박물관 서쪽 바위산에 1969년에 세워진 이 교회는 록Rock교회라고 불리우는데 바위 위에 세워진 모습이 자연스럽게 주위환경과 어울린다. 언뜻

경전철(노면전차)이 다니고 있는 헬싱키 시내모습

보기에 교회처럼 보이지 않게 설계한 수오마라이넨 형제 건축가의 설계 의도를 읽을 수 있다.

시벨리우스 공원은 핀란드 출신의 작곡가 시벨리우스를 기리기 위해 만들어 놓은 숲으로 된 열린 공간이다. 공원에는 24톤의 강철을 퍼부어 만들어 낸 대형 파이프 오르간을 상징하는 조형물이 방문객을 압도한다. 철이 주는 딱딱한 이미지 때문인지 그다지 아름다운 형상은 아니다. 파이프 오르간 바로 옆에 시벨리우스 초상이 바위 쪽으로 붙어 있다. 파이프 오르간과 초상은 에리아 헬트넨이란 조각가가 1967년에 만든 것이다. 만데르헤이민 거리의 상징물인 국립박물관은 1902년에 사리넨이 주도하여 1916년에 비로소 완공되었다. 2,050m의 부지에 선사시대, 중세의 역사를 한눈에 볼 수 있다. 종교미술품과 16~19세기의 실내장식품들이 대부분을 차지하고 있다.

헬싱키를 주름잡던 유명한 건축가 3인을 빠트릴 수 없다. 때는 1896년. 젊은 건축가 3인 헤르만 게셀리우스, 아르마스 린드그렌, 엘리엘 사리넨이 모였다. '헬싱키의 건축, 도시설계를 획기적으로 변모시키자'라고 결의하고 각종 건축설계경기에 참여하게 된다. 1900년에 개최되었던 설계경기에서 핀란드관의 설계작품이 세계적으로 우수하다는 평을 받으면서 이들은 일약 스타로 떠올랐다. 이들은 핀란드에서만 70여 개의 건물을 설계하였다. 헬싱키 중앙역, 국립박물관, 국립극장도 이들의 작품이다. 이들은 핀란드를 대표하는 건축가로서의 자리를 굳혔다. 1904년 헬싱키 교외의 비트 레스크(하얀 호수)에 이들 3인의 건축가들이 각자가 설계한 집을 나란히 건축하여 서로 통하도록 하였다. 실내의 가구들도 이들이 손수 디자인하였다.

헬싱키를 수도로 가지고 있는 핀란드는 작지만 강한 나라다. 1990년대 초반 소련 특수가 없어지면서, 실업률 20%에 시달리던 나라이다. 이때 핀란드는 국가부도라는 벼랑까지 내몰렸다. 이런 나라가 어떻게 지금은 강소국이 될 수 있었을까? 정보통신을 주무기로 하는 전략이 먹혀 들어간 것이다. 목재와 펄프의 나라를 IT국가로 변모시킨 것이다. 물론 목재와 펄프도 계속해서 효자 노릇을 하고 있지만, 전 국민의 인터넷 이용률이 전세계 평균보다 100배나 높은 디지털 강국으로 거듭 태어난 것이다. 그야말로 작지만 강한 국가가 된 것이다.

새벽 어둠이 고개를 숙이고 지나가며 인사를 하는 순간, 헬싱키는 아직 잠에서 깨어나지 않았다. 희뿌연 안개 속에 항구의 가로등이 깜박거린다. 갈매기들이 모여 앉아 바람에 깃털을 날리며 하염없이 수평선을 바라보고 있다. 이 도시는 근대 유럽의 도시 풍에다 동양적인 요소가 가

헬싱키 앞 바다의 작은 섬에 정박한 배들

미된 이미지를 연출해 내고 있다. 러시아의 영향으로 비잔틴과 오리엔트의 체취가 이곳에 침투했음을 누구나 짐작할 수 있다.

그래서인지 헬싱키는 같은 스칸디나비아 3국인데도 오슬로, 스톡홀름과는 또 다른 모습을 드러내고 있다. 청정하긴 해도 느슨한 구석도 있다. 길가에 버려진 담배꽁초, 휴지조각, 그리고 덜 정돈된 거리의 모습. 도시관리시스템의 어느 측면에서는 잘 작동이 안 된다는 의미이다. 이런 면이 우리에게 보다 친숙하게 다가오는 것은 조금 씁쓸하기까지 하다. 그럼에도 불구하고 헬싱키 시정부의 도시 전체에 대한 환경 친화적 개발의 정책목표는 일단 달성되었다고 보는 것이 올바른 판단일 것이다. 그러나 아직도 도시계획을 주관하고 운영하는 시스템이 경직되어 있고, 전향적인 사고가 미흡하여 변화하는 시민의 욕구를 제대로 반영하지 못하고 있다(James Berry, 1995). 도시의 외연화Suburbanization에 따른 도시철도와 도시고속도로 등 인프라를 끊임없이 구축해야 함에도 예산의 부족을 이유로 사업이 지체되고 있다. 복지국가를 표방하고 있기 때문에 시정부의 예산 대부분을 복지예산에 지출하고 있다는 헬싱키시의 도시국장 얘기가 귓전에 들리는 듯하다.

러시아가 핀란드를 지배할 때 세워놓은 비잔틴 슬라브 양식의 성당

해맑은 수면과 깊숙한 숲이 독특한 아름다움을 만들어내는 도시

스톡홀름 Stockholm

눈부신 지상의 은빛과 맑디맑은 천상의 푸른빛이 어우러진 환상의 도시

하마비 허스타드는 친환경도시의 따뜻한 도시미학을 상상하게 만드는 힘이 있다. 꽃, 나무, 바다, 바람, 건물, 거리 등 도시 풍경을 통해 이 도시에 새겨진 '도시와 자연과의 조화'의 진수를 눈으로, 그리고 가슴으로 느끼게 해준다. 북유럽의 수상도시 베네치아로 불리는 도시 '하마비 허스타드'. 이 도시는 유럽풍 건물들과 함께 도시 사이로 물이 흐르는 풍경이 마치 베네치아와 같다는 의미에서 이처럼 불리운다. 하마비 허스타드는 친환경 도시, 생태도시로 세계사람들의 주목을 받고 있다. 이 도시의 계획철학은 '지속가능한 생태도시'이다. 하마비 허스타드는 스톡홀름 도심에서 남쪽 5km에 위치하고 있으며, 인구 2만 5,000명, 건축연면적 2,500,000로 계획된 도시이다. 하마비의 계획배경을 살펴보면, 제1차

세계대전 이후 호수 주변으로 산업화가 이루어지면서 공장의 입지 등으로 산업 활동이 활발하였으나 제조업의 쇠퇴로 인해 도시기능이 저하되었다. 이러한 문제의 해결과 스톡홀름 주택수요를 충족시키기 위해 1992년 하마비 호수 주변지역을 친수·자원순환형 생태친환경적 도시를 계획하게 되었다.

도시건축디자인에는 르네상스, 바로크, 모더니즘, 포스트모더니즘 스타일의 다채로운 건축양식을 도입했다. 태양광 발전을 비롯하여 풍력이나 지열과 같은 친환경에너지를 활용하여 도시주요 에너지원으로 활용하는 친환경도시를 만들어 낸 것이다. 즉, 하마비 모델이라는 자원순환 모델을 구축·적용함으로써 에너지, 폐기물 순환이 이루어지도록 하였다. 토지이용측면에서는 네 개의 물길을 대지 안 깊숙이 끌어와 수변공간을 최대한 많이 조성하여 규모가 큰 공원을 끌어안고 배치되는 주거동을 조성함으로써 수변공간과 녹지가 풍부한 주거지역을 개발하는 계획을 실천하였다.

하마비의 주거단지는 중정형 디자인을 기본원칙으로 하여 수변공간을 통한 바람 및 공기가 순환되도록 계획하였다. 경전철과 버스노선 등의 대중교통 중심으로 계획하였다. 한 가족의 차량대수를 1.5대로 제한하고, 경전철 및 수상택시 운영, 카풀제의 도입, 자전거 이용 활성화 등으로 대기오염을 최소화시켰다. 녹지 및 오픈스페이스 계획은 수변공간에 초지를 조성하여 오픈스페이스를 조성하고, 녹지에 식용작물을 지배하는 등의 생태도시 요소를 모두 갖추고 있다.

파란색 잉크를 풀어놓은 듯한 해맑은 수면 위로 조각 같은 배가 떠 있고, 하얀 물결이 일렁인다. 스톡홀름의 해는 길게 수면 위로 떨어져 황금빛으로 그리고 다시 붉은빛으로 변해가곤 한다.

스톡홀름 부근의 약 1,200개의 섬들이 미로처럼 수로를 만들어 스웨덴

스톡홀름 앞 바다에서 바라본 시내

식 다도해 경관을 보여준다. 그래서인지 시민들의 정서가 물과 매우 가까이 있다.

도시학자인 루이스 멈포드Lewis Mumford는 도시를 단순히 생활공간이 아닌 의식적인 예술작품으로 승화시켰다. 그는 '정신은 도시 속에 형태를 갖추고, 거꾸로 도시의 형태는 정신을 형성한다'라고 했다. 스톡홀름을 보면 스톡홀름 정신이 도시형태를 만든 걸 곳곳에서 감지하게 된다. 스톡홀름은 북유럽의 숲과 바다가 어우러져 독특한 아름다움을 지닌 도시이다. 한여름 밤의 백야는 '잠 못 이루는 스톡홀름'의 하얀 밤을 지새우게 하고, 겨울 하늘을 아름답게 수놓는 오로라는 북구의 신비로움을 자아낸다. 넓은 수면과 운하 때문에 흔히 '북구의 베네치아'라는 별명으로 불린다.

스칸디나비아족은 일찍이 빙하시대 후반인 BC 13,000~10,000년에 지금의 스웨덴으로 들어와 살았다고 한다. 그러다가 스웨덴이 역사의 전면에 부각되기 시작한 것은 노르만족인 바이킹이 해상에서 활동하던 9세기경부터라고 알려져 있다. 고국 땅인 스칸디나비아에서 바이킹들이 다른 나라로 진출한 것은 인구의 증가로 인한 토지의 과밀화 때문이다. 한랭하고 메마른 땅에서 온난하고 비옥한 땅을 얻기 위하여 감행한 제2의 민족대이동이라 할 수 있다. 일찍부터 뛰어난 항해술을 가진 그들에게 전쟁과 모험, 전리품의 갈망 등은 해외진출을 더욱 부채질하였다. 무자비한 침입과 싸움, 약탈 등으로 스웨덴인들은 다른 유럽 국가들에게 공포의 대상이 되었고, 비잔티움과 바그다드로 통하는 무역로까지 장악하였다.

11세기 중엽 바이킹이 몰락하고부터 300여 년간은 북구 전역이 내전으로 인해 암흑의 시대였다. 1266년 횔크웅아 왕조를 시점으로 본격적인 왕정통치시대로 접어들었으나 군사적으로 스웨덴이 북구에서 맹위를 떨치던 시대는 1611년 왕위에 오른 구스타브 아돌프 2세 때부터이다. 1648년에는 스웨덴이 독일 북부의 광대한 땅과 러시아의 일부 등을 손에 넣게 되어 유럽의 강대국이 되었다. 그러나 1700~1720년까지 지속된 북방대전에서 덴마크, 폴란드, 러시아의 침공을 받아 대국의 시대도 막을 내리게 되었다.

1870년에 와서야 비로소 스웨덴은 가난한 농업국에서 산업국으로 변모했고, 이때 국민소득이 증가하게 되어 1900년대에 들어서는 세계적인 산업국가로 자리매김하게 되었다. 1944년 채택된 사회복지제도는 사회주의적 혼합경제의 산물로 스웨덴의 국교인 루터파 신교의 교리에 그 뿌리를 두고 있다.

스웨덴 말뫼의 토르스아파트

스웨덴은 19세기 후반 이후 유럽의 어느 나라와도 전쟁에 참여하지 않는 비동맹 중립정책을 취해 왔다. 두 차례의 세계대전 때에는 중립국의 수도로서 외교활동의 무대가 되었으며, 제2차 세계대전 후에도 핵무기 금지운동을 비롯하여 국제적인 회의가 많이 열리고 있다.

1250년, 스타텐 섬에 세워지기 시작한 스톡홀름은 광장을 중심으로 교회, 시장, 구불구불한 작은 길이 도시의 오랜 역사를 보여주고 있다. 게다가 1255년에는 한자동맹Hansa Leage에 속하는 항만도시로서 그 기반을 탄탄히 구축해 나갔다. 그 뒤로도 스톡홀름의 영화는 계속되었다. 17세기 초, 크리스티나 여왕은 집권하자마자 이 당시 수도를 웁살라에서부터 스톡홀름으로 천도하고 종합적인 도시계획을 세우기에 이르렀다. 스타텐 섬을 중심으로 이 종합계획안에 따라 도시정비가 이루어졌고, 이때부터 바로크풍의 건물이 이 도시에 들어섰다.

도시개발을 네 단계로 구분하면, 첫 단계가 중세의 감라스턴의 왕궁을 중심으로 한 구시가지 개발이다. 두 번째 단계에서는 17세기부터 진행된 도시계획의 산물로 현재의 도심과 격자형 도로, 그리고 5층의 건물군 형성이다. 세 번째 단계는 하워드E. Howard의 전원도시 사상에 영향을 받아 1905년부터 1930년까지 개발된 교외 전원도시의 개발이다. 그리고 마지막 단계는 제2차 세계대전 이후부터 지금까지의 도시화에 대응하는 신도시의 개발이라고 할 수 있다.

스톡홀름 교외 신도시 개발의 철학적인 배경을 제공한 개념은 멈포드와 패리 등의 '근린지구'이론이다. 신도시는 도시 스스로가 자족적인 기능을 확보함을 원칙으로 하고, 기능적, 사회적, 건축적 요소를 모두 고려하여 계획되었다. 이를 ABC원칙이라고 하는데, 스톡홀름의 교외 신도시는 거의 모두 이 원칙에서 계획되었다. 여기서 A는 일자리Arbeter, B는 주택Bostader, C는 교통 및 도시서비스의 중심Centrum을 의미한다. 하나의 신도시는 네 개의 근린지구를 기본단위로 구성되고, 각 근린지구는 3~5개의 주택지구로 나누어지는데, 지하철을 통해 도심, 즉 스톡홀름으로 연결되고, 근린지구 간은 도로로 연결되며, 각 지구도로는 간선도로 또는 도시고속도로로 연결된다. 스톡홀름 시내의 도시계획에 있어서도 각 지구가 골고루 서비스가 전달될 수 있으면서 어느 지구나 평등한 도시의 환경을 조성한다는 형평성의 계획철학을 그 바탕에 깔고 있다.

사실 근린지구이론은 모더니즘 도시계획원리에서 나온 것이다. 모더니즘은 19세기에 도시를 성격지었던 계몽주의와 근대주의에 대한 반발로 나타났다. 19세기 도시는 무질서하고 오염된 도시를 상징하고 있었다. 주택난과 도로시설의 부족 등이 대표적인 문제로 등장했다. 19세기 후반에는 당시 이런 도시문제에 대한 치유책으로 하워드Howard의 전원도시와 같은 대안 도시들이 태어나게 되었다. 근대도시에서의 도로는 주로 방사환상형 도로형태를 나타내었다. 1920년대에 "근대사회의 위대함은 도시의 위대한 성장에 있다"고 말했던 버제스Burgess는 도시의 지형, 지세를 무시하고 도해법을 동원하여 동심원의 모양으로 단순한 도시를 그리기도 하였다. 모더니즘이란 시대정신은 세계대전의 발발과 공산주의 등의 출현으로 점차 설 땅을 잃어간다.

1920년대에는 모더니즘의 개화기였다. 기능주의는 모더니즘을 떠받치는 원동력이 되었다. 발터 그로피우스Walter Gropius와 아돌프 마이어Adolf Meyer의 1926년의 '바우하우스 정신', 1922년 르꼬르뷔제의 '빛나는 도시', 미스 반 데어 로에Mies Va Rohe의 "단순한 것이 더 좋은 것이다" 등은 모더니즘을 대표하는 사상이었다. 이런 사상을 뒷받침하듯 모더니즘적 도시계획은 기능성을 앞세워 보다 많은 사람들에게 평등하게 일터와 쉼터를 제공한다는 원칙으로 일관하였다.

과거의 흔적이 남아 있는 감라스턴으로 이동하다 보면 시간의 흐름을 눈으로 확인하는 것도 빼놓을 수 없는 즐거움이다. 과거 중세의 모습을 고스란히 간직한 감라스턴. 바닥돌이 닳고 닳아 윤기가 흐른다. 좁고 구불구불한 골목길이 더더욱 이 도시를 자연스럽게 대하게 한다. 지금은 옛 건물들을 리모델링하여 건물 1층은 기념품 가게, 갤러리, 카페, 식당 등으로 변모하였다.

감라스턴이란 말은 '오래된 마을Old Town'의 뜻이다. 역사적인 가치를 보전하자는 시민의 목소리가 모아지자 1978년 스톡홀름시는 감라스턴을 'S-Plan'이란 지구단위계획에 의해 보전지구로 지정하였다. 감라스턴

스타텐 섬에 있는 중세시대의 건물군들이 풍겨내는 중후한 도시 분위기

의 복원과 관리를 위한 책임부서는 물론 시정부이다. 시는 이 지구의 개별 건축물의 개축과 보수계획을 사전 점검하여 인가 여부를 정밀하게 검토한다. 보조금을 지원하여 이곳에 사는 주민과 상점주인들이 불이익을 당하지 않도록 배려하기도 한다. 시유지나 시소유 건물은 시립 스타즈홈멘 공사AB Stadshol-men로 하여금 건물의 복원과 유지보수를 하도록 하고 있다.

감라스턴을 보면 우리의 고도시 경주가 생각난다. 과연 경주의 원형을 간직하려는 시정부의 노력은 얼마나 확고할까? 고도지한과 나홀로 빌딩의 억제, 지형을 흐트리지 않는 굴곡도로의 유지, 이질적인 형태와 현란한 간판들의 규제 등 오늘의 고도시가 아니라 내일의 고도시를 염두에 둔 도시관리 철학이 필요할 것으로 보인다.

감라스턴이란 오래된 마을을 복원하고 관리하는 것을 보고 우리도 커뮤니티 단위의 도시계획에 눈을 돌릴때가 되었다는 걸 느끼게 된다. 예컨대 서울의 동네들은 역사가 깊고, 동네마다 개성이 있다. 시민다운 삶을 능동적으로 추구하기 위해서는 우선적으로 내가 사는 동네를 주체적으로 가꾸는 일이 일어나야 한다. 열려진 도시, 개방된 도시에서 시민 각자의 정체성Identity를 찾고 유지하려면 동네가 살맛 나는 동네가 되어야 한다. 시민은 동네에서 자고, 휴식하고, 사람들과 만나고, 접촉하고, 울고, 웃고 즐거워하는 「자기다움」을 발견하고 새로운 가능성과 꿈과 낭만을 키워갈 수 있는 곳이 되도록 꾸며져야 한다. 이 길만이 동네의 장소성을 구축하게 되는 것이다. 그러므로 동네는 이를 위한 기회와 소재와의 만남을 끊임없이 제공해 주는 주민의 생활의 터전이 되어야 한다.

이를 위해 동네의 공공정책 관련사항에 주민들이 자발적으로 참여하고 기여하는 분위기를 유도하는 일이 필요하다. 동네의 환경개선에 동네사람들 스스로가 앞장서야 한다. 동네에 그동안 남의 눈에 띄지 않은 채 파묻혀 있는 동네의 재산을 관리하면서 동네를 키워가는, 즉 가꾼다는 의식이 자리잡아야 한다.

동네축제, 연극공연, 미술감상회, 동네토론회, 음악연주회가 연속기획으로 지속적으로 이루어질 수 있도록 하고 아카데미 프로그램을 운영하면서 동네사람들의 교육과 참여의 장을 만든다. 즉 앞으로는 동네가 동네사람 각자의 자아실현의 장(場)으로 생동감 있는 역할을 할 수 있을 것이다.

스웨덴은 영국처럼 왕이 통치는 하지 않는 입헌군주국이다. 그래서 그들의 수도에는 왕이 거주하는 왕궁이 있기 마련이다. 감라스턴의 북쪽에는 1754년에 지은 왕궁이 있다. 다른 나라 왕궁에 비해 소박함을 금세 느낄 수 있는 서민적인 왕궁이다. 600여 개의 방을 지니고 있는 왕궁에는 12명의 역대 국왕과 여왕들의 보물을 전시해 놓은 보물방이 방문객들의

구시가지인 감라스턴의 고색창연한 모습

눈길을 머물게 한다. 현 국왕은 이곳에서 배로 40분 거리에 있는 드로트닝홀름 궁전에 머물고 있다. 이 궁의 궁정극장은 18세기 극장의 원형을 그대로 간직하고 있는데, 지금도 연주회 등의 행사가 열리곤 한다.

1950년부터 스톡홀름 시당국은 도시 재정비계획을 수립하여 실천에 옮기기 시작했다. 우선 도심지의 일부를 재개발하여 상업지구와 공원을 확충하였고 노후시설의 복원을 통해 시가지를 새롭게 단장하였다. 스톡홀름 역을 중심으로 동쪽으로는 상가와 은행, 인쇄소, 신문사 등이 자리 잡고 있다. 중앙역에서 얼마 떨어지지 않은 곳에 1911년부터 1923년에 지어진 아름다운 시청사가 드러난다. 아름다운 벽돌과 고딕식 창문, 106개의 뾰족탑이 멜라렌 호수에 떨어져 비춰지는 모습은 여행객의 발길을 사로잡는다. 90여 년밖에 되지 않았건만 옛 성 같기도 하고, 궁전 같기도 한 외양 때문에 중세분위기를 자아내고 있기도 하다. 20세기 초에 지은

스톡홀름의 바사(Vasa) 왕궁과 성채. 1540년 완공된 건물이다.

바다에서 바라본 스톡홀름. 하늘, 도시, 바다, 배가 조화롭게 어울려 있다.

대표적인 스톡홀름 근대건축물이다. 시청사 안에는 1,900만 개의 금박으로 모자이크를 한 '황금의 방', '멜라렌 여왕의 방'이 있다. 이 방은 해마다 12월 10일에 노벨상 수상자를 위한 자축의 무도회장으로 이용된다.

교육문화시설로는 스톡홀름대학, 아카데미, 국립박물관, 노벨연구소, 그리고 2개의 교향악단과 하나의 가극단이 있다. 노벨상 수상식은 콘서트홀에서, 축하연은 시청사에서 치러진다.

이 도시에서 만들어지는 유리공예품은 세계적으로 유명하다. 손으로 직접 만드는 유리공예품은 환상적인 색채와 디자인으로 정평이 나있다. 만인의 여인인 영화배우 잉그리드 버그만과 그레타 가르보가 스웨덴 태생이다. 라게를뇌프 여사의 《닐스의 이상한 여행》과 동화작가 아스트리드 린드그렌Actrid Lindgren의 《말괄량이 피피》는 스웨덴 문학사의 두드러진 존재다.

스웨덴의 면적은 미국의 캘리포니아와 비슷하고 한반도의 2.4배 크기지만, 그 큰 땅에 인구는 고작 900만이다. 출생률은 세계 최저이며, 인구의 자연증가도 세계 최저국이다. 그리고 9만 개의 호수가 있는 나라이다. 균등한 사회를 표방한 국가정책이 국민들에게 75%의 높은 세금을 부과한다. 제1, 2차 세계대전에서 전혀 피해를 입지 않은 이점을 살려 전후 유럽 여러 나라의 복구사업에서 한몫을 챙긴 것이 강한 산업국가를 건설하는 계기가 되었다. 그동안 목재, 철강, 수력의 3가지 주종산업이 스웨덴의 경제성장의 견인차적인 역할을 해왔다. 국토의 절반이 산림인지라 세계 펄프의 10%가 스웨덴에서 만들어지고 있다. 정밀기계와 자동차 등은 세계적으로 유명하다. 볼보Volvo와 사브Saab는 스웨덴을 대표하는 브랜드이다.

스웨덴의 '무덤에서 요람까지'로 상징되는 복지정책은 국민들에게 의료, 교육, 공공서비스의 완벽한 제공을 목표로 하고 있다. 이는 1932년부터 정권을 잡은 사회민주노동당이 추진해 온 사회보장제도에 있다. 일관되게 부의 형평적인 분배를 주장하며 이를 실천해 온 그들의 철학과 이념이 오늘의 복지국가 스웨덴을 만들어 놓은 것이다. 세금의 75%를 국가에 바치고도 행복해하는 시민들, 국가에 대한 신뢰가 없다면 불가능한 일일 것이다. 그러나 길가의 모퉁이, 광장의 한 구석에는 맥주병을 입에 대고 그날그날 빈둥거리며 살아가는 젊은이들과 일하지 않고 술병 차고 공원에서 낮잠 자는 사람들이 날로 늘어가고 있다. 실업수당만으로도 충분히 먹고 살 수 있는 완벽한 사회보장제도 때문이라지만 한참 일해야 할 젊은이들로 하여금 나태와 안일에 빠지게 하는 함정도 동시에 지니고 있다.

스톡홀름에서 남쪽으로 약 80㎞ 떨어진 작은 도시 트로사(Trosa)의 항구에 모여 있는 배들

'번듯하고 깨끗할 뿐 아니라 청정한 물의 도시의 이면에도 이런 어두운 삶의 모습이 있구나' 하면서 '모두에게 행복을 가져다 주는 도시, 그리고 국가란 어떤 제도일까' 하는 화두를 스스로 던져본다.

발트해의 다도해에 세워진 스톡홀름, 눈부신 지상의 은빛과 맑디맑은 천상의 푸른빛이 물속에 뿌려지는 화려한 도시. 과거와 현대가 공존하면서도 하나도 흐트러진 구석이 없는 도시. 옛 것부터 현재 것에 이르기까지 철저한 도시관리를 하는 시정부를 보면서 완벽한 사회보장제도에 걸맞게 시를 운영하는 그들의 능력에 깊은 인상을 받는다.

때론 우리들의 '촌스러움'을 서양도시문화에 비해 초라하다고 생각하는 잘못을 범하기도 한다. 하지만 각각의 도시가 가진 고유한 문화는 그 자체로서 훌륭한 가치를 지니는 법이다. 우수한 문화란 경제논리에서 나온 것이 아니고, 진정한 문화는 시민 개개인이 지니는 안목과 지성이다. 안목은 보는 눈과 생각하는 힘이기 때문이다.

스웨덴 전통의상을 걸친 인형

걷는 이마저도 그림의 주인공이 되어버리는 도시

오슬로 Oslo

차갑고, 맑고, 조용하고, 깨끗한 도시

사소한 일에서 행복감을 느낄 때가 있다. 오슬로의 거리를 걷다가 아름다운 도시풍경에 나도 모르게 빠졌을 때 우리는 비로소 살아 있다는 느낌을 받곤 한다. 이 도시의 건물 군과 주변 환경에서 풍겨나오는 느긋한 유동감과 은근한 색조, 때로는 생기발랄한 표정과 터치, 이런 것들이 아늑한 흐름에 실어 꿈을 꾸듯 환상적 분위기를 연출하기도 한다. 일상생활에 지친 도시민들에게 이런 풍경에 들어가 지친 영혼을 쉬게 하고 싶은 마음이 간절할 정도이다.

아침에 왕궁으로 통하는 칼 요한스 거리를 걸으면 찬물에 세수를 하고 난 것처럼 산뜻한 기분이 밀려온다. 조용하고 청정한 도시라고나 할까. 공원을 지나칠 때도 오슬로의 방문객은 어느새 사색하고 있는 자신을 발

바이킹 박물관에 전시된 배를 보고 바다 위의 바이킹 배를 그려보았다.

견한다. 마치 이방인을 자연의 풍광이 은은히 깔린 도화지 위로 천천히 인도해 주는 듯하다.

얼음 녹은 계곡 물과 바닷물이 섞여져 이루어진 피오르드 해안에서 내륙으로 100㎞ 정도 들어와 자리 잡은 노르웨이의 수도 오슬로. 스웨덴의 발명가이자 실업가인 알프레드 노벨이 헌납하는 재산으로 5개 부문의 상을 정해 '지난해 인류에 가장 큰 공헌을 한 사람들'에게 매년 수여한다. 그의 유언에 따라 노벨 물리학상, 화학상, 생리학·의학상, 문학상, 경화상이 제정되었다. 최초의 노벨상 수상식은 노벨이 사망한 지 5년째인 1901년 12월에 이루어졌다. 노벨상은 국적·인류·종교·이념에 상관없이 모든 사람에게 개방되며 한 사람이 1번 이상 받을 수도 있다. 물리학상, 화학상, 생리학·의학상, 문학상, 경제학상 시상식은 스웨덴의 스톡홀름에서, 평화상 시상식은 노벨의 사망일인 12월 10일 오슬로에서 열린다.

1050년, 노르웨이 바이킹의 왕인 하랄 하르들데Harald Hardrade가 해상을 무대로 해외로 진출하여 북구의 여러 나라를 점령했다. 8세기의 바이킹은 해적이었다. 스웨덴, 덴마크, 아이슬란드 일대에서 바이킹 하면 우는 애도 울음을 멈출 정도로 무서운 존재였다. 바이킹은 어느 도시이든간에 빼앗을 것이 있으면 모두 착취하였고 그 도시를 정복해 버렸다. 영국, 프랑스, 러시아를 비롯하여 멀리는 지중해까지 그 세력을 넓혀 나갔다. 11세기 초반에는 대서양을 넘어 아메리카 대륙의 뉴펀들랜드 섬까지 손을 뻗었다. 콜럼버스의 신대륙 발견보다 400년 앞서 아메리카에 들어간 셈이다. 식량을 비롯한 생활용품을 착취하려는 바이킹에게 해상루트와 항구는 매우 중요한 인프라였다. 오늘날은 도로, 송수관, 철도, 공항 등과 같은 기간 인프라에 의존하고 있지만 이 당시는 해상 인프라만 장악하면 주도권을 잡는 시대였다.

로마제국이 모든 길은 로마로 통하도록 하기 위해 도로망 건설에 주력했듯이 바이킹에게 바닷길은 생명과 같았다. 그러나 무적의 바이킹도 영국군한테는 무릎을 꿇었다. 1066년 하랄왕이 진두지휘하는 바이킹은 영국과 스텐포드 브리지에서 치열한 전투를 치르다 크게 패하여 역사의 뒤안길로 사라지게 되었다. 하랄왕의 죽음은 바이킹 시대를 마감하고 노르웨이의 새로운 시대를 예고하는 이정표가 되는 역사적인 사건이었다. 당

오슬로의 아침을 반기는 장미꽃과 화병

시 스텐포드 전투의 모습을 재현한 그림이 오슬로 시청의 2층 벽에 걸려 있다.

오슬로 시의 역사는 1050년 하랄왕과 함께 시작되어 14세기에는 한자 동맹에 속하여 번영하였다. '한자Hansa'란 원래 북유럽 여러 나라에서 도시상인들이 창설한 조합을 말한다. 이들 동맹도시 중 뤼벡을 중심으로 하는 북부독일 도시의 한자가 가장 번성하였기 때문에 '독일한자'가 한자 동맹을 지배하게 되었다.

1299년, 노르웨이의 수도로 떠오른 오슬로는 300여 년간 수도로서의 기능을 수행한다. 그러나 운치 있는 풍경을 가진 오슬로의 운명은 순탄치만은 않았다. 1624년 8월 17일부터 3일간 밤낮으로 계속된 대화재는 도시를 송두리째 삼켜버렸다. 화재 이후 덴마크의 크리스티안 4세는 당시 덴마크의 지배를 받았던 오슬로 시의 도시 마스터플랜을 긴급히 짜서 도시를 재건하는 사업에 전력했다. 이를 계기로 도시는 르네상스식으로 설계되었다.

르네상스의 이상은 유토피아이다. 이상도시의 원조는 이태리의 북부 파르마노바 시이다. 이상도시란 도시외곽을 성곽으로 두르고 도심부에는 상징건물과 광장을 두고 이를 중심으로 도로가 외곽으로 뻗어나가는 도시형태를 말한다. 화재가 나기 전의 6~8m의 도로 폭을 새로운 도시계획에선 15~20m로 넓게 잡아 놓았다. 이는 화재방지뿐 아니라 주요도로를 상징가로화 하려는 발상이었다. 이때, 오슬로 시명이 덴마크왕의 이름을 따서 크리스티아나Christiana로 바뀌었다. 그 후 300여 년간 크리스티나는 오슬로를 대신해서 노르웨이의 수도로 자리매김하게 되었다. 오슬로라는 이름을 되찾은 때는 1925년 1월 1일이었다.

오슬로 대도시 지역에는 노르웨이의 전체인구 400만 명 중 반이 살고 있다. 오슬로 자체의 인구는 52만 명. 오슬로 대도시 지역에는 오슬로를

오슬로 만에서 바라본 시가지. 바로 뒤에 긴 피오르드의 끝에 위치한 시청이 보인다.

포함하여 11개 행정구역으로 나누어져 있다. 면적은 약 400㎢이고, 나머지는 농경지와 임야이다. 1,000㎢의 탁 트인 대지는 자연그대로의 모습으로 시민들에게 다가온다. 오슬로의 도시계획은 도심으로부터 세 방향을 개발축Development Corridor으로 한다. 하나의 개발축의 폭은 약 4㎞ 정도이다. 이 개발축의 한쪽은 산림과 농경지에 접해 있고, 또 다른 한쪽은 피오르드에 닿아 있어서 환경 친화적인 도시환경을 만들어 내고 있다. 도로망은 2개의 주요 간선도로와 순환도로Belt Way로 연결되어 있다. 1969년 오슬로 도시기본계획, 즉 마스터 플랜이 발표되었고, 1986년에는 도시재정비계획이 수립되어 오슬로란 도시가 가꾸어지고 있다.

바다에서 깊숙한 곳에 둥지를 튼 도시, 오슬로. 도심에서 전차를 타고 20분이면 도시경계에 닿을 수 있는 작고 예쁜 도시. 파리의 상제리제 역

여느 관공서와는 달리 미술관 같은 오슬로 시청. 오슬로 시 창립 900주년을 맞이하여 우수한 설계안을 현상 공모하여 1931년 공사를 착공, 1950년에 완공하였다.

할을 하는 거리가 바로 칼 요한스 거리이다. 오슬로의 중앙역을 기점으로 외곽으로 뻗어나가는 이 거리에는 박물관, 오슬로 대학, 대성당, 국회의사당 등 볼거리들이 곳곳에 나타난다. 대성당에서 국회의사당까지는 백화점, 상가, 음식점 등이 즐비하게 들어서서 방문객을 유혹한다. 성당 근처에는 많은 부티크를 볼 수 있고, 예술가들이 그림을 그리고 음악을 연주하기도 한다. 깡마른 몸에 초라한 차림을 한 화가가 어깨에 짊어진 이젤과 캔버스를 거리에 내려놓고 있었다. 마치 새로운 영상이 떠오른 듯….

비를 몰고 온 바람이 파란 안개가 깔린 오슬로만을 흔들며 지나간다. 오슬로 만에서 시내로 약간 들어가면 1950년에 완공된 오슬로 시청이 나

비겔란이 조경 설계와 조각 제작, 배치를 한 프로그네르 공원. 조각가 비겔란은 32만 3,700㎡의 공원에 인간의 일생을 주제로 총 650개의 인물상을 조각하여 배치하였다. 물론 조각공원 전체의 조경설계도 비겔란의 몫이었다.

타난다. 오슬로 시당국은 전국의 건축가들을 대상으로 현상공모를 실시해 그 중 두 사람의 설계안을 선정하여 지었다고 한다. 오슬로 시청을 복원하는 데는 약 20년이 걸렸다. 시청의 1, 2층은 관공서 같은 느낌이 들지 않고 마치 미술관에 들어온 느낌이다. 2층의 한쪽 벽면을 장식하는 뭉크의 〈인생〉을 히틀러가 독일의 드레스덴에서 이곳으로 옮겨 놓았다. 뭉크의 작품은 히틀러의 개인적인 취향이 아니었다고 한다.

시청을 빠져나와 뵈그되이 지구로 가면 노르웨이가 자랑하는 고뇌의 화가 뭉크를 만날 수 있다. 그의 그림은 그로테스크하고, 흉하게 보이지만, 동시에 탁월한 풍자도 곁들인 작품들이다. 뭉크가 탄생한 지 100주년을 기념하여 1963년 오슬로 시에서 설립하여 뭉크미술관을 개관했다.

이로써 흩어져 있던 그의 작품이 한자리에 모이게 되었다. 민속박물관에는 전국에서 모은 170여 채의 옛날 집들이 옮겨져 있다. 극작가 입센의 서재도 이곳에 있다.

바이킹박물관에는 1904년에 발견된 여왕의 배가 있다. 800년경부터 50년간 사용된 배가 이 자리를 줄곧 지키고 있다. 전시된 모든 바이킹 배들은 옛 모습을 그대로 간직한 채 아직 건재하다. 사람에게도 첫인상이 있듯이 도시를 방문한 첫느낌도 존재한다. 나만의 렌즈를 가지고 남들이 보지 않는 것도 보게 된다. 그런데 처음 본 느낌이 끝까지 같을 수만은 없다.

처음 도시를 방문할 때는 연극의 무대에서 많이 떨어져 잘 들리지 않는 삼등석에서 연극을 감상하는 기분이다. 처음에 오슬로를 만났을 때 해적이었던 조상으로부터 벗어나려는 것이 이들의 마음이 아닐까 했지만 도시와 친해지면서 그들이 오히려 바이킹을 존경하고 있음을 알 수 있었다. 노르웨이 사람들은 '바이킹의 후예'라는 사실에 가슴 뿌듯해하고 있다.

국토의 30%가 북극권에 속해 있는 나라. 거칠고 험준한 산맥이 모든 것이었던 나라. 이런 척박한 환경을 치밀한 계획에 의해 지속 가능한 국토와 도시를 만들어 낸 끈기와 인내. 그것이 오늘날 오슬로의 아름다운 환경을

프로그네르 조각공원의 〈남녀가 끌어안은 청동조각상〉. 비겔란의 작품이다.

플롬(Flam)과 구드방겐(Gud-Vangen) 사이의 겨울 피오르드의 모습. 산과 나무를 덮어버린 하얀 눈. 물이 뚝뚝 떨어져 내릴 것 같은 푸른 하늘, 나무, 산 등이 청정한 피오르드의 풍경을 구성하고 있다.

일구어 낸 원동력이다. 그래서 세계에서 가장 매혹적인 관광도시로 세계인들의 사랑을 받고 있다.

오슬로를 보면서 우리의 도시를 성찰한다. 현재까지의 도시개발정책은 토지이용의 효율성에 초점을 모아왔다. 그러다 보니 토지의 고도 이용이 추진되었고, 이로 인해 도시의 고밀화가 촉진되었다. 도시의 고밀화는 교통체증, 난개발, 공해 등을 불러 일으켰고, 이는 「도시환경의 악화」라는 악순환을 가져왔다. 따라서 더러워진 공기와 물, 그리고 황폐해진 숲이 우리네 도시를 보편적으로 특징을 지우게 되었다.

경제수준에 도시환경의 질이 떨어지는 도시는 국제 경쟁력 측면에서 살아남기 힘들다. 지속가능한 도시가 되기 위해서는 도시환경의 인간화를 지향해야 한다. 도시환경의 인간화는 인간과 도시환경 간의 관계 재정립에서 찾을 수 있다. 지속가능한 도시로 발전하기 위해서는 환경의 허용범위Acceptability를 고려해야 한다. 기존의 도시환경 관리는 최저기준minimum standard 속에서 소극적 환경 관리정책을 적용해 왔다. 앞으로는 오염원별·지역별·기능별로 보다 엄격한 기준을 설정하여 도시환경의 질을 보다 적극적으로 관리해 나아가야 한다.

어느 도시이든 모든 인간이 공감하는 것은 자연과 더불어 사는 도시이며, 그 도시를 바라보면 자신도 모르게 동화된다는 것이다. 오슬로 시는 자연 우선의 정신에 충실한 도시이다. 자연이라는 대지를 기본으로 하기에 자연을 소중히 여기는 마음은 말로 하지 않아도 느낄 수 있다. 도시의 자연 환경에 대해 큰 가치를 부여하지 않는 도시가 있다면, 도시의 자연에 대해 높이 평가하지 않는 도시가 있다면, 그 도시는 도시로서 꽃을 피울 수가 없음을 들려주는 것 같다.

자연의 도시, 오슬로를 빠져나와 피오르드를 향해 떠난다. 노르웨이를 지도에서 보면 해안선이 내륙 깊숙이 파고 들어와 거미줄처럼 엮여 있다. 100만 년 전의 유럽은 1,000m가 넘는 빙하로 덮여 있었다. 빙하는 그 두께가 두터워지면서 그 무게를 감당치 못해 마치 화산이 분출하여 용암이 흘러내리듯 계곡과 강, 그리고 바다로 흘러내리게 되었다. 이때 빙하가 강바닥을 심하게 찍어 내리면서 계곡은 칼로 베어낸 것처럼 날카롭게 서게 된 것이다. 그리고 깊숙이 파여진 강바닥으로 바닷물이 들어와 깊은 피오르드가 생겨났다. 가장 깊은 피오르드 부분의 수심은 무려 1,000m 이상에 달한다. 송네 피오르드는 길이 204㎞, 깊이 1,308m로 해안 쪽으로 깎아지른 산 사이를 깊숙이 파고들어 간 노르웨이에서 가장 긴 협만이다.

손으로 쥘 수 있을 것처럼 줄기는 가늘지만 하늘을 가릴 듯이 곧게 뻗

기차 창가에 펼쳐지는 송네 피오르드(Songne Fiord)의 숲과 바다. 곧게 뻗어 오른 침엽수, 그리고 능선이 만들어 내는 장엄한 굴곡이 백미이다.

어 오른 침엽수들, 깎아지른 듯한 능선이 만드는 장엄한 굴곡, 산과 나무를 덮어 버린 멀리 보이는 하얀 눈, 물이 뚝뚝 떨어져 내일 것 같은 푸른 하늘…. 차갑고 맑은 북쪽나라의 자연이 거기에 모여 있었다. 나무, 산, 하늘과 어우러진 피오르드가 만들어내는 변주곡은 결코 단조롭지만은 않다. 커브를 돌 때마다 기다리고 있는 새로운 풍광은 잠시도 딴전을 피우지 못하도록 차창에 시선을 고정시키는 마력이 있었다.

바다 내음, 산 내음 물씬 나는 자연을 닮은 빛깔 있는 도시

베르겐 Bergen

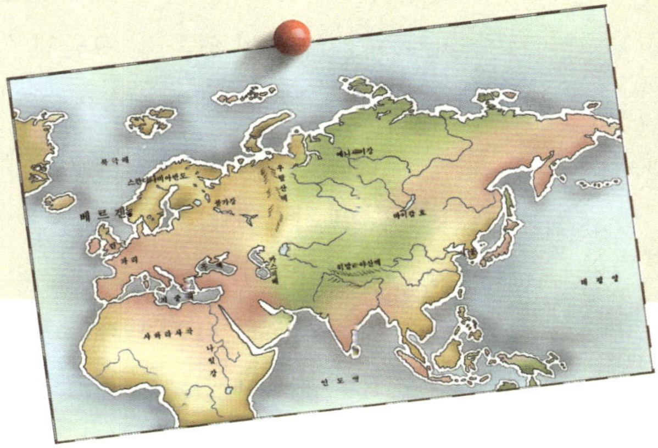

부두를 향해 고개를 내밀고 있는 목조건물들이 반기는 도시

노르웨이 산간에 가난한 농부 페르귄트가 살고 있었다. 솔베이지라는 연인과 사랑을 했고 결혼을 굳게 다짐하였다. 돈을 벌기 위해 외국으로 떠난 페르귄트, 온갖 고생 끝에 겨우 고국에 돌아오지만 산적을 만나고 그나마 번 돈을 빼앗긴다. 어머니는 살던 오두막에는 사랑하는 연인 솔베이지가 백발이 되어 다 늙어버린 노인 페르귄트를 만난다. 페르귄트는 솔베이지의 무릎에 머리를 누이고 눈을 감고 고단했던 인생과 솔베이지의 순정에 감동 받았다. 솔베이지의 노래를 들으며 애달프고, 서정적인 노래. 그리고 페르귄트 제2모음 곡 중 4번 곡에 있는 솔베이지Solveig's Song 노래의 배경이 되었다.

이 같은 스토리텔링이 베르겐이란 도시를 끊임없이 마케팅해 주고 있

다. 첼리스트들이 즐겨 연주하는 곡 중에 하나이다. 이 곡을 연주하면서 영혼과 운명 그리고 삶에 대한 생각을 떠올린다. 이렇게 평생을 기다려주는 연인이 있을지. 요즘엔 상상하기 힘든 일이다. 요즘 말로 노르웨이의 우수한 생태환경이 예술가들에게 혼을 불어 넣었을까? 별로 편한 그림은 아니지만 '절규'의 화가 '에드바르 뭉크'(1863~1944)와 그리그가 탄생한 나라이다.

그리그의 영혼이 숨쉬는 도시답게 베르겐에서는 록그룹이 강하게 둥지를 틀었다. 1990년대 초반 베르겐 팝 웨이브Bergen Wave라는 도시브랜드를 세계에 마케팅할 정도로 세계적 밴드의 도시이다. 이뿐이랴. 시정부가 거리예술 그래피티Graffiti를 낙서의 차원을 넘어선 현대예술로 승화시키고 있다. 세계적인 그래피티 아티스트인 영국의 뱅크시Banksy의 화풍과 맥을 같이하는 젊은 작가 돌크Dolk의 작품을 시정부가 나서서 보존하기로 하였다. 이에 따라 베르겐 시내에 제작된 돌크의 스프레이 예술 작품에 대해 보호 유리를 씌워 관리하게 된다. 최근에는 베르겐을 북유럽의 거리예술의 메카로 만들기 위한 예술프로젝트를 수행하고 있다. 그래피티 예술이라는 지역자산을 활용한 도시성을 추구하려는 시도인 것이다.

기차를 타고 오슬로를 출발하여 피오르드를 지나 베르겐으로 향하는 길. 달리는 기차 안에서 들리는 철로의 덜컹거림이 싫지만은 않다. 오슬로에서 베르겐까지의 거리는 492㎞. 기차 창문 밖으로 하늘을 보고, 숲을 보고, 바다를 보면 이토록 환상일 수 없다. 빵과 연어를 함께 발라 만든 샌드위치를 먹으며 자연이 빚어낸 피오르드를 본다.

이토록 아름다운 피오르드의 자연을 웅장하고 호쾌하게, 그리고 때로는 잔잔하게 베르겐 출생의 노르웨이 작곡가 그리그는 피아노곡으로 표현했다. 피오르드의 바다는 파랗다. 그 푸름이 보는 이로 하여금 절로 상쾌하게 한다. 역에서 내려 배를 타면 물가의 산들이 제 모습을 보여준다.

중세를 그대로 옮겨 놓은 도시, 베르겐. 일 년 내내 관광객이 넘쳐흐르는 인구 22만 명의 항구도시이다. 프로이엔산에서 내려다 본 시내

봉우리는 그다지 높지 않으나 하늘을 찌르는 듯하다. 그 위로 바람이 세게 불어 구름이 수시로 모이고 흩어지고, 작은 계곡은 귀여운 폭포로 변하여 흘러 내려간다. 다시 기차를 타니 밝고 아름다운 감동이 전해진다. 기차가 피오르드의 거점인 베르겐에 이른다.

1070년 오라프왕에 의해 창건된 베르겐은, 1350년 한자동맹에 가맹한 이래 200년 이상 서해안의 모든 무역을 지배하여 오늘의 무역항의 기반을 구축하였다. 인구 22만 명의 조그만 항구도시는 피오르드를 왕래하는 관광선박, 어선, 요트로 붐빈다. 노르웨이의 제2의 도시로서 가장 중요한 어항이기도 한 베르겐의 부두에는 정박해 놓은 선박들이 가득하다. 멕시코 만류의 영향으로 온화한 기후에 1년의 2/3는 비가 내린다. 어느 나라의 항구이든 모든 항구 주변은 생동감이 넘친다. 매일 노천시장이

꽃으로 화려하게 단장한 어느 베르겐 시내의 집 앞

세계문화유산인 브리겐지구의 고풍스런 주택들의 풍경

열려 생선, 과일, 꽃, 식료품 등이 방문객을 기다린다.

지금의 오슬로로 수도를 옮기기 전에는 베르겐이 노르웨이의 수도 역할을 했다. 항구를 중심으로 북쪽으로는 한자박물관과 12세기 산타마리아 사원 등의 중세건물이 남아 있다. 도시의 남쪽은 상업지역이고 동쪽으로는 프로이엔산과 울링겐산으로 둘러싸여 있다. 작은 도시라 그런지 하루면 충분히 볼거리가 눈에 다 들어온다.

중세를 그대로 옮겨 놓은 도시, 베르겐. 관광객이 많아도, 숙박시설이 모자라도, 도로 폭이 좁아도 도시시설을 더 이상 늘리지 않는다. 도시를 그대로 보존하기 위해 위해서이다. 사실 뒤에는 산, 앞에는 바다이기 때문에 도시를 더 키우려야 키울 수도 없다. 베르겐의 올드타운이라고 부르는 브리겐지구는 중세의 목조가옥이 부두를 향해 고개를 내밀고 있다.

그리그가 작곡에 열중했던 집. 〈솔베이지의 노래〉를 작곡한 그리그는 노르웨이가 낳은 세계적인 음악가이다. 매년 5~6월에 그를 기리는 베르겐 음악제가 개최된다.

그래서 유네스코는 한자동맹 당시의 모습을 그대로 간직하고 있는 베르겐의 브리겐Bryggen지구를 1979년 세계문화유산으로 지정했다.

11세기 중엽 독일 쾰른 상인들이 런던에 최초로 해외 한자동맹 도시를 건설한 뒤, 한 세기가 지나면서 독일의 뤼베크를 중심으로 한자동맹이 결성되기 시작한가. 베르겐은 런던, 뤼베크, 브뤼헤와 함께 4대 한자동맹의 도시로 어깨를 나란히 하면서 발전하게 된다.

브리겐지구는 한자동맹 시기의 독일 상인들이 모여 살던 아주 조그만 동네이다. 주거공간과 일터가 한 지붕 아래에서 이루어지도록 설계된 목조건물들이 즐비하다. 안으로 들어가 보면 당시 생활상이 한눈에 들어온다. 베르겐이 자랑하는 1702년에 지은 한자박물관은 시내에서 가장 오래

석양이 지는 베르겐 항구의 모습. 한자동맹 시기의 건물들이 오늘날까지 그대로 서 있다. 뒤편으로는 프로이엔산에 지어진 주택들이 보인다.

된 목조건물이다. 2층 천장의 마른 대구는 그 당시 잘 나가던 해산물이었음을 금방 알 수 있게 한다. 베르겐은 한자동맹시에 풍부한 대구를 독일, 프랑스 등지로 수출하여 경제를 살찌울 수 있었다고 한다. 베르겐에서 생산되는 한자맥주는 맥주병의 오른쪽에 말린 대구(베르겐)가, 왼쪽에는 매가 그려져 있다. 이토록 베르겐은 대구와 매를 떼려야 뗄 수 없었나 보다. 브뤼겐 지역의 목조 건물들은 겉으로는 거의 유사해 보이지만, 내부는 신분이나 재산에 따라 차이가 났다고 한다. 실내 건축과 장식에 있어서도 검소와 실용을 바탕에 둔 독일의 실용주의를 잘 보여 주는 문화 유산이다. 따라서 브뤼셀 지역은 베르겐의 상징적 장소로서 베르겐을 마케팅해 주고 있다.

베르겐을 보면서 도시디자인을 떠올린다. 도시민들에 행복감을 주기 위해 도시도 근사하고 예쁘게 디자인해야 한다. 디자인이긴 디자인인데 도시디자인은 보통의 디자인과 무엇이 다른 것일까? 도시 디자인은 '도시계획'과 '건축디자인'의 중간에 둥지를 틀고 있다. 분당, 일산과 같은 신도시를 건설할 때 주거지, 녹지, 도로, 상업지, 전철역 등을 어디에 어떻게 배치하는가 하는 것들은 사전에 계획하는 일이 도시계획이다. 건축은 개별 건물의 외관, 모양, 구조 등을 디자인하는 일이라고 할 수 있다. 도시디자인은 이들 두 영역의 중간에서 매개역할을 하면서 도시계획과 건축이 공존할 수 있게 하는 새로운 수단으로 볼 수 있다. 기버드는 도시디자인(1953)이란 책에서 "도시계획의 최종단계가 곧 도시설계의 첫 단계이며, 도시설계는 본질적으로 새로운 디자인이며, 도시디자인은 모든 도시 대상물의 구성과 결합, 그리고 상호관계에 이르기까지 모든 디자인 요소가 결합되어 있는 분야"로 개념을 정립한 바 있다.

유럽의 도시는 크게 두 가지 뿌리에서 출발한다. 하나는 중세 시대를 통해 이룩된 봉건적 도시이고, 다른 하나는 그리스와 로마로부터 파생되어 온 도시이다. 베르겐은 물론 중세시대에 형성된 소도시의 전형으로서 북구의 항구무역도시로서의 기능을 해왔다.

베르겐은 노르웨이를 대표하는 음악가 그리그Edvard Grieg(1843~1907)를 낳은 도시이다. 그는 민족음악의 선율과 리듬을 많이 도입해서 민족적 색채가 짙은 작품을 많이 작곡했다. 〈솔베이지의 노래〉, 방랑의 길을 떠난 주인공 페르귄트가 돌아오기를 애타게 기다리는 솔베이지의 영원한 사랑을 노래한 것으로 1875년 발표했다. 그는 빅토리아 양식의 하얀 건물의 작은 방에서 작곡에 열중했다고 한다. 매년 5~6월이면 베르겐 음악제가 개최되어 세계 곳곳에서 유망한 음악가가 몰려와 그리그의 영감을 떠올리곤 한다. 그는 어머니에게 피아노를 배우고 1858년부터 4

베르겐 시내를 벗어나면 산, 계곡, 숲, 물이 어우러져 아름다운 광경을 연출하는 곳이 즐비하다.

년간 라이프치히음악원에서 공부하고 베르겐으로 돌아와 작곡과 연주로 시민들의 찬사를 한 몸에 받았다고 한다. 1866년, 23살의 나이에 그는 당시 노르웨이의 수도인 크리스티아나(지금의 오슬로)로 진출하여 본격적으로 음악활동에 열중해서 노르웨이 음악의 대표적인 존재가 되었다. 무대공포증이 있었던 그리그가 긴장감을 달래기 위해 만지작거렸다는 개구리 모형도 기념품으로 만들어 팔고 있다. 그리그는 베르겐의 상징적 브랜드인 것이다. 베르겐은 그리그를 등에 업고 도시 마케팅을 하면서 경쟁력을 지켜가고 있는 것이다.

여름의 베르겐 항구. 고색의 건물들이 머리를 풀어헤치고 바다 속으로 빨려 들어가는 느낌이다. 물 위의 노란 건물, 하얀 창, 갈색 벽이 포근하게 깔린다. 모든 것이 차분하고 운치 있는 풍경으로 다가온다. 작은 포구

베르겐 항구 부근에 정박해 있는 선박들. 뒤로는 풍부한 녹지와 산이 병풍처럼 버티고 있다.

를 끼고 서 있는 건물, 정박해 있는 배, 노천의 딸기 장사, 옷 가게, 심지어는 강아지들까지 여유로운 아름다움으로 가득하다. 베르겐은 그렇게 어릴 적 고향의 품에 안긴 듯한 기분이었다. 플뢰엔산으로 둘러싸인 항구도시 베르겐 거리를 걷는다. 오늘따라 바닷바람도 숨을 죽이고, 햇볕도 비켜 간다. 솔베이지 송 첼로 음이 가슴 가득 채워지면서 시름도 저만치 물러가고 없다. 돌아가는 발걸음을 자꾸 뒤돌아보게 하는 도시의 매력이 일품이다.

녹지공간과 보행자거리가 존재하는 인간 중심의 도시

코펜하겐 Copenhagen

햇빛, 물과 배, 그리고 청정한 환경을 가진 북구의 관문도시

도시답사는 체험이 길어지고 이해가 깊어짐에 따라 그 폭과 깊이를 더해간다. 맑은 햇빛이 물과 배, 그리고 옛 항구의 구석구석에 내리고, 상큼한 바람이 코끝을 간질이는 도시, 코펜하겐. 시민들과 시당국이 보내는 애정과 사랑이 코펜하겐을 일류도시로 만들어 놓았다.

인구 약 50만 명의 덴마크의 수도 코펜하겐. 덴마크어로 쾨벤하운Koebenhavn, 상업항구라는 뜻이다. 중세 이후부터 인근 국가의 상인들이 배를 타고 찾아와 물물교환이 이루어진 데서 상업항구로 자리매김하였다. 이 도시는 북유럽과 스칸디나비아 반도의 관문으로 오래 전부터 문화, 상업, 금융의 중심지 역할을 해왔다.

덴마크의 중세는 왕과 귀족의 끊임없는 투쟁이었다. 잘 되던 교역은

14, 15세기의 독일을 중심으로 한 한자동맹으로 인해 줄어들게 되었다. 16세기의 루터파 계통이 국가를 장악하면서 덴마크는 강한 국가로 발돋움하기 시작했다. 덴마크는 발트해를 지배하기 위해 스칸디나비아 국가들과 잦은 전쟁을 일으켰으나, 여러 번 패배했다. 결국 스칸디나비아 국가들이 서로가 반목하지 말고 평화롭게 지내자는 코펜하겐 평화조약에 의해 현재의 노르웨이, 스웨덴, 덴마크의 국경선이 그어지게 되었다. 수차례에 걸친 전쟁으로 덴마크의 국가재정은 바닥이 났다. 1800년대 초에는 나폴레옹 전쟁으로 위기를 맞았고, 1814년에는 노르웨이를 스웨덴에 할양하였다. 제1차 세계대전에서는 노르웨이를 중립화시키는 데 성공하지만, 제2차 세계대전에서는 중립선언에도 불구하고 독일군의 침입을 받았다.

잦은 전쟁으로 국민들의 삶은 황폐해져 갔지만, 덴마크는 낙농을 기반산업으로 짧은 기간에 국민의 생활을 향상시켰다. 그리고 1950년대 후반부터 공업화에 주력하여 제조업과 목축업 등이 주력산업으로 틀을 잡게 되었다. 그러나 사회복지에 정부의 상당한 예산이 지출됨으로써 재정적자에 시달리고 있기도 하다.

덴마크는 유틀란트 반도와 코펜하겐이 있는 셸란 섬, 오덴세가 있는 퓐 섬 등 400여 개의 섬으로 이루어진 나라이다. 가장 높은 산의 높이가 겨우 173m일 정도로 평탄하고, 기름진 땅덩어리이기에 목축업과 낙농업이 발달하였다. 국토의 70%가 경작이 가능한 토지이다. 섬들을 연결해서 볼 때 덴마크는 동서로 275㎞, 남북으로 335㎞에 펼쳐져 있다. 전국에 고속도로와 국도가 거미줄처럼 연결되어 있고, 420㎞에 달하는 내륙수로가 구축되어 있다. 덴마크의 사회복지제도는 세계에서 둘째가라면 서러워할 지경이다. 장애인, 임산부, 노인, 환자 등 복지 수당을 받는 계층도 엄청나게 많다. 7～16세 어린이들에게는 의무교육을 실시하고 있으며,

운하 주변에 들어선 고색의 시가지. 운하 주변에는 식당, 카페, 가게 등이 늘어서 있어서 시민과 관광객들이 모여든다. 앞에 보이는 선박은 옛날 바이킹들이 타고 다니던 선박을 이곳에 정박해 놓은 것이다.

대부분 공립학교도 등록금은 전액 국가의 몫이다.

코펜하겐의 도시계획은 제2차 세계대전이 끝날 무렵으로 거슬러 올라간다. 중립선언에도 불구하고 1940~1945년 독일군의 지배를 받은 덴마크는 연합국의 폭격으로 항구가 파괴되었다. 다행히 시가지의 피해는 없었다. 하지만 열악한 주택사정, 부족한 도시인프라, 생필품의 부족 등 사람들의 삶의 질은 최저수준이었다. 국가재건이 시급한 과제로 등장하자 정부는 '수도권 개발'이라는 국민적 합의 속에서 수도권 종합계획을 수립하여 개발계획을 하나하나 실천해 나갔다.

코펜하겐 시내의 운하와 골목길 풍경. 코펜하겐은 이 골목처럼 차량과 보행자의 엄격한 분리를 실천하고 있다. 자전거도로 네트워크가 잘 정비되어 자전거 이용률이 매우 높다.

코펜하겐 메트로폴리탄 지역은 20개의 지방자치단체Commune로 구성되어 있어서 수도권 계획은 이들 지역까지를 포괄하는 장기발전 방향이었다. 이때 나온 수도권 계획이 사람의 손바닥을 펼쳤을 때 다섯 손가락으로 뻗어 있는 모습을 하고 있어서 손가락 계획Finger Plan이라고도 부른다. 이 유명한 손가락 계획의 기본철학은 다섯 개의 손가락을 코펜하겐 수도권의 발전 축으로 설정하고 이 손가락별로 전철을 깔아서 도심과 외곽지의 연결을 강화시킨다는 것이다. 이렇게 도시성장 패턴을 유도하게 되면 도시의 평면적 확산을 방지할 수 있었다.

손가락 개발축상에 입지하는 신도시나 주택단지에 거주하는 사람들은 어디에서나 도심까지의 통근시간이 45분 미만이다. 그러나 전후에 짜

코펜하겐 도심의 스트로이 거리. 이 거리는 보행자 전용도로이자 최고의 쇼핑거리로 유명하다. 거리에 쭉 늘어선 상점들은 세계 유명한 부띠끄부터 허름한 기념품 가게까지 다양하다.

여진 손가락 계획에서 예상했던 인구, 토지이용, 주택, 교통 등의 규모는 1960년대와 70년대, 그리고 80년대를 거치면서 수정이 불가피해졌다. 왜냐하면 애당초 계획했던 것보다 훨씬 더 많은 인구가 늘어났고, 경제규모도 확대되어 더 많은 도시인프라가 필요했기 때문이다. 이에 따라 1980년대와 1990년대에 손가락 계획을 수정하고 보완하여 손가락 사이에는 고속도로, 통신케이블, 그리고 풍부한 녹지대를 설치할 수 있게 되었다. 이 손가락 계획은 오늘날 코펜하겐 메트로폴리탄 지역의 핵심적인 개발축을 만들어 주는 바탕이 되었고, 환경 친화적인 도시개발로 자리매김하였다.

코펜하겐의 손가락 개발축을 보면 도시는 도시축Urban Crridor에 의해 만

오덴세 주택가의 어느 집의 모습

들어진다는 명제를 떠올리게 된다. 도시축은 소통이다. 도시 문화의 흐름이자 도시생활의 동력이다. 그러나 우리의 도시축은 사람을 위해 만든 축이 아니다. 이 도시축들은 사람을 철저히 소외시킨다. 도시축을 따라 도시 문화가 자라 잡은 도시가 아니라 상업주의가 판치는 도시축인 것이다. 사람들이 모여 들고, 걷고, 담소하고, 활동하는 도시축과는 거리가 멀다. 즉 대로 위주의 도로망을 만들어 놓은 것이다. 자동차와 소통 중심이라는 효율에 매달려 대로를 만들다 보니 당연히 자동차 중심의 도시로 변해 버린 것이 이제 보니 커다란 아쉬움으로 다가온다. 조금은 더디게 가더라도 길의 의미를 진정으로 음미할 수 있는 길의 공간이 되었으면 좋겠다.

점심시간에 나무 그늘 벤치에 앉아 아이스크림을 먹으면서 동료들과 담소를 나누는 사람들. 그리운 사람을 떠올리며 편지를 쓰고 있는 사람들. 이런 도시의 정서가 빚어내는 결집체는 도시를 따뜻하게 바라보면서 자유롭게 살아가는 삶, 또 그것을 일구는 도시에서의 삶의 방식을 보여주는 것 같다.

1970~80년대부터 코펜하겐을 비롯한 덴마크의 여러 도시에서는 시민들이 많이 몰리는 지구에 보행자전용도로를 만드는 일이 유행처럼 번져나갔다. 코펜하겐의 스트로이 거리에 보행자거리를 조성한 것이 시민들의 찬사를 받자 다른 도시에도 영향을 주게 된 것이다. 보행자전용도로가 인기 있는 이유는 시민들의 공동공간 확보, 자동차로부터의 해방, 거리의 축제 분위기 연출, 쇼핑 등 여러 장점 때문이다. 이곳에서는 모든 도시설계에서 보행자전용도로의 확보는 필수적인 사항이 된 지 오래이다.

시청 앞 광장에서 콩겐스 뉘토우 광장까지 이어지는 코펜하겐의 상징인 보행자거리, 스트로이 거리. 그야말로 보행자 천국이다. 이 거리는 하루 종일 축제가 열리는 무대이다. 세계에서 몰려든 음악가들의 연주와

코펜하겐의 인어공주상. 왕자님을 잊지 못하는 인어공주의 전설. 작은 동상 하나가 그렇게도 많은 관광객을 불러모으다니, 감탄스러울 뿐이다.

그림 그리기, 퍼포먼스는 보행인의 시선을 사로잡는다. 이 거리 중간에는 감레토우 광장과 아마이어토우 광장이 걷다가 지친 사람들을 위해 휴식처를 만들어 주기도 한다.

이곳에서는 보행 길을 매개로 한 도시와 길이 함께 어우러져 있다. 그리고 길 안에서 길, 광장, 도시시설 등이 어울려 마음속의 대화를 나눈다. 그것은 길을 통한 창조적 도시 읽기가 된다. 이처럼 사람만을 위한 길을 걷다 보면 도시의 외형적 해석에만 얽매이지 않고 비교적 자유로운 상상과 함께 새로운 고리들을 찾아낼 수 있게 된다.

아마이어토우 광장 부근의 1300년대에 세워진 고풍스런 교회건물은 코펜하겐에서 가장 오래된 건축물 중 하나이다. 여러 차례에 걸쳐 복원

크리스티안보르 궁전. 코펜하겐의 도시발상지이다. 1160년 적의 침입에 대비한 요새를 쌓아 성벽도시를 만든 것이 훗날 코펜하겐이란 세계도시로 변모하게 되었다.

하고 보수한 결과 오늘날에도 여전히 옛 모습을 간직하고 있다. 아마이어토우 광장 남쪽에는 슬로츠홀멘 섬이 나타난다. 그 안의 크리스티안보르성. 이 성이 코펜하겐의 도시 발상지인 것이다. 1160년 이곳에 적의 칩입에 대비한 요새를 쌓아 성벽도시를 만든 것이 훗날 코펜하겐과 같은 세계적인 도시로 변모된 것이다. 운하로 둘러싸인 스로츠홀멘 섬에는 왕립도서관, 왕립무기박물관, 연극사 박물관 등이 나라의 역사를 다방면으로 살펴볼 수 있는 장소들로 채워져 있다. 왕립도서관의 바로크식 조경방식게 의해 꾸며진 예쁜 정원에는 키에르케고르의 동상이 홀로 서 있다.

중앙역 근처에 자리 잡은 테마공원인 티볼리 공원. 도심지에 이렇게 화려한 공원을 만들어 놓고 관람객을 끌어들이고 있다. 공원이라지만 놀이공간 위주로 지어진 위락시설이 대부분이다. 숲속에 극장, 콘서트장, 레스토랑, 카페 등이 즐비하게 늘어서 있고, 인공연못도 운치를 더한다.

여름철에는 매일 저녁에 아름다운 불꽃놀이가 펼쳐져서 도시야경을 돋보이게 한다. 도시 북동쪽에는 안데르센의 동화로 유명한 인어공주상이 있다. 코펜하겐을 찾는 방문객이면 누구나 한 번은 이곳에 들린다. 인어공주상은 이미 코펜하겐의 아이콘이 된 지 오래되었다. 1913년에 인어상이 세워진 이후 몇 차례 파손되었지만 그때마다 복원하여 세상에 내놓곤 하였다. 작은 조각 하나에도 의미를 부여하여 관광 상품화하는 이들의 지혜를 느껴본다. 인어공주상 근처에는 별 모양을 하고 있는 카스테레트 성채가 눈에 띈다. 그리고 셸란 섬의 역사를 말해주는 게피온의 샘, 처칠 공원, 그리고 란제리니 산책로 등이 있다.

넓은 빈 공간에 자그마한 동상이 홀로 앉아 있어 인어공주가 더욱 빛을 발한다. 그야말로 비움의 공간이다. 서울 비롯한 우리의 도시에서는 공터가 사라진 지 오래다. 도시민들을 위해 만들어진 공원에서도 너무 많은 것들로 채워져 있다. 정체성도 없는 조각상, 꽃밭과 분수, 놀이기구 등이 즐비하다. 우리 도시에는 여백의 공간을 허용하지 않는다. 채우고 교체하고 다시 설치하고 꾸미기를 반복하면서 대부분의 공간들은 늘 무언가로 가득 채워져 있다.

도시 공간마다 뭐를 가득 채운다고 반드시 도시가 아름답고 살기 좋아지는 것은 아니다. 아무것도 없는 빈 공간은 아무것도 없기에 매력이 있는 것이다. 이곳에서 비움의 철학을 생각하게 된다.

코펜하겐의 역사를 읽으려면 궁전을 보는 것이 좋다. 먼저 시청사 동쪽 500m에 운하로 둘러싸인 크리스티안보르 궁전. 18세기 말까지 왕실의 거처였으나, 1794년 화재가 나자 왕실을 아말리엔보르 궁전으로 이전했다. 바로크 양식의 이 궁전은 빈의 쇤부른 궁전이나 슈투트가르트 근

로젠버그 궁전. 로젠버그왕이 세운 별장이며 현재는 왕실의 보물관이다.

교의 루드히부르크 궁전과 어깨를 나란히 하고 있다. 크리스티안보르 궁전은 20세기 초에 복원하여 지금은 국회의사당, 재판소, 각료의 접견실로 쓰이고 있다. 크리스찬 6세의 궁전에 대한 야심은 대단한 것이었다. 코펜하겐에는 기념비적인 크리스티안보르 궁전을 짓고, 수도에서 25㎞ 떨어진 작은 마을 헤르스홀름 숲속에 거창한 여름궁전을 세웠다. 한편 코펜하겐 북쪽에는 사슴정원에 수렵을 위한 엘루미타에Herimitage를 지어 숙소로 활용하였다.

지구계획 차원에서 접근하여 계획한 최초의 지구가 아말리엔보르 지구이다. 이 당시 뛰어난 건축가였던 아이트비드Eigtved(1701~1954)는 로코코 양식에 의해 왕궁, 대리석 다리, 중정, 경기장, 승마학교 등 지구전체를 보면서 계획을 수립하였다. 아말리엔보르 궁전은 대표적인 로코코

오덴세에 있는 이에스코우 성. 동화의 나라에서 볼 수 있을 것 같은 성과 바다, 그리고 그 뒤로 펼쳐지는 숲과 산이 환상적인 분위기를 자아내고 있다.

풍의 건축물이다. 광장을 둘러싸고 있는 4개의 건물들은 마르그레테 2세 여왕과 가족들이 거주하는 공간이다.

왕의 의지는 절대적이었던가 보다. 지구라는 적지 않은 도시공간이 순식간에 만들어지니 말이다. 《햄릿》의 무대였던 크론보르 성. 헬싱괴르에 지어진 성으로 햄릿이 아버지의 망령을 보았다는 망루가 남아있기도 하다. 스웨덴군의 공격과 제1차 세계대전 때 파괴된 성을 1924년에 복원하였다. 성 안에는 무도회장, 교회, 감옥 등이 있다. 이들의 과거 전통을 되살리려는 노력은 도시의 명소 곳곳에서 나타나고 있다. 19세기와 20세기 초반에 복원한 옛 건물들이 지금도 멀쩡하게 활용되고 있고, 모양새도 으뜸으로 만들어 놓았다.

동화의 나라 덴마크. 덴마크는 어린이들에게 꿈과 희망을 주는 동화의 나라이다. 동화의 아버지, 안데르센은 덴마크를 알리는 선봉장이었다. 안데르센의 고향으로 세계에 알려진 덴마크의 세 번째 도시, '오덴세' 인구 17만 명의 작은 도시이지만 안데르센이 만든 도시의 브랜드는 엄청나다. 코펜하겐만 보러 왔던 관광객들이 안데르센 때문에 일부러 이곳에 들린다. 이 도시에서 안데르센의 흔적은 곳곳에서 감지된다. 오덴세 역에서 동남쪽으로 가면 '한스 엔센' 거리를 만난다. 그 거리 한 구석에 지금은 안데르센 박물관으로 쓰고 있는 안데르센의 생가가 나타난다.

200여 년 전에 그가 쓰던 원고, 책상, 펜, 초상화, 그리고 세계 80여 개국에서 출간된 6,000권의 책이 놓여 있다. 오덴세 남쪽에 있는 민속박물관에는 18~19세기의 농가, 풍차, 대장간 등이 이들의 옛 모습을 상기시켜 주고 있다. 안데르센이라는 지역 자산을 활용하며 매력 있는 공간을 만들어 낸 것이다. 이렇게 보면 어느 도시이든 도시 너에 산재한 다양한 자산(유산, 장소 등)을 충분히 검토하고 지역의 역사, 문화, 전통자산과 인적 네트워크를 존중해야 한다는 입장이 점차 힘을 얻고 있는 듯하다. 오덴세는 유럽에서 가장 아름답기로 소문난 호수 위에 세워진 이에스코우 성이 환상적인 자태로 서 있다. 르네상스풍의 이 성의 빨간 벽돌의 성벽과 탑, 근사한 정원이 더욱 더 매력적으로 방문객에게 다가간다.

이처럼 코펜하겐은 아름다운 도시임에 틀림없다. 그러나 그 아름다움에는 도시를 만들어 가는 사람들의 깊은 사랑이 녹아 있다. 도시의 면면을 살펴본 사람이라면 코펜하겐이란 도시가 왜 세계적인 도시가 되었는지 느낄 수 있을 것이다. 첫째, 장기적이고 종합적인 계획으로 단계적인 도시개발과 관리를 해오고 있다. 둘째, 도시 인프라를 비롯한 도시 서비스 전달체계가 빈부와 계층의 차이 없이 골고루 혜택을 받을 수 있도록 배려하고 있다. 셋째, 문화재 보존, 녹지공간의 확보, 보행자전용도로의 확대, 자전거도로망 확충 등 인간 중심의 사고로 도시를 이끌어 간다. 넷째, 역사, 문화, 건축 등의 사회 물리적 측면의 계획에 있어서 코펜하겐만의 독특한 개성을 살리는 방향으로 도시를 관리해 오고 있다.

코펜하겐의 태양이 중세의 바로크와 로코코식 건물에 그대로 내려앉는다. 역사가 녹아 있는 건축물과 풍부한 녹지, 맑은 항구, 그리고 보행자전용거리가 떠오르는 도시, 코펜하겐. 이 모든 것이 낯선 이방인에게 아련한 그리움으로 남는다. 은연중 무의식적으로 자리 잡은 이미지는 어느 '스침'도 놓치지 않고 두고두고 뚜렷한 기억으로 다시 살아나는 듯하다.

5 동유럽

빈 Wien
바르샤바 Warszawa
프라하 Praha
부다페스트 Budapest

5
동유럽

음악, 도나우 강, 궁전, 숲이 어우러진 모습으로 환상을 자아내는 도시

빈 Wien

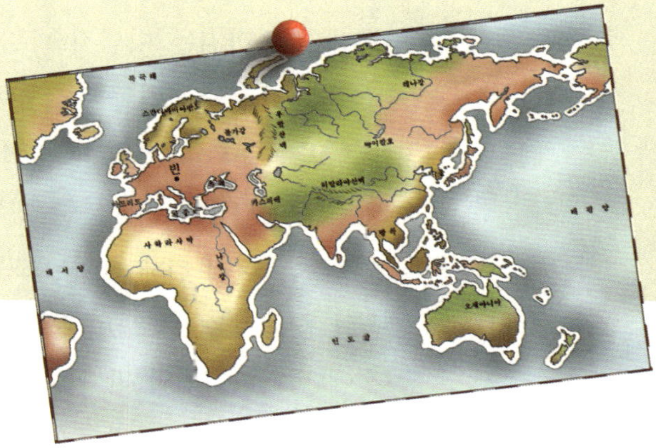

그들은 떠났어도 그들이 빚어 놓은 예술의 혼은 빈의 바람이 되어 분다

작은 우연이 역사의 물줄기를 완전히 돌려놓을 수 있다. 이런 역사관은 널리 퍼져 있다. 1차 세계대전이라는 대재앙이 어떤 운전사의 작은 실수에서 시작됐다는 주장이다. 1914년 사라예보에서 오스트리아 황태자의 운전사가 핸들을 잘못 꺾는 바람에 황태자의 차는 막다른 골목에 들어서게 됐고, 마침 거기 있던 세르비아 청년이 '운좋게' 황태자 암살에 성공했다. 이 때문에 1,000만 명의 목숨을 앗아간 1차대전이 일어났고, 이는 또 3,000만 명이 스러진 2차대전으로 이어졌다는 것이다. 유럽의 귀퉁이에서 죄인처럼 숨죽이고 있는 나라 오스트리아. 1, 2차대전 모두 이 나라로 인해 빚어진 국제 정치적 사건 때문에 일어났다고 해도 과

언이 아니다.

합스부르크 황가의 프란츠 요제프 황제가 다스렸던 19세기 후반부터 20세기 초까지는 이념적으로는 자유주의와 보수주의가 적당히 혼합됐고 경제적으로는 뒤늦은 산업화가 진행되던 때다. 비더마이어는 당시 오스트리아 문화 자체이다. 존 스턴에 의하면 오스트리아의 바로크 문화는 터키군의 철수가 가져다준 행복감 속에서 피어났다. 악몽으로부터의 해방을 축하하기 위해 파괴된 교회와 수도원, 궁성이 재건됐다.(존 스턴, 제국의 종말 지성의 탄생) 17세기 후반부터 꽃피기 시작한 바로크는 2세기 후에 비더마이어와 만나게 된다. 비더마이어는 산업화에 따른 중산층의 형성이 만들어낸 문화적 양상 내지 태도다. "오스트리아 사람들에게 항존하는 미적인 쾌락과 결부된 정치적 체념과 가톨릭 신심이 결합된 것을 표현하는 용이다.

20세기 초반 빈Wien의 사상적 원천을 만들어준 대가들을 보자. 정신분석학의 프로이드, 현상학의 훗설, 언어분석학의 비트겐슈타인 등의 사상가들은 방법론과 깊이에 있어서 20세기의 시대 정신의 원동력이 되었다. 프로이드의 무의식과 훗설의 사상은 세상은 우리 눈에 보이는 것 저 뒤에 자신의 모습을 숨기고 있다는 믿음이었다. 이들이 합스부르크가의 몰락 이후 오스트리아의 혼을 지켜준 것이다.

민주주의가 정체되고, 관료주의가 지배했던 빈에서 지식층은 탐미주의로 삶의 돌파구를 찾았다. 지식층의 탐미주의 추구는 새로운 예술 사조를 일으키는 힘으로 작용한다. 예술가들도 이런 시대적 흐름에 편승한다. 19세기말 '아르누보'라는 큰 흐름 속에 속하는 작은 운동 '빈 분리파' 또는 유겐트스틸Jugendstil이 19세기 말과 20세기 초의 오스트리아를 몰락에서 구원하게 된다. 이 분리파가 그 후 모더니즘의 태동을 도와주게 된다.

20세기 미술계는 서구 모더니즘의 발현과 추상미술의 부각 이라는 구도 속에서 전개되어왔다. 추상 미술이 20세기 미술의 장르를 독점해왔다 해도 과언이 아닐 정도로 미술세계를 지배해왔다.

브래드 버리와 맥팔레인(1976)은 모더니즘 사조를 상당히 포괄적으로 보고 있다. 이들의 정의에 의하면 모더니즘이란 큰 흐름 속에는 상징주의, 인상주의, 이미지즘, 보티시즘은 말할 것도 없고 미래파와 분리파운동을 비롯하여 표현주의와 다다이즘, 그리고 초현실주의 등이 들어간다고 한다.

아방가르드는 문화적·심미적인 면을 강조하면서 20세기 초반(1905~1938)에 형성된 예술사조 또는 운동이라고 할 수 있다. 시기상으로 보면 모더니즘과 비슷한 시기에 일어난 것이다. 아방가르드 속에는 미래파, 분리파, 표현주의, 다다이즘, 초현실주의 등 여러 운동이 들어 있다.

넓은 의미에서 아르누보란 18세기 계몽주의 시대 이후에 나타난 예술 전통이나 사조, 즉 신고전주의, 낭만주의, 리얼리즘, 인상주의, 모더니즘 다음에 일어난 예술 운동을 뜻한다. 아방가르드의 핵심인 심미주의는 모더니즘의 정신적 뿌리라 해도 좋을 것이다.

구스타프 클림트Gustav Klimt(1862~1918)도 분리파의 일원이었다. 남녀가 격정적으로 입맞춤하고 있으면서 몽환적 분위기를 발산하는 '키스'란 그림으로 널리 알려진 오스트리아의 이 화가는 '공원'이란 풍경화도 남겼다. 그의 그림은 초록·연두·진녹·연녹 등 말과 글만으로는 표현 못할 갖가지 색이 캔버스를 가득 수놓는다. 클림트는 1897년 19명의 진보적인 미술가들과 함께 이전의 미술과는 분리된 새로운 미술을 추구한다는 의미에서 '빈 분리파'를 결성하게 된다.

오토 바그너를 비롯한 여러 미술가들이 포함되어 있다. 오토 바그너의 건축 철학은 기능주의적, 실용주의적 측면의 건축 사상과 연관 지을 수 있다. 결과적으로 이 운동은 감각적인 아름다움에 치중하는 태도 및 이

전부터 전해 내려온 관습적이고 형식적인 아름다움을 타파하고 '진실한 아름다움은 실용적인 것에서 찾을 수 있다'는 신념으로 형태, 건축 요소, 기능 등을 명쾌하고 단순하게 처리하는 운동으로 점차 발전하였다.

작곡자 구스타프 말러Gustav Mahler(1860~1911)도 이런 혼돈의 시대에 한몫을 한다. 19세기 말 오스트리아의 몰락과 불안의 정서 속에서 말러는 과거를 회상하고, 현재를 반추하면서 미래 지향하는 곡들을 내놓는다. 말러를 죽도록 좋아하는 이들이 많다. 초기 작품 '비탄의 노래'부터 중기의 '죽은 아이를 그리는 노래'까지, 그 속에 녹아 흐르는 불안과 희망의 양면적인 정서, 그리고 사랑과 동경, 등이 '말러 코드'라고 할 수 있다. 그는 이백, 누보 등 중국 시인을 좋아했으며, 수시로 이들의 시를 낭송하였다고 한다.

세월이 흘러도 여전히 변하지 않는 것들이 있다. 도나우 강물은 베토벤과 요한 슈트라우스로 하여금 아름다운 선율을 만들게 했다. 그때도 지금도 도도히 흐르고 있는 도나우 강물. 빈의 상징처럼 우뚝 솟아 있는 슈테판 대성당은 한결같이 의젓하고, 도나우 강에서 불어오는 바람은 빈의 한복판에 서 있는 나의 육체를 휘감는다. 한때 중부유럽 일대를 호령하던 합스부르크 왕가의 자취가 머릿결에 스치더니, 요한 슈트라우스의 〈아름답고 푸른 도나우 강〉이 귓가에 들려오는 듯하다.

빈은 자타가 공인하는 '음악의 도시'이다. 국립 빈 필하모니 관현악단을 비롯해 국립오페라극장 관현악단, 시립 빈 교향악단, 그리고 빈소년합창단은 세계적으로 유명하다. 빈이 자랑하는 요한 슈트라우스, 베토벤, 슈베르트, 브람스…. 그들은 빈의 신비한 자연의 소리를 가까이에서 듣고 아름다운 선율을 만들어냈다. 빈은 도시 자체가 거대한 예술의 물결로 일렁이는 것 같다. 그곳에서 만나고 부딪히는 음악은 마치 건강한 모체의 젖줄기처럼 마음을 풍요롭게 해준다. 그들은 멀리 갔어도 그들이

국립오페라극장인 슈타츠오퍼(Staatsoper). 1861년부터 건축하기 시작하여 1869년 5월 모차르트의 작품을 선보이며 개관하였다. 파리의 오페라극장, 밀라노의 스칼라극장과 함께 세계 3대 오페라극장 가운데 하나이다. 고풍스러운 건물이 강한 인상을 남긴다. 시내중심에 있어서 누구나 쉽게 찾아갈 수 있다.

빚어 놓은 예술의 혼은 빈의 바람이 되어 찾는 이의 곁에 불고 있는 듯하다. 그 바람을 피부로 느끼며 석양에 채색되는 도시의 장관을 넋을 잃고 바라본다.

빈은 예로부터 동서양이 만나는 지점이었다. 그것은 지중해적, 중동적, 동양적 침공을 방어하고 무너지길 반복하면서 형성된 가교적 지점이다.

빈이 도읍지로 정해진 것은 1156년 바벤베르거 왕조 때이다. 그 후 합스부르크 왕조가 오스트리아를 지배하던 640년 동안 영국과 프랑스를 제외한 나머지 유럽 국가들과 러시아의 일부가 오스트리아의 손아귀에 있었다. 그러나 제1차 세계대전을 거치면서 합스부르크 왕조의 몰락과 함께 오스트리아의 명예도 함께 추락했다. 빈이 한때 독일에 속해 있던 시절에 베를린은 사람들에게 그다지 잘 알려지지 않은 프러시아Purussia의 작은 식민도시에 불과했지만, 빈은 독일의 문화 중심지였다. 로마의 영향력으로 유럽의 주요도시가 로마의 주둔지 주변으로 형성되었듯이, 빈도 이전에는 로마 통치 속에 있었으므로 빈이란 마을을 모태로 도시의 골격이 잡히게 되었다.

1529년, 동방에서 온 막강한 터키군은 빈으로 들어가는 입구에 포진하면서 도시 외곽부터 진격해 들어오고 있었다. 빈에서는 군대와 시민들이 힘을 합쳐 3주 동안 터키에 대항했다. 양쪽의 피해가 심해지고, 터키군의 물자가 고갈되어 갈 때쯤 강렬한 저항에 당황한 터키군은 줄행랑을 치고 도망가고 말았다. 그 후 빈은 유럽의 정치, 군사, 문화의 메카로 떠올랐다. 빈은 신성로마제국의 수도였으며, 나중에는 합스부르크 왕가가 자리 잡았던 곳으로 유럽의 문화를 리드하던 국제문화도시였다. 오늘의 문화도시, 빈은 결코 하루아침에 이루어진 것이 아니다.

아시아에서 원정 온 터키군은 1683년에 다시 빈을 침공했다. 그러나 터키군들은 또 한 번 패배를 맛보며 돌아갔다. 더 이상 터키군의 침략을 홀로 막아낼 수 없다고 여긴 오스트리아는 빈의 주변 도시와 국가들이 모여 반 오스만 동맹Alliance against the Ottoman을 결성하였다.

터키의 두 차례의 침공은 오늘날 빈의 시민들에게 커피, 라일락향기, 크라상 빵을 남겨 놓았다. 처음에 성곽도시로 출발한 빈은 도시가 외연적으로 확대되면서 불규칙적인 도시패턴이 나타나게 된다. 그래서 복합적 도시형태를 갖는 도시로 탈바꿈하였다. 불규칙적인 구시가지와 정형화된 신시가지가 섞여 있는 혼합형의 도시는 파리, 마드리드처럼 역사가 깊은 도시에서는 흔히 볼 수 있는 일이다. 그만큼 빈은 역사가 깊은 도시임을 알게 해준다.

합스부르크 왕가의 겨울궁전인 호프부르크(Hofburg)

합스부르크 최후의 황제인 프란츠 요제프(1848~1916)는 헝가리의 아우성에 포용정책으로 두 나라 이름을 섞어서 오스트로-헝가리로 개칭하였다. 그러면서 체코, 슬로바키아, 폴란드, 루마니아, 유고 등 실로 많은

오스트리아 사람들이 아끼고 사랑하는 '성 슈테판' 성당. 13세기 후반부터 300여 년의 오랜 세월에 걸쳐 완공된 고딕 양식의 건물. 높이 137미터. 한때 터키군과 독일군, 소련군의 폭격을 받아 폐허가 되다시피 했으나 지금은 완벽하게 복원되었다.

중유럽과 동유럽 국가를 지배하는 대황제로 등극했다. 이 시기에 오스트리아 경제는 괄목할 만한 성장을 하는데, 특히 빈은 경제의 중심지로 급부상했다.

1914년 6월 28일 사라예보에서 슬라브 민족주의자에 의한 오스트리아의 황태자 페르디난드Erzherzog Franz Ferdinand 암살 사건으로 제1차 세계대전이 발발했다. 패전 후 오스트리아에는 1918년 11월 12일 제1공화국이 수립되었으며, 신생 오스트리아 공화국은 옛날의 영화를 누리던 오스트로-헝가리 왕국의 영토 중 약 27%만 차지했고, 나머지 73%는 폴란드, 체코, 헝가리, 유고 등 신생 공화국들이 나누어 가지게 되었다.

빈은 외침에 대비한 성을 쌓기로 하고, 성곽도시계획을 수립하였다. 로마시대 유적을 토대로 원형의 성곽을 쌓았고, 성 슈테판 성당을 중심으로 한 동심원의 도시를 구축하였다. 19세기 들어와 성벽이 무너지면서 구도심을 핵으로 리본형태로 확대되었다. 이때부터 신시가지는 구도시와 차별화된 신도시로 자리 잡기 시작하였다.

빈은 역사의 상처로 얼룩이 지긴 했지만 기품 있는 도시다. 수를 셀 수 없을 정도로 많은 문화유산, 그리고 합스부르크 시대의 숱한 일화를 간직한 오래된 건물들, 그리고 거리 곳곳에서 느껴지는 예술의 향기…. 18세기 귀족들은 성벽 밖에 큰 정원이 달린 저택을 짓기 시작했다. 그때나 지금이나 도심의 답답함을 한적한 외곽에서 풀고 싶었던 마음은 변함없나 보다.

빈은 성곽도시의 형태를 갖추면서 2개의 시가지가 형성되었다. 성곽의 내부는 구시가지Altsta-dt로 좁은 골목길, 대성당, 4~5층의 나지막한 건물들, 황제와 귀족들이 살았던 호프부르크Hofburg 거리가 조성되었다. 또 하나는 신시가지로서 성곽 바깥에 형성된 폭넓은 순환벨트형 토지이다. 여기에는 광활한 숲과 정원이 펼쳐지는 귀족들의 저택이 대부분이었다.

1809년 나폴레옹군은 빈에 침입하자마자 성벽을 파괴했다. 철옹성이던 성곽이 무너지자 빈은 외침에 대해 무방비 상태인 경계 없는 도시Borderless City가 되어 버렸다. 그 후 반세기 동안 빈은 성곽과 고건물이 파괴된 채로 주인 없는 도시처럼 방치되어 있었다.

1857년경에 이르러 국왕의 지시하에 대대적인 도시정비 사업을 펼쳐 나갔다. 왕은 우선 구시가지와 신시가지의 경계를 없애고 일체감과 통일감이 있는 빈으로 만들라는 주문을 했다. 이에 도시 전체에 대한 종합적인 계획이 수립되는데 국가가 가지고 있던 금싸라기 땅의 일부를 민간인

오스트리아 인스부르크의 시내 모습. 인스부르크는 비교적 높은 산 속에 형성된 도시이다. 이 도시에는 전통, 청정, 순수가 있다.

에게 매각하여 도시발전기금을 확보하고, 도시정비에 필요한 비용으로 활용하였다. 또 설계공모전을 통해 7명의 건축가가 제안한 각기 다른 설계안에 의해 공공 건축물을 건축하도록 하였다. 공모 조건에는 공공건축물들을 가급적 불바드Boulevard와 광장에 접하도록 주문하기도 하였다.

그 후 몇십 년 동안에 걸쳐 이 도시계획안은 수정되고 보완되었다. 우선 큰 불바드 중심의 도로로 도시를 감싸는 설계안을 채택하였는데 이것이 그 유명한 빈 링Vienna Ring이다. 링 밖의 건물이 없던 지구는 직사각형의 가구와 직선형 가로를 집어넣었다. 불바드 내부에는 네오고딕 양식의 성당과 르네상스 양식의 증권거래소와 부르크Burg 극장 등 공공건물이 속속 들어서게 되었다. 여기서 단연 매력적인 건물은 의사당이다. 덴마크 건축가인 한젠hansen에 의해 설계된 이 건물은 그리스 양식으로 코린티안 양식의 열주(기둥)가 버티고 있으며, 신전분위기가 건물 전체를 지배하고 있기도 하다. 그 후 수세기 동안 빈의 도심은 과길화되어 건물이 8층까지 올라가는 곳도 생겨났다. 새롭게 단장되는 지구에는 아파트란 공동주택이 처음으로 선보이게 되었다. 이 당시의 도시계획과 도시형성패턴이 지금의 빈의 초석이 되었다.

빈은 도시 전체가 문화유산이다. 옛날 화려했던 합스부르크 왕가의 면모가 도시 곳곳에서 스며나고 있다. 동그랗게 늘어서 있는 웅장한 왕궁의 건물군은 마치 동화 속에 나오는 소국 같은 느낌이다. 왕궁은 오스트로-헝가리 왕국의 영화를 고스란히 보여준다. 왕궁 앞의 요제프 광장은 영화 〈제3의 사나이〉의 촬영지로 등장하기도 했다.

하이든, 슈베르트, 브람스, 말러가 애용했던 악기들이 펼쳐져 있어 방문객을 유혹하고 있다. 왕궁 안의 부르크카펠레Burgkapelle에서는 500년의 오랜 역사를 지니고 있는 빈 소년합창단의 환상의 화음소리가 들린다. 변성기가 와서 소리가 굵어지면 스스로 합창단을 떠나야 하는 그야말로 소년의 목소리로만 이루어진 합창단이다. '소년 합창단의 아버지'인 막시밀리언 1세 황제가 1498년, 호프부르크왕궁의 예배당 전속으로 6명의 소년합창단 멤버를 창설하면서 합창단은 시작되었다.

슈테판 대성당은 빈 시내 한복판에서 시민들을 내려다보고 있다. 137m의 높이 솟은 첨탑이 도시의 상징물로 자리매김한 지 오래되었다. 빈의 도시 브랜드 가치를 올려 주는 데 큰 몫을 하고 있다. 슈테판 성당은 13세기 후반부터 약 300여 년간에 걸쳐 지어진 고딕스의 건축물이다. 전망대에서 보는 알프스산과 도나우 강은 멋진 앙상블을 이룬다. 유럽에서 막강한 권력을 자랑하던 마리아 테레지아 여왕시대에는 이 탑을 유럽의 핵심이라고 불렀다. 한때는 터키군, 독일군, 그리고 근대에는 소련군

빈 음악가의 묘지에 있는 요한 슈트라우스의 동상. 요한 슈트라우스의 대표작인 〈아름답고 푸른 도나우강〉은 오스트리아가 이웃 나라인 프로이센과의 전쟁에서 패하고 나라 전체의 암울한 분위기를 타파하고 새로운 힘과 용기를 불어 넣어 주기 위해 만든 곡이다. 그 후 오스트리아를 대표하는 명곡으로 자리 잡았다.

합스부르크 왕가의 여름궁전으로 쓰였던 쇤부른 궁전 내의 숲속. 로코코 양식의 최대 걸작이라 일컬어지는 이 궁전에서는 여름에는 콘서트가 열리며 겨울에는 크리스마스 마켓이 개설된다.

의 침략으로 폐허가 되다시피 했지만 지금은 처음의 모습으로 완벽하게 복원되었다.

어느새 꽃들 속에 잠들어 있는 음악가들의 중앙묘지에 다가간다. 묘지라고는 하지만 커다란 숲으로 둘러싸인 공원이나 다름없다. 1873년에 설계되어 1905년에 완성되었고 대지가 약 2만㎢의 넓은 묘지이다. 음악가 지구Grabergruppe 32A에 가면 베토벤, 브람스, 슈베르트, 주페, 요한 슈트라우스, 모차르트의 음악의 향기를 느끼게 된다. 나란히 누운 베토벤과 슈베르트의 묘는 '생전에 가장 존경하던 베토벤 옆에 나를 묻어 달라'는 슈베르트의 유언에 따른 것이라고 한다. 베토벤을 향한 슈베르트의 존경은 끝이 없어서 죽어서도 베토벤의 곁에 있고 싶었나 보다. 그래서 '그 누군가를 존경한다면 슈베르트처럼 하라'는 말이 있다.

지하철 그린라인으로 20분만 타고 가면 베르사유 궁전을 모방했다는 쇤부른 궁전이 나타난다. 궁전이 지어진 이곳에서 '아름다운 샘Schonner Brunnen'이 발견되었다고 해서 붙여진 이름이다. 이 궁전은 18세기 중엽 합스부르크 왕가 최고의 여걸이었던 마리아 테레지아 여제 때 완공된 것으로, 1569년 막시밀리안 2세가 수렵장으로 이용하기 위해 만든 동물원과 정원 숲이 있었던 자리에 지어졌다. 합스부르크 왕가의 여름궁전으로 쓰였던 이곳은 마리아 테레지아 여제의 막내딸로서 훗날 루이 16세의 왕비가 된 마리 앙뜨와네트가 어린 시절을 보낸 곳이었다.

마리아 테레지아 여제가 오스트리아를 호령하던 시절(1740~1780)은 정치, 행정, 경제, 문화 등 모든 분야가 번성하였다. 또 그녀는 오스트리아의 클래식 음악의 토양을 탄탄하게 뿌리내린 장본인이다. 그래서 그녀를 '계몽적 전제 군주'로 부른다. 여제는 대단한 통치력을 과시했으나 오스트리아 계승전쟁과 7년 전쟁에 패하였던 쓰라린 경험도 가지고 있다.

낯선 도시, 낯선 거리, 낯선 만남의 영화 〈비포 선라이즈Before Sun-rise〉는 빈의 모습을 잘 그려내고 있다. 파리로 가는 소르본느 대학 여대생 셀린느(줄리 델피)는 기차에서 우연히 미국인 청년 제임스(이단 호크)를 만난다. 둘은 빈에 매료되어 전차를 타고 도나우 강을 바라보기도 하고 공원, 뒷골목, 공동묘지, 술집 등에서 둘만의 데이트를 즐긴다. 사랑에 도취되어…. 만나는 장소 하나하나가 이들의 이미지와 오버랩되면서 빈의 잔잔한 숨결을 느끼게 한다. 그들이 지나간 장소가 빈의 추억거리로 자리 잡을 즈음 6개월 후 6시에 철도역 9번 트랙에서 만나기로 작정하고 일상으로 돌아가는 장면을 마지막으로 영화는 끝을 맺는다. 영화 속 빈의 근사하고 고풍스런 풍경은 많은 사람들에게 '언젠가는 꼭 방문하고 싶은 도시'라는 생각을 갖게 한다. 영화가 빈을 알리는 데 톡톡히 역할을

도나우 강에 반사되는 빈의 야경. 밤이 무르익을수록 바이올린과 첼로의 아름다운 하모니가 도나우 강물 위로 길게 퍼져나가고, 물새들이 날개를 퍼덕이며 날아오른다.

한 셈이다.

빈의 큰 매력은 무엇보다도 음악과 공연예술에 있다. 공연은 시민들 가까이에서 누구나 접근하기 쉬운 도심부에서 펼쳐진다. 대부분의 시민들이 지하철을 타고 공연장을 찾는다. 빈에서 음악회가 열리는 곳은 대부분 도심 한복판을 순환하는 '링스트라세'라는 환상도로 주변에서 열린다. 빈의 볼거리는 이 순환로에 가면 찾을 수 있다. 성 슈테판 성당은 이 순환로의 핵심에 있고, 공원, 시청, 호프부르크, 역사박물관, 미술사박물관, 오페라하우스가 다닥다닥 붙어있을 정도로 가까이 있다. 오페라하우스 주변에는 200가지 샐러드를 파는 궁정 요리집, '모차르트'라는 유명한 카페, 밤 세워 각종 음식을 맛볼 수 있는 레스토랑이 즐비하다. 오페라를

빈으로 들어가는 길목의 작은 마을의 풍경. 이렇게 예쁘고 작은 산간마을들이 오스트리아 곳곳에서 나타난다.

관람하는 시민들을 위한 주변의 서비스 시설도 오페라 시설 못지않게 준비되어 있다. 매일 이어지는 빈의 공연은 이제 일상에 깊숙이 들어와 숨쉬고 있다. 도시와 시민과 공연이 호흡을 항상 같이 하고 있다. 그에 비하면 서울의 공연장들은 일상과 떨어져 있는 느낌이다.

지하철역인 장충역에서 컴컴한 길을 한동안 걸어서 올라가야만 나타나는 국립극장, 남부터미널 지하철역에서 한없이 걸어야 나타나는 예술의 전당…. 공연장은 시민들이 예술을 느끼고 싶을 때 언제나 찾아갈 수 있는 장소이어야 한다. 즉, 예술이 생활에 밀착되도록 도시의 공간계획을 제대로 수립해야 한다는 것이다.

빈은 많은 음악가를 배출한 도시이다. 150㎝의 아주 작은 키의 곱슬머리 슈베르트. 그에게는 평생 가난과 불운이 따라다녔다. 아내도 없었고 변변한 친구도 없이 그의 곁에는 시녀와 창녀가 전부였다. 백작의 딸을 짝사랑하였지만 이루지 못했다. 하지만 그는 31년이라는 짧은 생애 동안 600여 곡을 작곡했다. 피아노 5중주곡 〈송어〉, 뮐러의 시에 곡을 붙인 연가곡집 〈아름다운 물방앗간 아가씨〉와 〈겨울 나그네〉, 가곡 〈마왕〉, 〈아베마리아〉, 〈세레나데〉 등의 대표곡들이 있다.

오스트리아 국가를 작곡한 교향곡의 대부인 하이든. 그를 기리는 기념관은 서부역에서 가까운 하이든가 19번지에 있다. 하이든은 빈에서 자동차로 70분을 달리면 나오는 아이젠슈타트에서 30년간 에스테르하지 공작가의 악장으로 일한 바 있다. 그의 첼로 협주곡 C, D, G장조는 듣는 이를 황홀하게 만든다.

음악의 신동, 모차르트. 그는 빈에서 프랑스의 극작가 보마르셰의 5막 산문희극을 기본으로 〈피가로의 결혼〉을 작곡했고, 1786년 빈에서 초연했다. 모차르트 기념관에는 그의 악보와 유물들이 전시되어 있다.

빈에는 20세기 초반 음악 작곡사상의 흐름을 버꾼 인물, 쇤베르크가 있다. 미술 및 디자인에서 클림트와 바그너의 분리파가 20세기 초반의 빈의 미술 조류를 이끌어 나갔다면 음악에서는 쇤베르크가 음악 작곡의 새로운 패러다임을 도입한 인물로 평가된다. 쇤베르크는 1908년경부터 일련의 작품에서 본격적인 무조음악을 시도해 당시 음악계에 큰 파장을 일으켰다. 전통적인 고전·낭만적 음악 작품이 대부분 조성체계에 근거했다면, 이러한 체계에서 벗어나 자유롭게 작곡된 '무조음악'을 창조한 것이다. '무조음악'에는 '불협화음'이 많이 등장하며, 한 작품을 대표하는

훈데르트바서(Hundertwasser)가 설계한 쿤스트하우스 빈(Kunsthaus Wien)

주제 선율이나 곡을 마무리하는 끝맺음이 없다. '조성은 일종의 자연법칙이다'라는 생각이 근 300년 이상 서양음악을 지배했었다. 우리가 즐겨 듣는 대부분의 클래식 작품이 조성에 근거함을 상기해 볼 때 쇤베르크의 시도는 기존의 틀을 깨는 융합적이고 혁신적인 것이었다. 물론 조성의 해체 현상은 19세기 말부터 여러 작곡가들의 작품에서 나타났지만, 쇤베르크는 무조음악을 체계적으로 융합하여 새로운 음악 패러다임을 만들었다고 할 수 있다.

무조음악에 대한 당시 청중과 비평가들의 거부감은 매우 격렬해, 그의 작품이 초연되면 휘파람과 야유로 공연이 중단되는 소동이 일어나기도 했다. 그렇지만 그는 "조성 체계는 영원한 법칙이 아니며 음악 형식 가운데 나타나는 하나의 수단에 불과하다"고 역설하며 자신의 무조음악 방법론을 밀어 부쳤다.

20세기의 대표적인 철학자 아도르노는 쇤베르크의 손을 높이 들어주었다. 청중의 귀에 달콤하게 들리는 선율은 "중성화되어 자체의 비판력을 상실한 장식품"에 지나지 않는다. 날카롭게 청중의 신경을 자극하는 쇤베르크의 불협화음은 '가장의 세계'와 '유희', '순응적 태도'를 거부한다. 그래서 그의 음악은 '진실'과 '진정성'을 찾아가는 길이라고 호평한다.

훈데르트바서는 기존의 전통적 디자인 스타일을 뛰어넘어 자유분방하고, 독특한 설계기법을 적용한 독특한 디자인을 빈에 선보였다.

"한 가지 색으로만 건물을 색칠하다니, 참으로 경직된 방법이죠. 흔히 사람들은 여러 가지 색으로 혼합된 건물이 통일감을 해친다고 생각하지만 그것은 죽음의 통일감입니다"라며 그는 역동적인 도시를 주장했다. 1985년 세상에 내놓은 그의 작품 〈훈데르트바서 하우스〉는 우리가 늘상 보아오던 딱딱한 모습이 아니라 '헨젤과 그레텔'에 나옴직한 다양하고, 정형화되지 않은 색깔의 벽면과 양파 모양의 둥근 돔 지붕 등 실로 파격적인 디자인을 접목한 아파트이다. 그의 또 다른 대표작인 쿤스트하우스 빈Kunsthaus Wien 역시 빈의 명물이다. 이것은 란트스트라세Landstrasse 역에서 내리면 만날 수 있다. 오래 전부터 가구공장으로 쓰이던 이 건물을 훈데르트바서가 설계하고 개조하여 1층은 박물관과 상점, 2,3층은 전시장, 지하 1,2층은 훈데르트바서의 그림과 건축모델, 작품이 전시되어 있다.

빈의 중세도시의 골격이 살아 숨쉬는 도시이다. 도심지 위주의 도시성장 패턴이 지배하다가 1960년대부터 도시외곽에 신시가지가 본격적으로 개발되기 시작하였다. 빈의 외곽의 개발에도 불구하고 여전히 압축도시 Compact City의 형태를 가진 도시로 보아야 한다. 도심지에 대부분 시민들의 일터가 있고 주거지도 도심지에서 그리 멀지 않다. 시민들의 출퇴근시 자가용 이용이 극히 드물고, 약 80%가 대중교통인 지하철을 타고 다닌다. 그래서 빈은 적어도 토지이용과 교통체계의 통합이란 면에서 지속가능한 도시를 가꾸어 가고 있다. 그러나 이 도시도 도시외곽의 지속적인 개발로 인해 앞으로는 분산된 집중형의 도시구조로 변형될 조짐이 보인다. 그만큼 도시의 외연화 현상이 빠르게 일어나고 있다. 따라서 구도심과 외곽의 공간적, 기능적 조화와 균형적인 도시정비가 새로운 패러다임 속에서 빈이 풀어가야 할 과제로 보인다.

갈대처럼 강인한 생명력을 자랑하는 도시

바르샤바 Warszawa

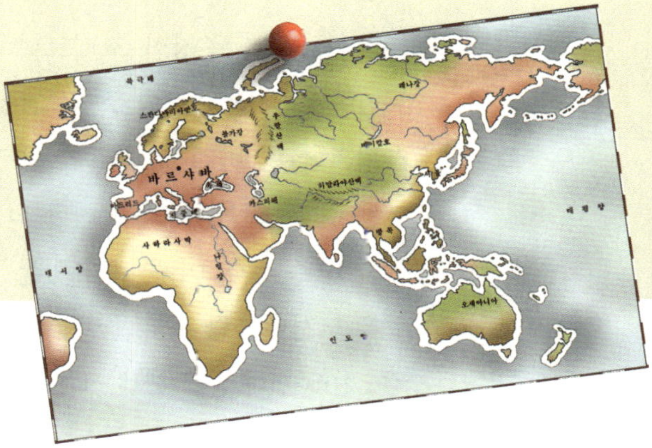

내면은 강하고 외모는 아름다운 도시

바르사뱌의 아기자기한 길들이 방문객을 도심 광장으로 유도한다. 걷고 싶은 거리들이다. 이 길은 관통하는 짜릿함은 무엇인가? 신선한 사과를 한 입 베어 문 것처럼 상큼한 과즙 같은 아침광장, 복원된 광장이지만 중세 특유의 푸근한 광장이다. 이 광장은 사실 굉장히 중세도시적 뉘앙스를 풍기는 중세 동네이다.

길을 걷는다는 것은 어디든가 떠나간다는 것이다. 몸의 바깥으로 떠나기도 하고 스스로의 내면으로 향하기도 한다. 그건 움직임과 소통의 길을 걸으면서도 나를 자각하거나 성찰하지 못한다. 그 까닭은 아마 우리가 꽤나 바쁘게 살기 때문일 것이다. 변화의 속도가 빠르고 경쟁이 치열하다. 아마 발품이라도 부지런히 팔아야 변화에 올라타서 기회를 잡아야 한다는 긴장감 때문일 것이다. 이럴수록 마음의 치유를 위해 환상적 공간과 아름다운 도시를 보아야 한다.

지동설을 주창한 코페르니쿠스, 라듐을 발견한 퀴리 부인, 야상곡을 만든 피아노의 시인 쇼팽, 교황 요한 바오로 2세, 그리고 민주주의의 불씨를 살린 바웬사, 그들은 폴란드를 대표하는 인물이다. 수도 바르샤바는 강인한 생명력과 화려한 외모를 자랑한다. 경이로운 바르샤바의 모습을 마주할 때 이 도시의 있는 그대로의 외면보다는 많은 침략에 시달려온 도시민들의 사무친 아픔이 먼저 다가온다.

1656년에는 스웨덴, 1794년에는 프로이센, 제2차 세계대전 시에는 독일이 차례로 300년 동안 바르샤바를 무참하게 짓밟아 놓고 말았다. 바르샤바 시민들의 저항정신은 거듭되는 불청객들의 방문에 더욱더 굳세어졌다. 1794년 프로이센의 침입을 받은 바르샤바 시민들은 도시를 지키고자 하는 의지로 똘똘 뭉쳐 있었다. 하지만 거친 저항이 가져다 준 결과는 유적지와 유물의 파괴였다. 제2차 세계대전, 독일군의 폭격은 또다시 그 결과가 반복되는 사건이었다. 대조적으로 이웃 프라하는 독일에 저항하지 않고, 일찌감치 항복해 버려 옛날 프라하의 모습을 간직할 수 있게 되었다.

그 후 1943년 유대인 봉기, 1944년 폴란드군의 저항으로 바르사뱌는 또다시 쑥대밭이 되어 버렸다. 이때 바르샤바 시민의 85%는 죽거나 다른 도시를 찾아 떠나는 운명에 처해 있었다.

1945년 나치독일의 붕괴와 함께 소련군이 들어오고 통일정부가 탄생하였다. 하지만 1947년 총선거에서 공산정권인 폴란드 인민공화국이 출범하게 되면서 스탈린 시대가 막을 올리게 되었다. 그때의 바르샤바의 모습은 황폐화된 도시 그대로였고, 다시 돌아온 시민들은 도시를 재건하는 데 온 힘을 기울였다. 팔을 걷어붙이고 오히려 도시를 새롭게 할 절호

13세기에 만들어진 바르샤바 구도심의 마켓 스퀘어로 가는 골목길

의 기회라고 생각한 것이다.

이 당시 도시계획가 및 건축가들은 과거 도심의 재현과 더불어 현대 건물의 신축을 겸비해서 전통과 현대의 조화를 도시개발의 목표로 내걸고 도시를 단장하게 된다. 우선 도시를 몇 개의 지역으로 나누어 용도를 부여하는 작업을 실시했다. 고층 아파트촌과 사무실을 위한 높은 빌딩, 그리고 도시외곽에는 공장 등 현대식 건물이 하나둘씩 그 모습을 드러내기 시작했다. 구도심의 역사적인 건물들은 속속 옛날의 모습을 찾기 시작하였다.

이들은 이 도시의 아픔을 환희로 끌어올려 놓았다. 선조들이 일구어 놓은 과거의 도시모습으로 되살려 놓으려는 몸부림이 오늘의 바르샤바에 투영되어 있다. 그 노력들이 한데 모아져 옛도시의 멋을 간직할 수 있었으리라.

1971년, 폴란드 국민들은 해외동포의 헌금과 정성을 한데 모아 독일에 의해 처참하게 짓밟혀 주춧돌만 남은 구시가지의 왕궁을 완벽하게 재현했다. 바르샤바의 구도심에 높이 서 있는 원주형태의 동상 지기스문트 대왕. 그는 1600년대 스웨덴의 침공으로 당시 수도 크라쿠프가 막대한 피해를 입자 지금의 수도 바르샤바로 천도를 결정했다. 폴란드의 마지막 황제 포니아토프스키는 탁월한 심미안을 가지고 바르샤바를 아름답고 근사하게 치장했다.

1772년 포니아토프스키 황제는 무능한 황제에 대한 국민들의 비판을 피해 왕궁에서 도피하기로 하고, 와젠키에 별궁을 지었다. 별궁에 칩거하면서 귀족들의 사냥터였던 이곳을 오늘날과 같은 대공원으로 탈바꿈하는 초석을 다져놓았다. 정치적인 무능력이 왕실에서 국사를 게을리 하게 되고 세간의 수근거림이 듣기 싫었을 것이다. 포니아토프스키는 별궁에 앉아서 유럽, 지중해, 아랍 등지에서 모은 회화와 조각품을 모조리 러

13세기에 지어진 구도심 마켓 스퀘어의 모습. 화재와 폭격으로 인해 파괴되어 복원작업을 통해 옛날 모습을 그대로 재현하고 있다. 주요 이벤트가 여기서 열린다.

시아의 페테르부르크로 가져갔다. 연인 예카테리나에게 본인의 남은 여생만이라도 잘 봐 달라는 아첨의 표시였을까? 그래서 페테르부르크의 에르미타슈미술관은 그의 희귀한 소장품 덕분에 세계의 일등미술관으로 자리매김하게 되었다.

바르샤바는 크라쿠프, 그니에즈노, 포즈난디 등 다른 플란드 도시들에 비해 뒤늦게 역사의 전면에 부상했다. 크라쿠프에서 수도를 천도해 왔기 때문이다. 발트해에서 남유럽과 흑해로 연결되는 무역로와 서유럽에서 동유럽으로 들어가는 길목이라는 지리적인 이점으로 바르샤바는 빠른 시간에 발전했다. 유럽을 크게 볼 때, 바르샤바는 유럽대륙의 동서남북의 축이 교차하는 지점에 위치한다. 외국과의 교역이 활발하게 전개될

비스와 강에서 바라본 왕궁. 넘실거리는 비스와 강 뒤 숲속에 자리한 왕궁과 부속건물이 사뭇 환경 친화적으로 다가온다.

수 있어서 옛부터 상업의 중심지였지만 대륙의 중심이라 사방이 다 뚫려 있어서 그런지 외침도 그만큼 잦았다.

바르샤바의 도시 이름은 어떻게 탄생했을까 옛날 비스와 강변에는 갈대숲만 무성했다. 사람들은 살지 않았고 물고기만 살고 있었다고 한다. 가끔씩 강에 오는 사람들은 고기를 잡아 생계를 유지하는 어부뿐이었다. 이 어부 중에는 바르War라는 젊은 어부가 있었다. 어느 날 그물을 걷으러 갔던 바르는 그물에 물고기 대신 어여쁜 인어가 걸려 있는 것을 보고 놀란다. 샤바Sawa라는 이름을 가진 이 아름다운 인어에 반한 바르는 샤바를 사랑하게 되었고, 결국 서로 결혼에 이른다. 이들이 가정을 이루어 강가에 집을 짓고 살았는데 이들의 자식들이 오늘의 바르샤바인의 조상이

바르샤바 시내로 들어가는 길목이 있는 어느 교외지역의 모습. 계곡, 집, 산, 숲이 어우러져 있다.

되었다고 한다. 이들이 살았던 마을을 두 사람의 이름을 따서 바르샤바로 부르게 된 것이라고 한다.

공산주의의 이데올로기가 지배했던 나라 폴란드를 보면 동유럽의사회주의 혁명은 실패로 끝났음을 느낄 수 있다. 고르바초프의 등장으로 옛 소련 국내에서의 개혁과 개방뿐만 아니라 동유럽의 민주화 개혁은 세계 질서에도 큰 변혁을 가져오게 되었다. 즉 사회주의가 더이상 시민의 지지를 얻지 못하면서 자본주의로 다시 흡수되는 모습을 보이고 있는 것이다. 바르샤바 역시 그 흐름을 거역할 순 없었다. 도시 곳곳에 서유럽의 대형 할인판매점이 생겨나 도시의 색깔을 변화시키고 있고, 세계의 자본이 속속 들어와 시장을 잠식하고 있다.

포니아토프스키 왕이 만들어 놓은 와젠키 공원

바르샤바는 중세의 낭만과 멋이 그대로 느껴지는 도시다. 가을에 찾으면 단풍이 이 도시의 매력을 더욱 눈부시게 한다. 강변에 펼쳐지는 건물과 숲, 이제 바르샤바는 안정되고 평화로운 도시이다. 구시가지로 들어가는 입구에는 폴란드의 내로라하는 중세시대의 귀족, 스타식 백작가의 저택이 서 있다. 지금은 사회과학원과 바르샤바대학의 도서관으로 사용되고 있다. 이 건물 앞에는 '그래도 지구는 돈다'고 말한 코페르니쿠스가 마치 지구 위에 앉아 있는 것처럼 사람들을 내려다본다. 아리스토텔레스 이후 프톨레마이오스에 의해 집대성된 지구중심설이 2000년간 유지되어 오다 코페르니쿠스의 저서 《천체의 회전에 관하여》(1525~1530년 사이에 집필)에 발표되었다. 그것은 코페르니쿠스의 용기와 혁신과 천재성의 표

제2차 세계대전 때 독일에 의해 처참하게 파괴된 구도심. 폐허가 된 도시에 짐을 멘 시민이 허탈한 심정으로 어디론가 걸어가고 있다.

출이자 과학혁명의 시작을 알리는 전환점이었다.

그 후 케플러, 갈릴레오, 뉴턴에 의해 지동설은 수정을 거치게 되었다. 과학의 발전과 종교의 이념 사이는 역사를 거슬러 올라가도 껄끄러운 관계였나 보다. 과학의 진리인 지동설을 두고 교회가 반발한 옛날이나, 인간복제의 효용성을 두고 찬성하는 과학자나 윤리적인 입장에서 반대하는 종교인이 오늘날 똑같이 있으니 말이다.

과학 이야기를 하자면 폴란드가 낳은 노벨상 수상 과학자, 퀴리 부인을 빼놓을 수 없다. 그녀는 일생에 한 번 수상하기도 힘든 노벨상을 두 번이나 받았다. 첫 번째 상은 남편 피에르 퀴리와 함께 물리학상을 수상했고, 두 번째 상은 남편이 죽은 뒤에 단독으로 받은 화학상이다. 프랑스

와젠키 공원의 조경은 아름답다. 곳곳에 다양한 식물과 꽃들이 즐비하다. 진한 자주색의 장미가 방문객을 유혹한다.

의 소르본 대학에서 퀴리는 피치브렌드라는 산화 우라늄에서 나오는 방사선이 일반 우라늄에서 나오는 방사선보다 4배 강하다는 실험결과를 토대로 새로운 요소를 만들어 내게 되었다. 이 물질을 조국인 폴란드를 기념하여 폴로늄Polonium이라는 이름을 붙여 주었다. 만약 '퀴리 부인이 우리나라에서 태어났다면 어느 방직공장의 용모 단정한 여직공이 되었을 것'이라고 교육정책을 비웃는 어느 인사의 자조적인 이야기를 들은 것이 기억난다.

구시가지 거리의 3번지에 있는 성 십자가 교회에 들어가면 〈즉흥환상곡〉이 들리는 것만 같은 착각에 빠진다. 쇼팽은 20세에 파리에 가서 공부하고 1932년 파리에서의 최초의 연주회를 개최하여 호평을 받았다. 폴란드 국민들이 파리에서 39세로 일찍 요절한 쇼팽의 유해를 조국의 품에 간절히 묻고 싶어 했지만, 그 뜻을 이루지 못하였다. 파리에는 그가 바르샤바를 떠날 때 선물로 받은 폴란드의 흙이 그의 유해 위에 뿌려졌다. 쇼팽은 일생을 거의 피아노곡에만 전념하다시피 했다. 즉흥곡, 녹턴, 마주르카, 왈츠, 폴로네즈 등 낭만파적인 소품이 쇼팽이 개척한 새로운 형식으로, 이 당시 음악계에 신선한 바람을 불어넣었다. 쇼팽이 여류소설가인 조르쥬 상드와 사랑에 빠져 요양하러 간 지중해의 마요르카 섬에서 착상을 얻은 〈빗방울 전주곡〉은 그의 짧은 인생만큼이나 우수를 지니고 있다.

'피아노의 시인'으로 유명한 쇼팽은 음악에 대한 열정을 거의 피아노에만 바쳐서 주옥 같은 작품을 남겼다. 쇼팽의 작품은 단순한 감정표현에 그친 게 아니라 개작과정을 통해 자신의 감정을 예술적으로 승화시켜 모두가 공감할 수 있는 언어로 탄생시킨 것이다.

서양음악사에서 '쇼팽'이란 브랜드는 피아노음악 그 자체이다. 쇼팽은 약 200개의 곡을 작곡했는데 대다수가 피아노 독주곡이다.

낭만의 시대인 19세기에 접어들면서 자유로운 감성의 표현이 시대의 화두로 등장하면서 쇼팽은 더욱 직감적이고, 내면세계를 보다 노골적으로 투영한 녹턴을 발표한다. 쇼팽은 자신의 녹턴을 '피아노로 부르는 노래'라고 여겼다. 쇼팽의 녹턴은 1827년에서 1846년까지 작곡한 21개 곡으로 구성되어 있다. 이 녹턴은 피아노와 연주회에서 전 세계적으로 폭넓게 연주되는 완벽한 환상의 곡으로 꼽히고 있다.

쇼팽의 활동 무대는 파리였지만 그는 그가 출생한 폴란드를 평생 잊은 적이 없다. 바르사바는 쇼팽으로 도시경쟁에서 우위에 올라서 있다. 쇼팽은 바르샤의 스토리텔링의 요소이다. 이 도시는 쇼팽이란 도시재산을 토대로 쇼팽공원, 쇼팽와인 등을 발굴하고 재구성하여 쇼팽이란 문화유산의 복합화 및 융합을 통해 쇼팽을 도시마케팅의 요소로 적극적으로 활용하고 있다.

평생을 민족과 사회에 대한 걱정으로 바친 안제이 바이다 감독은 영화 〈대리석의 사나이〉에서 폴란드의 20세기 중반 사회상황을 현실적으로 표현하였다. 영화의 배경은 스탈린주의Stalinism 시대가 막이 오른 1947년으로 거슬러 올라간다. 나치정권의 붕괴와 함께 공산정권인 폴란드 인민공화국이 들어선다. 스탈린이 죽고 빵과 자유를 염원하는 시민폭동이 일어나긴 하지만 친소정권은 이들을 가만 놔두지 않는다. 영화대학의 졸업반인 젊은 여성 아그네츠카는 졸업작품을 만들기 위해 노동영웅에 대한 기록영화를 만들게 된다. 그녀는 50년대 초의 노동영웅인 비르쿠트를 점찍고, 그에 관련된 문서와 기록, 그리고 인터뷰를 통하여 진실에 접근하게 된다. 그녀는 영화제작 과정을 통해 역사의 진실을 밝히려고 한다. 농부출신인 비르쿠트는 벽돌쌓기의 경이적인 기록을 세우며 노동영웅이 된다. 정권은 그에게 특별한 배급을 주며 대리석 조각상까지 세워준다. 그 후 정치적인 이유로 감옥에 갇히게 되고 영웅의 이미지는 세상에서 사라지게 된다. 영화의 마지막 부분에서 레닌조선소를 방문한 비르쿠트의 아들은 '아버지는 이미 1970년 레닌조선소 파업 때 돌아가셨다'고 슬퍼한다. 이 영화는 공산정권 시절 폴란드에서 반정부 인물의 제거, 대중여론의 조작, 정치재판, 매스컴의 통제 등을 고발하면서 이데올로기의 변화와 함께 인간의 고뇌를 부각시킨다.

바르샤뱌는 도시의 자산을 적극적으로 활용하여 도시 브랜드 가치를 올리고 있는 도시이다. 바르바샤의 핵심적 도시자산은 지동설의 코페르니쿠스, 과학의 퀴리 부인, 음악가 쇼팽, 감독 바이다 등 쟁쟁한 인물들이다. 바르바샤는 창의적으로 도시자원을 관리함에 있어서 공공과 민간부문이 협력하여 유무형의 콘텐츠를 개발하고 인프라를 조성하며 문화·관광 프로그램과 연계시켜 놓았다. 이에 따라 도시 공동체의 역량이 강화되면서 도시 정체성이 강화되었다. 바르사뱌의 도시자산활용에서 얻은 시사점은 이렇다. 첫째, 도시자산에 대한 존경심과 자긍심을 갖는다. 둘째, 도시의 유무형 자산을 역사적 관점에서 이해하고 창의적 관점에서 이해하고 창의적 관점에서 접근한다. 셋째, 도시자산의 발굴 및 활용과정에는 적극적으로 참여한다. 넷째, 도시자산의 특성에 따라 활용의 우선순위를 둔다는 것이다.

추락하는 순간에 와서야 공산주의의 한계와 무모함을 한탄한 것이다. 이런 이데올로기는 겉으로는 화려하고, 과감해 보이지만 승리의 여신은 손을 들어주지 않는다.

공산주의의 퇴각 이후 자본주의의 유입과 자유주의의 팽배는 바르샤바 시민들에게 과연 행복을 가져다주고 있을까? 그것은 우리가 좀 더 지켜 보아야 할 과제인 것 같다. 이 세상 유일의 분단된 조국을 가지고 있는 우리이기에 더더욱 간과해서는 안 될 문제이다.

바르샤바 시민들은 역사의 상처와 고통을 딛고 시민 모두가 구시가지의 재개발을 성공적으로 실현하였다. 과거의 전통을 그대로 유지하면서 그들에게 닥친 변화의 바람을 어떻게 현대와 조화시키느냐가 앞으로 도시를 계획하고 설계할 때 중요한 문제가 될 것이다.

어느 곳이나 그림이 되는 아름다운 도시

프라하 Praha

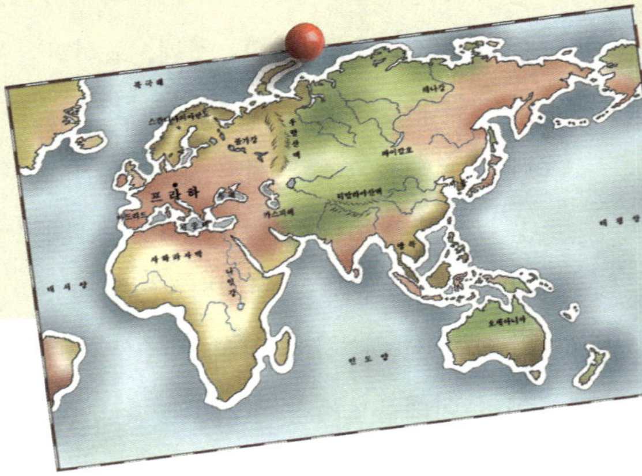

화려하지도 콧대 높지도 않은 환상의 도시

프라하, 뿌연 안개 속에 붉은 벽돌집, 성곽, 고색창연한 건물 등 중세의 모습이 고스란히 다가온다. 중세에 계획되고 지어진 도시의 틀이 전쟁과 이데올로기의 물결 속에서 수백 년을 거쳐 오면서도 골격을 잃지 않고 침묵 속에 신비로운 환상을 자아내고 있다.

아름다운 도시는 강과 다리, 숲, 빌딩 등의 도시 풍경이 보는 사람들을 기쁘게 하고, 이런 기쁨들은 도시의 환상을 꽃을 피워낸다. 석양 속의 하늘과 강이 보랏빛으로 물들어 있다. 이 도시의 울림이 전 세계로 퍼져 나가는 듯하다.

카를다리와 블타바Vltava 강이 극명한 아름다움으로 다가온다. 이 도시의 역사와 혼의 진수를 가슴으로 느끼게 해준다. 블타바 강과 강 연안에서 펼쳐지는 대상의 영혼을 서정적이고 섬세하게 그려낸 곡, 스메타나의 몰다우.

1848년 프랑스 2월 혁명은 유럽에서 강대국의 지배를 받고 있던 민족들에게 독립에 대한 불을 지펴주었다. 체코도 예외는 아니었다. 프라하에서도 학생과 노동자들이 뭉쳐서 당시 체코를 지배했던 오스트리아 정부군과 맞서 치열한 독립운동을 벌이게 되었다. 이 투쟁에 참가했던 24세의 한 민족 의식이 있는 음악가가 있었다. 그의 이름은 후에 세상에 널리 알려진 스메타나이다.

그는 오스트리아의 체코에 의한 탄압과 지배가 스메타나에게 체코의 민족성의 수호라는 임무를 부여하게 된다. 그는 이런 투쟁정신고 민족혼을 다양한 음악으로 표출시킨다. 그는 체코의 역사, 전설, 민속 등과 같은 장소 유산을 녹아들여 영혼과 감성이 풍부한 곡들을 작곡한다. 체코의 풍경을 매년 5월이 되면 프라하에는 '봄의 교향악'이 울려 퍼진다. 이 음악제는 제2차 세계대전이 끝난 1946년부터 화려한 아르누보 양식의 음악당인 스메타나 홀에서 매년 개최되는데 전통적으로 스메타나의 '나의 조국'으로 시작하여 베토벤의 교향곡 9번 〈환희에 부쳐〉로 마무리한다.

스메타나는 그의 사상과 의식을 여러 곡을 통해 드러나고 있다. 대표작은 오페라 〈팔려간 신부〉, 연작 교향시 '나의 조국'과 현악 4중주 '나의 삶으로부터' 등을 먼저 꼽는다. 그 중에서 '나의 삶으로부터'는 스메타나의 삶 자체를 음으로 포착한 가슴으로 쓴 곡이라 할 수 있다. 그의 삶은 끝없는 고난과 고통의 연속이었다. 젊었을 때는 가난에 시달렸고 작곡가로서의 명성이 알려질 때에는 네 명의 딸 중에서 셋이 죽는가 하면, 첫 번째 아내도 병으로 잃고 청력을 잃는 처절한 고통의 연속이었다.

소리가 제대로 들리지 않는 상태에서 오직 투명한 영혼만으로 작곡한 것이 바로 6개 곡으로 이루어진 연작 교향시 '나의 조국Ma Vlast'이다. 이 교향시의 첫 번째 곡 '비셰흐라드'와 두 번째 곡 '블타바 강'은 1874년에 작곡되었고 나머지는 그가 이미 귀머거리가 된 다음인 1879년에 완성되었다. '나의 조국' 중에서 수많은 사람들이 애정을 갖는 곡은 단연 두 번째 곡 '블타바 강'이다.

블타바 강물이 흘러 사냥꾼이 사냥하는 숲을 지나 결혼잔치가 벌어지는 마을에 이를 때 음악은 6/8박자에 흥겨운 2/4박자의 춤곡으로 바뀐다. 이 춤 곡은 블타바 강이 황혼 속으로 사라질 때, 함께 서서히 사라진다. 달이 떠오르면 물의 요정이 나타났다. 이때 빠르기만 바뀌면서 밝은 G장조에서 신비스런 A^b장조로 바뀐다. 요정들은 현의 우아한 반주에 맞추어 춤을 춘다. 그러다가 주제선율이 다시 흘러 나온다. 천천히 흐르던 블타바 강은 흐름이 빨라지고 물결이 높아진다. 강물과 음악은 계속 흘러단다. 블타바 강은 프라하의 심장부를 유유히 통과하면서 멀리 사라져 간다.

프라하에 매료되었던 많은 예술인들이 그들의 생각을 이렇게 피력했었다. 모차르트는 자기의 음악을 진정으로 이해해 주는 도시민은 프라하뿐이라 하여 이곳에서 〈돈 죠반니〉를 작곡하여 프라하 시민과 함께 초연하였다. ≪참을 수 없는 존재의 가벼움≫으로 우리에게 알려진 체코의 작가 밀란 쿤데라는 프라하는 이 세상에서 가장 에로틱한 도시라고 했다. 카프카는 몇 차례 외국으로 나가려고 했으나 고향인 프라하가 그의 발길을 붙들어 매어 평생을 이곳에서 살았다.

아이언 셀러 감독의 영화 〈프라하〉에서 이십대 초반의 청년 알렉산더 노박은 그의 사라진 과거를 찾아 가족사의 한 부분이 담긴 필름 조각을 찾기 위해 프라하로 간다. 매력적인 도시 프라하는 도착하는 순간부터 알렉산더를 당황하게 만든다. 물에 빠진 개를 구하려다 도리어 개에

프라하 도시 외곽에 있는 호텔에서 바라본 주변의 풍경, 인공호수를 만들어 사람들이 호수와 보트를 즐길 수 있도록 하였다.

게 놀림을 당하고는 어리둥절해진 알렉산더. 물어물어 필름 보관소를 찾아간 그는 프라하로 오는 기차에서 만났던 아름다운 여인 엘레나를 만나고, 그녀의 관능미에 곧 반하고 만다. 얼마 후 알렉산더는 엘레나를 통해 필름 보관소의 감독인 조셉에게 필름을 찾는 데 어려움이 있다는 말을 듣는다. 엘레나와 조셉이 짜놓은 그물에 걸린 알렉산더는 조셉의 초청을 받아들여 시골에 가게 되는데 결국 엘레나와 조셉이 연인 사이라는 것을 알고 충격을 받는다. 이미 알렉산더는 엘레나를 마음속에 담고 있었던 것이다. 영화 〈프라하〉에서 주인공 알렉산더 노박의 발길은 우아한 프라하 곳곳을 누빈다. 100개의 첨탑을 가진 도시, 하얀 탑의 도시, 유럽의 음악학원, 유럽의 심장, 북쪽의 로마라고 묘사되는 프라하는 공연 도시이기도 하다. 일 년 내내 다양한 음악공연과 전시회가 끊이질 않는다.

프라하를 잘 보려면 체코를 먼저 알아야 한다. 체코의 기원은 9세기 초반 모라비아제국으로 거슬러 올라간다. 이 당시 모라비아제국은 우리의 고구려처럼 광대한 영토를 통치했었다. 그 영토는 보헤미아와 슬로바키아를 거쳐 헝가리 서부와 폴란드에까지 확장된 큰 제국이었다. 9세기 말 국운이 쇠락하여 멸망의 길로 접어들자 체코인들은 프라하를 중심으로 독자적인 국가를 만들었다. 막강한 로마제국의 그늘 아래에서 체코는 신성로마제국에게 잘 보이기 위해 '로마황제를 참으로 추앙한다'는 메시지를 로마에 보냄과 동시에 기독교를 적극 수용했다. 이에 감격한 로마황제는 1204년 체코왕국의 독립을 허가하지만 체코가 구소련의 위성국가이듯이 정치와 종교는 로마제국의 영향권 내에 있었다.

카를 4세는 프라하시를 만든 장본인이라고 해도 과언이 아니다. 프라하를 스스로 계획한 도시 계획가이기도 하였다. 1346년 카를 4세는 탁월한 통치력을 인정받아 신성로마제국의 황제에 등극했다. 로마황제시절 로마제국의 그 많은 도시 중에서도 카를은 그의 고향이자 조국인 프라하를 도시의 아름다움은 말할 것도 없고 정치·문화적으로 가장 우수한 도시로 만들어 놓았다. 카를 4세에 의해 누리던 체코의 전성기는 16세기에 도달해서는 서서히 사라지고 1526년부터 1918년까지 300여 년간 오스트리아의 합스부르크가와 헝가리의 지배를 받는 처지에 놓이게 되었다.

1918년 제1차 세계대전의 종결과 함께 베르사유 조약에 의해 오스트리아-헝가리제국이 붕괴하자 체코슬로바키아는 그해에 독립을 얻었다. 1939년 나치는 프라하마저도 점령하였다. 다행히 체코정부가 독일 침략에 순순히 응했기 때문에 프라하의 값진 도시유적은 보호할 수 있었다고 한다. 대조적으로 독일에 끈질기게 저항했던 폴란드의 바르샤바는 도시구조가 모조리 파괴되는 비운을 겪기도 했다. 인생사가 새옹지마이듯이 도시의 운명도 닮았나 보다. 1945년 독일 패망 이후 체코는 다시 독립을 쟁취하지만 그 이듬해부터는 공산당이 주도하는 사회주의 공화국으로 탈바꿈했다.

1968년 봄 프라하 시민들은 공산체계로부터 자유를 쟁취하기 위하여 대규모 시위를 시작했다. '프라하의 봄'이라고 부르는 이 항쟁은 신랑 사회주의, 신부 자유주의의 결혼을 위해 치러진 거사라고 말할 수 있다. 이데올로기는 지배자에 따라 달라질 수 있지만 민족과 조국은 정신적인 자유를 갈구하던 프라하 시민들의 차지다. 프라하의 봄은 1980년 서울의 봄, 1988년 미얀마 사태, 1989년 북경의 천안문 사건과 함께 세계사에서 자유와 민주를 위한 시민항거로 자리매김하고 있다.

1968년 8월 20일 프라하의 라디오에서는 흥분과 당혹의 목소리가 흘렀다. '프라하는 소련군에 의해 무참히 짓밟혔다. 이것이 우리의 마지막 말이다.' 소련군은 프라하 시민의 지지와 인기를 듬뿍 받고 있던 두부체크 공산당 서기를 연금하고 중앙위원회 건물을 군인들로 둘러싸 공포 분위기를 조성하였다. 이어 이들은 항의하고 있는 시민들에게 전차포를 쏘

블타바 강의 언덕 위에 있는 프라하성에서 내려다본 구시가지. 성에 올라서면 아래의 주황색 지붕의 집들이 방문객의 시선을 사로잡는다.

아댔다. 시민들은 그저 할 말을 잃고 울고만 있었다. "아무 나쁜 일도 한 게 없는데 어느날 아침에 일어나 보니 프라하가 외국인에 의해 점령당했다"고.

프라하는 파리처럼 화려하지도 않고, 런던처럼 콧대 높지도 않다. 이 도시가 하루아침에 소련의 침공을 받은 사건은 서구뿐만이 아니라 전 세계가 놀란 일로 기억된다. 체코 출신 작가인 밀란 쿤데라는 우리에게도 알려진 《참을 수 없는 존재의 가벼움》에서 자유를 갈구하는 프라하 시민들의 단면을 그려내고 있다. 이 작품은 미국의 뉴스주간지 〈타임〉이 뽑은 1980년대의 '소설 베스트 10'에 선정되기도 했다. 1988년 필립 카우프만Phillip Kaufman은 이 소설을 원작으로 삶과 사랑의 무게에 대한 영화 〈프라하의 봄〉을 제작하였다. 그 무게가 너무 무거워 휘청거리기도 하고, 너무 가벼워 어리둥절하기도 하는 남녀 이야기, 혹은 웨이트리스 테레사와 의사 토마스가 열정과 권태로 범벅된 사랑 끝에 가녀린 흔적만 남기고 휘발된 도시 프라하 이야기다. 니체의 '모든 것은 회구한다'는 영원회귀와 교묘하게 대칭을 이루고 있는 이 영화는 소련의 침략을 악마의 소행으로 간주하고 시종 냉소적인 입장에서 침공을 바라본다.

프라하에는 세계적인 문호인 카프카가 있다. 프라하에서 부유한 유대 아들로 태어나 폐결핵으로 41세의 생애를 마친 카프카는 죽음에 임박한 2개월 간의 요양기간과 짧은 국외 여행을 제외하고는 잠시도 프라하를 떠나지 않았다. 샤르트르와 카뮈에 의해 실존주의 문학의 독보적인 존재로 평가받은 카프카 문학은 인간 문명의 부조리성과 인간존재의 불만을 날카롭게 비판한다. 그의 대표적인 작품인 〈변신〉에서는 언제 어느 상황에 처하게 될지도 모르는 절망적인 세계 속에 유폐된 소시민의 생활을 묘사했다.

어느 아침에 잠에서 깨어난 평범한 독신 세일즈맨인 그레고르 자무자는 자신이 한 마리의 괴기한 갈색 벌레로 변신해 있는 것을 발견한다. 회사를 나가지 않고 빈둥거리다 해고를 우려한다. 회사는 그레고르가 회사 공금을 횡령했기 때문에 결근한다고 보고 회사 간부가 그의 집을 방문한다. 흉칙한 벌레로 변한 그를 보고 간부는 줄행랑을 놓는다. 그레고르는 사람의 말을 알아듣긴 하지만 다른 사람들은 그의 말을 이해하지 못한다. 불안과 초초함이 그를 기다리고 있었다. 시간이 흐를수록 자괴감, 열등감, 불면상태, 식욕부진에 빠져들어 결국 죽음을 맞는다.

프라하란 도시의 매력은 도시가 소박하고 아름답다는 것이다. 파리의 화려함이나 뉴욕의 번잡함에 비하면 이 도시는 따스한 아름다움을 지니고 있다. 그 소박하고 따스한 아름다움은 오랜 시간 동안 이 도시에 쌓여

프라하성은 9세기에 보리보위 왕자가 건립한 로마네스크 양식의 건축물이다. 적의 침공에 대비한 요새로 세워졌다가 개축하여 합스부르크가의 마지막 왕인 루돌프 2세의 거처가 되었다. 성 안에는 한 채의 궁전과 세 채의 교회, 한 채의 수도원이 있다. 1918년부터 대통령의 집무실이자 거처가 되었다.

져 온 것임을 알 수 있다. 이 도시의 시설물들을 보자. 성당, 다리, 동상, 광장, 박물관 앞으로 고즈넉한 벤치, 가로등에 이르기까지 이들이 이루어 내는 오케스트라적 합주는 볼 때마다 벅차오르는 감동의 연주를 연상케 한다. 프라하의 표정이 도시민의 삶에 고스란히 영향을 미치고 다시 그 삶이 반사되어 그 도시의 표정을 만들어낸다.

중세의 웅장함과 섬세함이 곳곳에 깃들어 있는 프라하성으로 올라가 보면 블타바 강과 카를교가 한눈에 들어온다. 성 바로 밑에 펼쳐지는 고색창연한 주황색의 도시가 아름다운 야경을 뿜어낸다. 대통령 관저로 이용되고 있는 프라하성 안에는 성 비투스 성당, 성 이르지 성당, 옛 궁전,

보물관 등이 자리를 잡고 있다. 이르지 성당에서 언덕길을 내려가다 보면 황금소로라고 불리는 좁은 골목을 만난다. 이곳에는 마치 동화 속에서나 나올 것 같은 작은 집들이 지나가는 이들의 발길을 유혹하고 있다. 좁은 막다른 골목 왼쪽 두 번째 집에는 일찍이 카프카가 살고 있었다. 그는 마흔의 나이에 정신병으로 죽을 때까지 푸른색의 벽 21번지에 살았다.

정시가 되면 시계탑 앞에 관광객이 머리를 들고 시계의 신비한 작동을 바라보는 광경 자체가 큰 눈요깃거리다. 시계 중간의 해골조각이 줄을 당겨 모래시계를 올려 뒤집는다. 그러면 시계의 맨 위에 있는 두 개의 작은 창문이 열리고, 시계태엽에 해당되는 예수의 12제자가 성 베드로를 따라 고개를 돌리면서 움직인다

황금소로를 지나자마자 비투스 성당이 나타난다. 1929년까지 무려 천 년 동안 지은 대성당이다. 그 첨탑의 높이만 해도 100미터에 이른다. 성당의 제단 뒤로 은 3톤을 녹여 만든 '네포묵 신부의 관'에 얽힌 슬픈 사연이 있다.

12세기경에 체코의 사악한 왕이었던 바츨라프 4세는 주위에 정적이 많았다. 하루는 자기 아내인 왕비가 네포묵 신부를 찾아가서 고해성사를 하자 이에 불안을 느낀 왕은 신부를 찾아가서 왕비가 무엇을 고해했는지 밝히라고 다그친다. 신부는 고해성사는 하느님과의 약속이므로 누설할 수 없다고 하자 이에 격분한 왕은 신부의 혀를 자르고는 신부를 돌로 묶어 카를교 위에서 블타바 강으로 던져 버렸다고 한다. 후에 네포묵 신부를 성인으로 추대하여 카를교 위

에다 동상을 세워 주었다. 이때 잘린 신부의 혀는 지금까지도 썩지 않고 박물관에 보존되어 있다.

프라하성 옆길을 따라 내려오면 구시가지를 만나게 된다. 구시가지에 가면 자연스레 검푸른 색의 종교개혁자 얀 후스 동상이 서있는 광장과 마주친다. 후스는 로마 가톨릭교회를 비판하고 종교개혁을 주창한 인물로, 결국 로마교회는 후스의 지지자가 확산되는 것을 두려워한 나머지 후스를 죽이고 만다. 그 당시 부패하고 타락한 가톨릭의 문제를 제기하다 화형에 처해졌던 얀후스의 옆에는 두 개의 뾰족탑이 있는 틴교회, 로코코 양식의 성 니콜라스 교회, 시계탑이 있는 구시청사가 우리를 기다리고 있다.

여기에는 머리 위로 떨어질 듯 우리를 반기는 구시청사의 천문시계가 눈길을 멈추게 한다. 달, 해, 휴일, 계절 등을 표시해주는 이 시계는 1시간마다 사람들을 끌어모으는 마력을 지니고 있다. 정시가 되면 '땡땡'소리와 함께 시계판 옆 작은 창문으로 예수의 12제자를 형상화한 인형들이 튀어나와 사람들에게 예쁘게 인사를 한다.

여기서 신시가지 가는 길로 조금만 걸으면 블타바 강에 걸쳐져 있는 가장 유서 깊은 다리인 카를교와 만나게 된다. 넘실거리는 보라색 물에 떨어지는 햇살이 카를교를 자기 품속에 안아 버릴 것 같다. 멀리서 보면 누군가가 그려놓은 한폭의 수채화 속에 다리가 그대로 강물 위로 되살아난 듯하다. 1353년부터 150년 이상 걸쳐 만들어진 카를교 다리는 길이 520미터, 폭 10m에 이르러 세계인의 이목을 한꺼번에 끌었다. 다리 양쪽에 30개의 성인상이 세워져 있고 다시 양 끝에는 고딕 양식의 타워가 있다. 과거에는 이 타워에 올라가 적들의 움직임을 감시했었다. 다리 하나가 프라하의 높은 공공예술의 수준을 보여주고 있는 것이다. 해질 무렵, 구시가지가 내려다보이는 카를교의 입구에 서면 아름다운 야경에 탄성

프라하의 다리는 다리마다 아름다움을 풍기고 있다. 앞에 보이는 다리가 카를교. 세계에서 가장 아름답기로 소문난 다리다. 1357년에 지어진 이 다리는 길이 520m, 폭 10m로 다리 양편에 30개으 성인상이 서 있다.

이 절로 나온다.

최근에 뜨고 있는 체코의 메조소프라노 막달레나 코제나는 체코를 빛내고 있는 신세대 음악가로 그녀는 보헤미안의 풍부한 음악전통을 물려받았다. 코제나는 스물두 살에 유력 오페라극장에서 주인공을 맡으며 메이저 레이블에서 솔로음반을 발표한 탁월한 성악가로 체코 낭만가곡집에 수록된 드보르작, 마르티누, 야나체크의 가곡 레퍼토리를 훌륭히 소화해내고 있다.

카를교 다리를 건너면 프라하의 활력소가 느껴지는 바츨라프 광장이 펼쳐진다. 거리 양쪽에는 상가와 책방, 호텔, 그리고 박물관이 늘어서 있

시민극장에서 〈나의 조국〉을 연주하는 어느 첼리스트의 모습. 시민극장에서는 작은 무대들로 구성되어 사뭇 가족적인 분위기에서 체코풍의 고전음악이 연주된다.

카를교와 블타바 강. 블타바 강에 떨어지는 햇살이 카를교를 자기 품 속에 안아버릴 것 같다. 다리 위에서는 세계 여러 곳에서 모여든 관광객, 연인, 학생들의 재잘거림, 작은 좌판마다 진열되어 있는 인형, 액세서리, 그리고 스메타나의 〈나의 조국〉을 연주하는 음악인들이 아름다움을 자아내고 있다.

다. 도로변에의 넓은 폭의 녹지가 이 광장도로를 더욱더 매력있게 만들고 있다. 국립박물관에는 옛 체코의 광석들과 다양한 역사자료들이 소장되어 있다. 박물관 앞에 있는 기마상은 보헤미아를 적의 침입으로부터 방어한 최초의 왕인 성 바츨라프의 동상이 우뚝 서있다. 기마상 아래에는 프라하의 봄 시위에서 희생된 젊은이들을 기리는 추모의 공간이 있다. 이 당시 분신자살한 대학생 얀 파라프를 기리는 나무 또한 반듯하게 서 있어서 이곳을 찾는 사람들에게 자유를 열망했던 그때의 열기를 되새기게 한다.

프라하 댄싱빌딩

1996년 타임Time이 선정한 최고의 디자인인 댄싱빌딩이 눈에 들어온다. 건축가 프랑크게리와 블라디미르 밀루닉이 설계한 네덜란드 보험회사 건물이다. 이 건물의 이름은 미국의 전설적인 페어 댄서인 진저 로저스와 프레드 아스테어가 춤추는 모습을 표현했던 디자인이어서 'Ginger and Fred'란 이름이 주어진다. 이 빌딩은 포스트모던 풍의 복구성, 해체성, 유연성, 꼴라주성을 두루 지니고 있다. 이는 기존의 모더니즘 빌딩이 추구해온 한계, 즉 의미와 상징의 취약성, 커뮤니티션 수단으로서 건축의 미흡성, 콘텍스트에 대한 무관심 등을 탈피한 작품으로 볼 수 있다.

댄싱빌딩을 보면서 제이콥스의 철학을 떠올린다. 제인 제이콥스Jane Jacobs는 도시와 거리에 있어서 포스트모더니즘 정신을 일깨워준 인물이다. 그는 "도시의 진정한 가치는 다양성 있는 건물군, 걷고 싶은 거리, 안전하고 재미있는 거리, 살고 싶은 장소에 있다"면서 기존의 모더니즘 도시계획의 원칙으로부터의 탈피를 주장한다. 그는 시민들이 도시를 인식하는 틀을 바꾸어 놓았고, 시민 주도의 도시개발과 환경운동의 철학적 배경을 제공하기도 하였다. 그의 사상은 후에 '도시마을'Urban Village과 '뉴어바니즘'New Urbanisn이라는 포스트모던적 도시계획사조에 불씨를 제공하는 계기가 되었다.

프라하는 자기만의 성곽 속의 시간을 중세에서 스스로 멈추어 놓았다. 밤이면 동화 속의 도시의 얼굴이 더욱 빛난다. 프라하를 기행하면서 여러분이 경험할 분위기는 중세, 시민의식, 낭만, 동화, 크리스탈, 성당, 시계, 골목길, 다리, 성, 그리고 자유다.

동유럽에서 공산주의 이데올로기의 변화를 체감하는 도시

부다페스트 Budapest

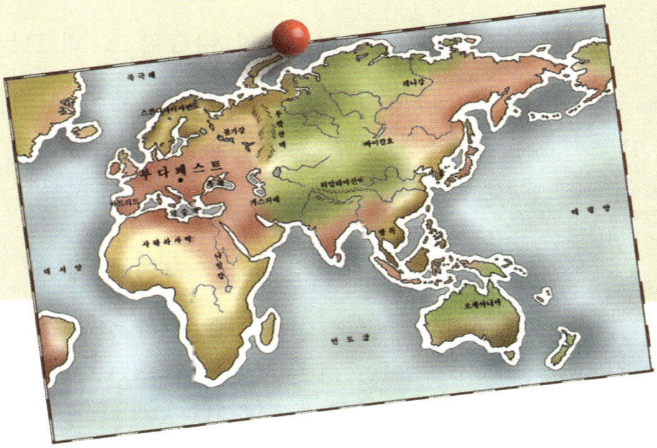

도나우 강의 아름다움을 만끽할 수 있는 도시

도시가 만들어낸 예술가와 그의 곡을 이해하려면 해당 도시의 역사와 전통 그리고 삶의 현장을 제대로 알아야 그 예술가의 혼을 받아들일 수 있다. 잠깐만 걸음을 멈추고 헝가리가 낳은 리스트의 음악세계를 뒤돌아 보자. 리스트가 이루어놓고 업적을 찾아 떠나는 여행을 해보자.

헝가리 하면 떠오르는 작곡가 리스트. 리스트는 19세기 당대최고의 화려한 피아니스트이면서 독창적인 곡을 많이 남긴 작곡가이다. 1811년 헝가리 라이딩에서 태어난 리스트는 베토벤의 제자이다. 우리에게도 잘 알려진 '칼 체르니'에게 배운 후 음악가로서의 열정을 불태웠다. 피아니스트로서 뛰어난 기교로 피아노의 왕이라고 불리었다. 리스트의 최대 경쟁자는 바로 '쇼팽'이었는데 리스트는 평생 라이벌인 쇼팽을 머리 속에 두고 연주하였다. '사랑의 꿈'은 리스트의 대표곡들 중 하나인데 우리에겐 '노다메 칸타빌레(베토벤 바이러스)'의 삽입곡으로 더 알려져 있다. 파가니니에 의한 연습곡, 단테 교향곡, 헝가리 광시곡 등의 곡도 유명세를 떨치고 있다. 리스트는 바르샤바의 도시브랜드 가치를 올리고 있다. 바르샤바는 세계와 할 수 있는 리스트의 스토링 텔링을 기반으로 콘텐츠를 창출하고 있다.

이 도시에 도착했을 때 첫 느낌을 잊을 수 없다. 난생 처음 와 보는 곳이었지만 참으로 아늑하고 단아하다는 인상을 받았다. 몸과 마음을 이완시키는 듯하면서도 어딘가 정신을 차리게 만드는 평온하고 담박한 느낌이라고 할까. '동쪽의 파리', '도나우 강의 진주'라고 부르는 부다페스트는 화려하지는 않지만 차분한 분위기를 자아내고 있었다.

도나우 강이 살아서 꿈틀거리고 있다. 독일과 오스트리아를 거쳐 체코, 헝가리와 유고슬라비아, 루마니아 등을 감돌아서 흑해로 흘러 들어가는 도나우. 그중에서 가장 아름답다는 부다페스트의 도나우는 처음에는 배타적이다가 이내 친근감을 느끼게 한다. 이 강을 바라보면 새삼 심호흡을 하며 삶의 속도를 늦추고 싶다는 욕구가 생겨난다.

동유럽 역시 중세 때부터 봉건 영주제도에 따라 소도시 국가를 이루어 살아 왔다. 각 도시는 성으로 둘러쌓여져 있으며, 사람들이 몰려들고 도시구역이 점차 커짐에 따라 하나의 국가로 등장하게 된 것이다. 그래서 유럽의 도시를 보면 그 국가의 문화, 정치, 경제를 한눈에 이해할 수 있게 마련이다. 부다페스트는 헝가리의 수도이며 인구 230만 명을 가진 도시로서 유럽치고는 대도시이다. 이 도시는 원래 도나우 강을 사이에 두고, 부다와 페스트로 나뉘어진 도시였으나 1872년 합병이 되어 하나의 도시가 되었다.

강위에 서서 부다와 페스트 양측의 건물들, 그리고 강, 다리, 녹지를

도나우 강 양쪽에 부다와 페스트 지구. 이 두 개의 지구를 합쳐서 부다페스트가 되었다. 1920년경의 부다페스트의 풍경

살펴본다. 이 도시의 이미지가 한눈에 들어오는 순간이다. 매우 인상적인 경관이 펼쳐진다. 이미지도 포착하는 방법이 있다.

케빈 린치(1960)는 '도시의 이미지'라는 연구로 도시 이미지를 살피는 방법을 제시한다. 이 책에서는 그는 보스턴, 저지 시티, 로스엔젤레스의 세 도시의 분석을 통해 도시 디자인을 위한 몇 개의 원칙을 이끌어 내게 된다. 먼저 "도시는 사람들에게 이미지를 준다"라는 명제를 정하고, 도시에서 이미지어빌리티Imageability를 높여야지만 도시민이나 방문객에게 아름답고 즐거운 환경을 선사한다는 논리를 펼친다. 그는 도시환경의 이미지를 정체성Identiity, 구조Structure, 의미Meaning의 세 가지 구성요소로 구분하여 접근한다. 도시에는 도시민 누구나 느끼는 공공이미지Public image가 있으며, 그 이미지를 구축하는 요소로서 (1)패스path, (2)지구district, (3)에지edge, (4)랜드마크landmark, (5)노드node가 있기에 도시전체적인 측면에서 이들 이미지 구성요소를 바라보아야 하며, 이들 요소들 간의 상호작용과 연계성을 강화시켜야 한다고 주장한다. 이런 요소에 의해 부다페스트를 조명해 보니 이 도시의 보다 분명한 이미지가 잡힌다.

이 도시의 사람들은 역사상 많은 침략에 시달려 왔다. 그만큼 자유를 찾아 헤매어 왔다고나 할까. 헝가리 민족은 우랄알타이 계통의 마자르Magyar족으로 우리와 멀지 않은 느낌을 주는 나라이다. 9세기 말엽에 중앙아시아 유목민의 한 종족이었던 마자르족은 2세기 동안 독립국가로 발전되다가 1241년 몽고의 침략으로 몽고의 지배를 받았다. 나폴레옹 115만㎢, 히틀러 219만㎢, 알렉산더가 348만㎢의 땅을 지배했지만 몽고의 징기스칸은 이들의 영토를 합친 것보다 더 넓고, 가치 있는 땅 777만㎢를 차지했었으니 수많은 도시가 몽고의 침입을 받을 수밖에 없었다. 동양의 영향을 받아서인지 도시 곳곳의 풍경도 그다지 낯설지가 않다. 마늘과 고추 등을 말려서 가게 입구에 주렁주렁 걸어 놓은 모습에서 친근

구름, 하늘, 도나우 강, 배, 다리가 자아내는 부다페스트 모습

감을 느낀다.

1541년부터는 터키가 이 나라를 통치하였고, 17세기 말부터는 약 2세기에 걸쳐 오스트리아의 손에 들어갔다. 제1차 세계대전 시에는 오스트리아와 독일 편을 들어 참전했다가 국토의 70%가 쑥대밭이 되는 비운을 겪기도 했다. 1945년부터 소련치하에서 1989년 자유민주화 시대까지 억압 속에서 살아왔다.

마차시 교회Matya's Temple는 무척 앙증맞게 보인다. 왕들의 대관식이 거행되어 온 화려한 교회로 88m에 이르는 뾰족한 첨탑이 섬세하게 만들어진 공간에서 빛이 난다. 서양과 동양의 맛을 동시에 느낄 수 있는 건축물이다. 기독교 교회의 상징이었던 프레스코 벽화가 남아 있지만, 16세기

13세기에 지어진 왕궁. 현재는 박물관과 도서관으로 이용되고 있다.

에 터키군이 침략한 후 회분 칠을 해버려 겨우 흔적만이 남아 있다. 그리고 한동안 코란만이 우렁차게 울려 퍼졌다.

1686년 터키군이 다시 물러나자 이곳은 가톨릭 교회로 다시 태어나게 되었다. 마차시 교회 앞에 세워진 삼위일체 동상은 18세기 초 유럽을 휩쓸었던 흑사병으로부터 살아남은 시민들이 하느님에게 감사한다는 뜻을 전하기 위해 세워졌다고 한다.

1347년 유럽은 발하슈호(카나흐스탄의 호수)에서 시작된 흑사병으로 인해 인구의 절반 가량이 떼죽음을 맞았다. 부다페스트도 죽음으로부터 결코 자유로울 수 없었다. 결국 사람들의 불안감을 달래기 위해 제단에 올려진 속죄양은 유대인이었다. 우물에 독극물을 풀었다는 누명을 썼던 것이

네오 로마네스크 양식의 하얀 성벽으로 이어진 뾰족지붕의 '어부의 요새'

다. 유대인들의 비극은 관동 대지진 때의 한국인 학살과 비슷한 듯했다.

이 도시는 기하학적으로 구획되지는 않았으나 질서 있게 만들어진 도시로서 단위공간이 설정되어 있어 각 동네의 성격을 파악할 수 있게 구성되어 있다. 광장은 길과 완전히 단절되지 않고 중심도로가 뒤쪽에 면하여 있다. 중세의 도시들이 그러하듯이 건물의 전면이 도로변을 면하고 있으면서 건물과 건물이 틈을 두지 않고 연속해 있음으로 해서 그 자체가 도로의 분위기를 잡아 주는 역할을 하고 있다.

도나우 강의 서쪽인 부다 시의 한쪽 언덕 위에 우뚝 서 있는 왕궁은 13세기에 지어진 것으로 현재 박물관과 도서관으로 이용되고 있다. 박물관에는 르네상스와 바로크 시대의 예술품들이 전시되어 있고, 아치형의 우

헝가리 건국 1000년을 기념하여 세워진 영웅광장을 배경으로 한 도나우 강의 모습

아한 창문과 아라베스크 무늬의 돌기둥과 석상이 아름답게 조화되어 도시의 한 모퉁이를 장식하고 있다.

도나우 강 동쪽 언덕에 자리를 잡은 페스트 시는 1848년 헝가리 혁명 당시 오스트리아에 대해 자유를 달라고 싸운 결과 1867년 자치권을 얻은 후 형성된 시가지이다. 1989년 자유개방의 물결 이후 부다페스트에서 가장 빠르게 서구화되고 있는 시가지가 바로 이곳으로 네오 고딕양식의 국회의사당이 그 위풍을 드러내고 있다. 건국된 지 1000년을 기념하여 1885～1904년에 지워진 건물이다.

부다페스트에서 가장 화려하고 분주한 거리 '인민 공화국' 거리도 이곳에 있다. 사회주의적 냄새가 짙게 풍기는 거리이름이지만 '부다페스트의 샹젤리제'라는 별명이 붙어 있다. '인민공화국'의 이름은 1917년 레닌의 사회주의 혁명 정권을 본받아 1919년에 헝가리에서도 사회주의 혁명을 일으켜 '헝가리 소비에트 인민공화국'을 3개월간 수립한 적이 있는데 이 때를 기념한 것이다.

영웅광장은 역시 헝가리 건국 1000년을 기념하여 세워졌는데, 여기에는 이 나라를 세운 아르파트와 여섯 명의 기마상과 그 위로는 36m 높이의 천사상이 세워져 있다. 이 기념비 꼭대기에는 가브리엘 천사가 초대국왕인 이슈트반에게 왕관을 씌워주는 모습이 세워져 있다. 기념비 뒤로 반원형으로 들어선 기둥을 볼 수 있는데 이들은 '헝가리 영웅 14인'의 동상이다.

도시서는 그 도시의 상징공간, 상징축, 상징건물이 반드시 있어야 한다. 이 상징공간은 가로 열 수도 있고, 광장 또는 건물일 수도 있다. 도시는 저마다의 빛깔과 향기를 가진 상징물이 필요하다. 부다페스트의 상징은 영웅광장으로 보아야 옳을 것이다. 그런데 이 영웅광장은 사람을 위한 광장과는 거리가 멀다고 느껴진다.

한양은 왕조가 만든 기념비적 도시이다. 이런 도시의 핵심이 되는 가로축이 세종로이다. 도시계획에 있어서 기념비적 도시건설의 예는 많다. 19세기에 파리를 건설한 오스만Haussmann이나, 바로셀로나를 계획한 체르다Cerda가 대표적인 사람들이다. 전체주의적 과대망상증의 대리자로서 기념비적 도시를 계획하고 만든 역사적인 인물은 우리가 독재자라고 부르는 통치자들이다. 히틀러의 독일 도시, 스탈린의 러시아 도시, 무솔리니의 이탈리아 도시, 프랑코의 스페인 도시 등 공공공간과 기념비적 건축은 도시에서 필요한 공간이다. 너무 많으면 기념이 될 수 없다. 가로와 광장만이 좋은 도시를 만들 수 있다. 집회장소인 광장은 공공성이 강한 공간이기에 어느 도시에는 그 도시에 맞는 제대로 된 광장이 있어야 한다. 그런데 이런 기념비적인 광장은 결코 시민중심, 즉 인간중심의 광장

도나우 강을 중심으로 양쪽 언덕에 도시중심부가 있고 지구별 도시생활권은 도심부에서 동서쪽으로 발전되어 있는 부다페스트의 모습

이 될 수 없는 것이다.

1872년 두 개의 도시를 한 개로 통합한 부다페스트는 1867년 외국은행들이 이곳에 들어오면서 동유럽의 금융도시로 부각되었다. 1894년에 도시를 상업지역, 업무지역, 주거지역 등으로 나누어 토지이용에 대한 계획을 수립하였다. 1970년에 인구가 200만 명에 이르러 동구에서 가장 큰 도시가 되었다. 도시발전의 축은 도나우 강 건너 동쪽으로 이루어졌다. 1970~80년대 이후 이 도시화현상은 동쪽을 중심으로 빠르게 일어나고 있었다. 즉 교외지역으로 도시평면확산이 일어나 메트로 부다페스트Metro-Budapest화된 것이다. 그래서 노동자들의 반 이상이 부다페스트 교외지역에서 부다페스트로 출퇴근을 하고 있다. 부다페스트의 도시공간

은 다뉴브를 중심으로 양쪽 언덕에 도시중심부CBD가 있고, 그 다음으로는 도시생활권City Area Centers이 동서쪽으로 발전되어 있으며, 중생활권, 소생활권으로 기능적 구분이 이루어져 있다.

마르크스와 레닌의 사회주의 도시정책은 '도시농촌 간의 불균형적 개발의 조정'에 목표를 두고 있었다. 그래서 대도시 위주의 성장을 억제시키고, 소도시와 농촌을 개발한다는 도시발전 전략을 추구했다. 그 결과 지방도시에 기업을 유치하여 지역의 중소도시의 발전을 꾀하였던 것이다. 그러나 지방에서는 생산 활동만 이루어지고 경영과 자본은 부다페스트를 중심으로 구축됨으로써 국토의 균형개발정책은 커다란 실효를 거두지 못한 채 오늘에 이르게 되었다.

헝가리에서는 일단 겔레르트 언덕에 올라야 도시를 제대로 감상할 수 있다. 높이 235m에 불과하지만 부다페스트가 한눈에 들어오는 지점이다. 언덕 맨 꼭대기에는 '치타텔라' 요새라고 하는 성채가 관광객을 기다리고 있다. 19세기 중엽에 헝가리를 손에 넣은 합스부르크제국은 부다페스트 시민의 행동을 감시하기 위해 이곳에 돌로 만든 요새를 세웠다고 한다. 이 요새의 위치는 정말로 도시를 통제하기에 가장 좋았던가 보다. 제2차 세계대전시에는 나치군이 이곳에서 감시활동을 하기도 했다. 부다페스트라는 도시를 감상할 수 있는 탁월한 조망점이기도 하다.

가까이 실려오는 도나우 강의 냄새. 출렁이는 물결. 원시적 감각을 깨우는 비릿한 바람 속엔 언뜻 부다페스트의 미래가 담겨 있는 듯하다. 해질 무렵 도나우 강은 충분히 넉넉하고 아름답다. 도나우 강을 몸으로 느끼려면 세체니 다리를 건너보아야 한다. 일명 체인교라고 불리우는 이 다리는 현수교로서 다리의 상부를 줄로 연결해 놓았다. 이 다리는 부다와 페스트 지구를 이어주는 8개의 다리 중 가장 환상적이다. 영국인 크락크 아담이 설계했고, 1849년에 완공되었다. 이 다리는 야간에는 체인

서유럽형 가로로 바뀐 부다페스트 중심가. 보행자거리인 바시 거리에 즐비하게 늘어서 있는 서구형 상점가들

으로 연결된 부분을 아름다운 조명으로 비추어 주어 도시야경의 극치를 자아내고 있다.

개혁의 물결이 요동치고 있는 부다페스트는 공산주의 이데올로기가 동구권 도시 중에서도 가장 빠르게 무너졌다. 보행자거리인 바시 거리에 즐비하게 늘어서 있는 우아한 상점들에서는 동구권에서 찾아보기 힘든 서구형 상품들이 그득하다. 1990년도 초반에 비해 도시의 표정도 달라졌다. 1990년대 초반에는 이 도시의 대부분의 레스토랑이 오래되고 음침한 느낌을 주었으나 지금은 많은 식당과 상점들이 서유럽형 수준으로 바뀌어 가고 있음을 느낀다. 사회주의 체제의 우월성을 대표했던 값싼 자동차인 '트라비'도 이젠 부다페스트에선 거의 찾아보기 힘들고, 서구에서 수입한 자동차가 대부분이다.

부다페스트는 서구형의 현대 도시로 진입하고 있는 것이다. 서구 형으로 변모하고 있지만 시민들의 표정이 그리 밝지만은 않다. 갑작스런 변화에 미처 적응하지 못하는 시민이 태반이다. 그나마 돈이 있는 계층은 소련 붕괴 때 부동산 투기와 밀수 등으로 한몫 잡은 사람들뿐이다. 사회주의 시절에는 눈을 씻고 보아도 없었던 마약과 에이즈는 물론이고 가난에 시달리는 사람들까지 부다페스트의 변화가 긍정적이지만은 않은 듯하다.

21세기 새로운 공간의 중심에 서게 될 부다페스트가 실현되길 기대하면서

부다페스트란 도시는 현재 급변하는 패러다임 속에서 다시 태어나야 하는 임무를 완수해야 한다. 이 도시는 가난과 불평등, 도시경제, 스카이라인, 교통, 주택, 도심재개발, 공간구조 등 이루 헤아릴 수 없을 만큼의 산적한 과제를 풀어 나아가야 한다. 노후한 것의 대체, 과거와 현대의 조화, 낡은 것의 재사용 등에 대한 고민들로 꽉 차있음을 느낀다. 앞으로의 부다페스트는 새로운 건물들로만 채워질 수 없다. 이 도시의 도시민들은 부다페스트의 역사가 살아 숨쉬는 도시를 세우는 일을 해야 할 것이다. 역사와 전통을 복원하고 그 터전 위에 도시가 재생되어야 한다. 부다페스트는 더 이상 동유럽의 고립된 영토가 아니다. 21세기의 새로운 공간의 중심에 서게 될 부다페스트를 만들어야 한다.

참고문헌

원제무, 2008. 마음으로 읽는 도시, 삶의 공간을 가꾸는 도시계획, 서울: 도서출판 조경

Eisinger, P, 2000. "The politics of bread and circuses: building the city for the visitor class", *Urban Affairs Review*, 35(3):316-333.

Evans, G, 2005. "Measure for measure: evaluating the evidence of culture's contribution to regeneration", *Urban Studies*, 42(5-6):959-983.

Evans, G, 2003. "Hard-branding the Cultural City: From Prado to Prada", *International Journal of Urban and Regional Research*, 27(2):417-440.

Fainstein S and D Judd, 1999. *Global forces, local strategies and urban tourism in Judd and Fainstein, The Tourist City*, New Haven: Yale University Press.

Gomez. M, 1998. "Reflective images: the case of urban regeneration in Giasgow and Bilbal", *International Journal of Urban and Regional Research*, 22(1):106-121.

Harvey D, 1989a. "From Managerlialism to Entrepreneurialism; the transformation in governance in late capitalism", *Geografiska Annler*, 71(1):3-17.

Harvey, D, 1989c. *The Condition of Postmodernity*. Oxford: Pergamon Press.

Jones, C, 2002. "The stadium and economic development: Cardiff and the Millennium Stadium", *European Planning Studies*, 10(7):819-829.

Jones, C and J Patrick, 1992. *The merchant city as an example of housing-led Urban regrneration in Healey P. et. al. Rebuilding the City*, London: E&FN Spon.

Judd D and S Fainstein, 1999. *The Tourist City*, New Haven: Yale University Press.

Kavaratzis, M & GJ Ashworth, 2005, City branding: an effective assertion of identity or a transitory marketing trick?", *Tijdschrift voor Economische en Sociale Geografie*, 96(5):506-514.

Kearns G and C Philo, 1993, *Selling Places*, Oxford: Pergamon Press.

Kearns A and Turok I, 2000, "Power, responsibility and Turok I, 2000, "Power, responsibility and governance in Britain's new urban policy", *Journal of Urban Affairs*.

Law C, 1992a. *Property-led urban regeneration in inner Manchester, in Healey P et al Re-building the City*, London: E & FN Spon

Loftman P and B Nevin, 1995. "Prestige projects and urban regeneration in the 1980s and 1990s: a review of the benefits and limitations", *Planning Practice and Research*, 10(3-4):299-315.

Macleod G, 2002. "From urban entrepreneurialism to a 'revanchist city'? On the social injustices of Clasgow's renaissance", *Antipode*, 34(3):602-624.

Miles, S, 2005. "'Our Tyne': Iconoc regeneration and the revitalisation of identity in New Castle Gateshead", *Urban Studies*, 42(5/6):913-926.

Moulacrt, F, 2000. *Globalisation and integrated area developments in European cities*, Oxford University Press.

Paddison, R, 1993. "City marketing, image reconstruction and urban regeneration", *Urban Studies*, 30(2):131-144.

Philo C and G Kearns, 1993. *Culture, history, capital: a critical introduction to the selling of places, in Kearns G and C Philo, Selling Places*, Oxford: Pegamon Press.

Rodriguez, A; Martinez E and Guenaga, G, 2001. "Uneven redevelopment: new urban policies and socio-spatial fragmentation in metropolitan Bilbao", *European Urban and Regional Studies*, 8(2):161-178.

Smith A, 2006. "Accessing the contribution of flagship projects to city image change: a quasi-experimental technique", *International Journal of Tourism Research*, 8(6):391-404.

Smith N, 2002. "New globalism, new urbanism: gentrification and a global urban strategy", *Antipode*, 34(3):427-450.